HILDEGARD SPRINGER

Radio-aktiv

© RETAP Verlag, Düsseldorf 2017

Umschlaggestaltung: Büro Wadenpohl, Monheim am Rhein
Titelfoto: Free-Photos/pixabay.com
Autorenfoto: Privat

Lektorat und Satz: Matthias Kunstmann, Karlsruhe
Druck: CPI books, Leck

verwaltung@retap-verlag.de
www.retap-verlag.de

ISBN 978-3-931988-34-0

Inhalt

Hertztöne 7
Bandsalat 49
Wellenreiter 103
Epilog... 168

Hertztöne

Das Haus war vollgestopft mit Erinnerungen, mit Gegenständen, die meine Vorfahren benutzt und beiseite gestellt hatten. Platz dafür fand sich überall im Haus, in der Werkstatt, auf dem Dachboden, im Keller, ja selbst im Gemüsegarten wartete ein alter DKW auf neue Aufgaben, obwohl sein Motor längst ausgedient hatte. Der Onkel, letzter Überlebender der Generation meiner Eltern, hatte mit achtzig Jahren keine Lust mehr am Leben gehabt und erklärt, er warte jetzt. Worauf er wartete, als ihm selbst die paar Schritte zum nächsten Gasthaus zu schwer geworden waren, wurde mir bewusst, als ich die Hinterlassenschaften eines langen Lebens sortieren musste. Wehmütig, manchmal peinlich berührt, fremde Gedanken und Gefühle bloßzulegen, verwahrte ich die gesammelten Schätze, die man ja irgendwann noch hätte brauchen können, sortierte aus und brachte Ordnung in das Leben meiner Vorfahren.

Sie waren ein kreatives Völkchen gewesen, immer am Rande des Existenzminimums jonglierend, aber nicht arm im heutigen Sinn. Armut heute bedeutet doch oft Aussichtslosigkeit, Mutlosigkeit, Abhängigkeit von öffentlicher Fürsorge. Nichts dergleichen galt für den Onkel und die Verwandten. Sie lebten sparsam, erfinderisch und selbstbewusst, geachtet als Bürger einer Kleinstadt und immer bestrebt, ja nicht aufzufallen wegen irgendwelcher Mängel. Mein Onkel hatte sich in den späten Zwanzigern selbstständig gemacht als Radio- und Elektromeister. Nun, nachdem er wenige Jahre zuvor sein Handwerk hatte an den Nagel hängen müssen, fand ich zwischen Kabeln, veralteten Messgeräten, Lötkolben und Schraubenziehern auch ein ganzes Lager alter Fernsehgeräte und vorsintflutlicher Radios. Meine Hand wischte den Staub der Jahrzehnte beiseite, bis die Röhren, die Verzierungen, die Bemalungen zum Vorschein kamen. Was für Mühe man sich doch damals gemacht hatte mit einem Gerät, das die Reichsrundfunksendungen übertragen sollte. Da fand ich Adler, die sich über den Wehrmachtsberichten davonzustehlen schienen. Aus echter deutscher Eiche bestanden die voluminösen Kästen mit ihren Rundungen, die

Lautsprecher waren liebevoll mit Details verziert. Das alles staubte seit Ewigkeiten dahin und wartete wie der Onkel.

Ich hatte nicht den Mut, all die verlorenen Hoffnungen zu begraben, die Nachrichten, die Musik klangen mir noch in den Ohren. Ich würde die Relikte behalten, beschloss ich. Später einmal würde sich ein Verehrer darum reißen, heute kam mir die Entsorgung zu früh. Die Radiogeräte wanderten vom Frankenwald zum Rhein und wurden eines Tages gesuchte Ausstellungsstücke einer Sammlung.

Ich stehe schon immer hier, jedenfalls kann ich mich nicht erinnern, dass es jemals anders gewesen wäre, nicht die letzten siebenhundert Jahre. Sicher hat sich mein Aussehen geändert, aber das Fundament steckt fest in den Felsen da unten. Mein Gewölbe ist verbunden mit denen meiner Brüder, und wenn die Durchgänge im Laufe der Jahrhunderte nicht vermauert worden wären, könnte man auch heute noch im Kriegsfall die Burg erreichen. Vielleicht gibt es keine Kriege mehr. Das Kampfgeschrei hat nachgelassen. Die anderen, die näher an der Burg stehen, haben davon erzählt, dass sie längst eine Ruine ist. Der Wald hat die Mauern überwuchert.

Auch bei mir ist es still geworden, man kann die Balken knacken hören, fast unheimlich still. Vom Marktplatz dringen gedämpfte Geräusche herein, wenn ein Mensch vorbeigeht, sich ächzend auf der altersschwachen Bank niederlässt. Seine Knochen sind auch nicht mehr jung, die Prothese, die ihm neulich eingesetzt wurde, zwickt. Was könnte ich da erst klagen, mein Gebälk, die Dielen, die Backsteinwände sind spröde geworden mit den Jahren. Dabei habe ich Hoffnung geschöpft, als der Besuch hereinwirbelte, nachdem die alten Bewohner verschwunden waren. Einer nach dem anderen hatte mich zurückgelassen. Nun zieht also wieder ein Mensch ein, wird meine Wunden verbinden, die mir die Jahrzehnte geschlagen haben.

Ich kenne die junge Frau, sie hat mich oft besucht, früher, nach dem Krieg kam sie zu meinen Bewohnern. Sie sang und tanzte durch die Zimmer, wirbelte über meine Treppen und brachte mit ihrer Fröhlichkeit das Lachen zurück. Ihr Vater ist mit seinen Geschwistern bei mir aufgewachsen, ein wilder Kerl. Auch er sang und musizierte, dass meine Fensterscheiben klirrten. Die schüchterne junge Frau, der er sein Herz schenkte, trauerte unendlich, als er in einer Blechkiste nach Hause gebracht wurde. Der Jammer gefror auf meinen Wänden, meine Menschen schlichen um-

her. Dann ist die junge Frau mit der kleinen Tochter fortgegangen.

Ich gehöre nun wohl der kleinen, inzwischen erwachsenen Tochter. Sie stand vor ein paar Tagen verloren da und kramte in meinen Schätzen. Es tut weh, was da alles in die Riesenkiste flog, um weggegeben zu werden, ich habe doch die Dinge sorgfältig bewahrt für neuen Gebrauch. Sind diese Sachen unbrauchbar geworden? Die Zeit muss sich geändert haben. Die junge Frau ist auch nicht geblieben, hat nur das stinkende Fahrzeug vollgeladen und ist wieder verschwunden.

Eines der Radiogeräte erinnerte mich an meine eigene Jugend, ein schwarz lackierter Kasten, hochkant gestellt mit zwei Türen, die man schließen konnte, wenn man den Apparat nicht mehr benötigte. Die Skala zeigte weit mehr als die bekannten deutschen Sender. Da las ich „Hilversum" und andere nie gehörte Städtenamen, die mich träumen ließen, wenn ich als junges Mädchen in unserer Behelfsunterkunft, einer Baracke, den tristen Alltag vergessen wollte.

Wir waren nach dem Krieg hier am Rhein gestrandet, warteten in der besagten Baracke auf die Zuteilung einer Wohnung, husteten uns im Winter die Seele aus dem Leib. Als ich wieder zur Familie stieß, hatte ich bereits eine Odyssee durch die Schulen in Hof hinter mich gebracht. Meine Verwandtschaft hatte mich aufgenommen und versorgt, da die Wohnverhältnisse meiner Familie ein normales Schulleben nicht zuließen. So verbrachte ich ein Jahr im Frankenwald, verwöhnt, aber kreuzunglücklich. Ich hatte Heimweh nach der Mutter und floh nach einem verkorksten Schuljahr nach Mannheim zur Familie. Dort wurde ich aufgenommen in der viel zu engen Baracke, schlief auf dem gestampften Lehmboden und weigerte mich, jemals noch eine verhasste Schulbank zu drücken.

Mutter konnte mich dann doch überreden. Der Erfolg stellte sich in der heimischen Umgebung schnell ein, obwohl mir zum Lernen nur eine Ecke am Küchentisch blieb. Nach einem harten Winter hatten wir alle Rheuma, aber konnten endlich eine akzeptable Bleibe finden. Küche, drei Stuben, Kohleheizung, kein Bad, aber trockene Wände. Beglückt zogen wir ein und hatten damit die schlimmsten Kriegswirren überstanden. Der Alltag war schwer, der Stiefvater und die Mutter standen bei Sunlicht am Band, ich kümmerte mich um drei Geschwister und ging zur Schule. Die gestaltete sich noch als einfachste Aufgabe, der tägliche Kampf einer Jugendlichen, mit den Tücken einer Großfamilie fertigzuwerden, ließ sie eher verzweifeln.

Da tröstete mich oft nur die Musik, die aus diesem alten Röhrengerät kam, mono, rauschend, aber großartig. Ich kroch förmlich in den Kasten hinein, wenn ich italienische Oper hörte, Beethoven, Mozart, Klassiker, Jazz, mein Musikhunger war unstillbar, und ich lernte. Klavierstunden und ein Instrument konnten wir uns nicht leisten, aber hören konnte ich und lernen. So schulte ich meine Ohren, blendete Nebengeräusche einfach aus und eignete mir ein Repertoire an, das mir später noch nützte.

Die Schulzeit verlief ohne große Aufregungen. Ich bewältigte die Klassen, verdiente mir mein Taschengeld durch Nachhilfe. Eine aufmerksame Lehrerin bemerkte unsere finanzielle Lage und verschaffte mir den Unterricht. Ich erhielt eine Mark und fünfzig Pfennige für die Stunde, in der ich mit einem kleinen Mädchen Vokabeln paukte oder Diktate mit ihm übte. Stolz steuerte ich das erste selbst verdiente Geld zum Haushalt bei.

Die Mitschülerinnen kamen zum Großteil aus der Mannheimer Oberschicht. Die Väter, Ärzte und Richter, Kaufleute und Firmeninhaber konnten ihren Töchtern natürlich andere Möglichkeiten bieten als meine Mutter mir und meinen Geschwistern. Das ließ man in der Klasse auch die weniger begüterten Schülerinnen spüren. Ewig denke ich an die Mitschülerin, die, von allen gehänselt und dazu nicht sehr begabt, das Mobbing nicht ertrug und schon in der Quarta verschwand. Bei mir fruchteten die Herabsetzungen nicht. Ich war einfach zu gut, bei mir konnte man abschreiben, wenn ich es zuließ. Das Mobben ging so weit, dass sich selbst Lehrer nicht zu schade dafür waren.

Wir hatten im Musikunterricht einen Lehrer, klein von Statur und bequem und gar nicht bemüht, uns etwas beizubringen. Der machte sich das Leben einfach, er wusste, dass drei seiner Lieblingsschülerinnen Klavier spielten. Die höheren Töchter wurden abwechselnd am Anfang der Stunde aufgerufen und mussten die neueste Etüde vortragen, der Rest der Stunde wurde mit Abfragen bewältigt. Ich hatte in meinem Lieblingsfach von jeher eine Eins erhalten. In dieser neuen Schule war das plötzlich anders. Ich wurde trotz heftigen Mitmachens ignoriert, nachdem sich herausgestellt hatte, dass bei mir kein Vorspielen zu holen sei, und am Ende des Schuljahres prangte in meinem Zeugnis eine Drei. Ich war entsetzt, ja beleidigt. Das würde ich mir in keinem Fall gefallen lassen, so viel stand für mich fest, und ich meldete mich beim nächsten Mal heftig. Widerwillig wurde ich aufgerufen und hielt meine erste „sozialdemokratische" Rede. Ich fragte den Lehrer vor einem erstarrten Publikum, ob für eine gute Note in Musik ein gut gefüllter Geldbeutel des Vaters ausschlaggebend sei. Mein Vater sei fürs Vaterland gefallen, die Mutter habe für Musikunterricht kein Geld. Nur die Pausenglocke rettete den verdatterten Lehrer. In den folgenden Zeugnissen stand eine Zwei, aufgerufen wurde ich nie mehr.

Die Tanzstunde wurde mir bald liebster Zeitvertreib, am Wochenende gehörte mir der Tanzboden, dort vergaß ich die mühselige Woche, lebte mich aus auf Cola-Bällen, in Tanzstudios, heimlich in Nachtlokalen, denn die waren für junge Leute unter achtzehn verboten, dabei wollten wir nur tanzen, uns im Takt der Musik bewegen, fröhlich sein. Natürlich begeisterte mich der Jazz, im schummrigen Kellerlokal konnte man stundenlang an einer Cola nuckeln, den beißenden Rauch tapfer ignorieren. Mannheim hatte da einige Musikerlebnisse zu bieten. Und meine Mutter war tolerant genug, der großen Tochter, die ja auch sonst im Alltag wie eine Erwachsene arbeiten musste, den harmlosen Genuss nicht zu verbieten. So schlüpfte ich an freien Abenden in die schicken Petticoat-Kleider meiner Tante, der Schneidermeisterin, band mir einen Pferdeschwanz, stieg in die Pumps mit den schwindelnd hohen Absätzen und fegte über die Tanzflächen. Rock'n' Roll, Twist, Blues und Fox! Ich verstehe die Ritualtänze der Eingeborenen, ich tanzte ebenfalls wie in Trance, bis die Schuhsohlen qualmten.

Wären da nur die Mutter und die drei Halbgeschwister gewesen, ohne den Stiefvater hätte ich es noch Jahre ausgehalten bis zum Abitur. So aber überlegte ich mir immer öfter, warum im Märchen eigentlich nur von der bösen Stiefmutter die Rede ist. Meine Mutter verdiente als Krankenschwester in Tag- und Nachtschicht die nötigen Mittel, der Stiefvater hätte das alleine nicht geschafft. So war ich mit meinen Geschwistern auf mich selbst angewiesen. Ohne Waschmaschine und selbst noch ein halbes Kind kämpfte ich mich durch den Alltag, versuchte mein Bestes. Ein wenig Anerkennung hätte mir schon gut getan, aber da gab es den Stiefvater. Er predigte die alten Weisheiten wie: „Solange du die Füße unter meinen Tisch stellst, hast du zu parieren. Hausarbeit ist Frauenarbeit. Du bist zu nichts nütze, schau deine Verwandtschaft an, sie taugt auch nichts." Ich könnte seine Sprüche noch stundenlang weiterbeten. Sie erzeugten in mir erst Mutlosigkeit, Unsicherheit und dann eines Tages Wut. Grenzenlose Wut kam in mir auf, als ich einmal beim Abendbrot am Tisch eingeschlafen war. Der Pascha weckte mich unsanft und befahl mir, den Tisch abzuräumen und zu spülen. Als ich, noch benommen, nicht gleich reagierte, warf er eine Tasse nach mir. Die weckte mich schlagartig. Ich sah plötzlich rot, wirklich lag da ein roter Schleier über meinen Augen. Ich fuhr in die Höhe und griff ihn an. In diesem Augenblick hätte ich ihn erschlagen, wäre da nicht mein jüngerer Bruder dazwischengegangen. Er trennte uns, zog mich aus der Küche.

Am nächsten Tag beschloss ich, die Schule mit der Mittleren Reife zu beenden, einen Beruf zu erlernen und die Familie zu verlassen. Meine Lehrer schlugen die Hände über dem Kopf zusammen, zeterten, wollten die sehr gute Schülerin nicht abgehen lassen. Aber sie liefen gegen Wände. Ich war wild entschlossen, die Situation zu ändern. Ich setzte meinen Willen durch. Da ich technisch begabt war, wählte ich den Weg über die Ingenieurschule. Ich beschloss Elektroingenieurin zu werden. Da wollte ich es den Männern zeigen, ob man als Frau nur minderwertige Hausarbeit zu verrichten im Stande war oder ob man auch in Männerberufen etwas leisten konnte.

Ich hatte lange genug in der Werkstatt meines Onkels gesessen. Radios, Fernseher, Eisenfeilspäne, Feilen und Lötkolben konnten mich nicht schrecken, die ganze Kindheit über hatten sie meine Spielsachen ergänzt. Ich war wie in Trance, besorgte mir einen Ausbildungsplatz beim Elektrokonzern BBC. Zwei Jahre sollte ich dort alle Abteilungen durchlaufen, in einer verkürzten Lehre das Handwerk erlernen. Dafür schickte die Firma ihre Lehrlinge in die Gewerbeschule, bildete zusätzlich im Werk aus und setzten ihren ganzen Stolz darein, immer die Besten des Jahrgangs zu erhalten. Diese Firma wurde für zwei Jahre mein Lebensmittelpunkt.

Meine Mutter diente mir als leuchtendes Beispiel, wie sich die absolute finanzielle Abhängigkeit vom Ernährer der Familie auf eine Frau auswirkte. Ein solches Sklavendasein wollte ich mir für meine Zukunft nicht vorstellen. Und so regte sich in mir der Widerspruchsgeist gegen jede Bevormundung. Ich konnte nicht einsehen, dass eine Frau mit gleicher Ausbildung weniger verdienen solle und außerdem immer den Ehemann um Erlaubnis zu jeder Arbeitsaufnahme fragen müsse. Deshalb beschloss ich, einen vernünftigen Beruf zu erlernen, der mich ernähren würde. Da ich aber über keinerlei Mittel verfügte, außer was ich mir mit Nachhilfestunden verdiente, musste ich die Trennung von der Familie allmählich vollziehen. Erster Schritt war die Aufnahme einer Ausbildung bei BBC. Ende der Fünfziger konnte man noch ohne Abitur an der Ingenieurschule studieren. Ich musste weiterhin zu Hause wohnen, verdiente aber wenigstens während der zweijährigen Ausbildung bei BBC, die man damals noch als Praktikum bezeichnete, ein Lehrgeld von achtzig Mark.

Ich hatte es mir einfacher gedacht, unter vielen jungen Männern zu arbeiten. Doch nachdem ich meine Schüchternheit überwunden hatte, fand ich Gefallen am Umgang mit den rauen Gesellen, den Arbeitern, die getrieben vom Akkord ihr Brot verdienen mussten und dabei noch ihre Späße machen konnten. Erst wurde ich natürlich Ziel ihrer Frotzeleien. Doch als ich bewies, dass ich einstecken konnte und auch noch richtig zupacken, zeigten sie mir viele Tricks, wie das Leben zu meistern sei. Da ich als einziges weibliches Lehrmädchen nicht in die Garderobe der Jungen konnte, wies man mich in die Umkleideräume von Arbeiterinnen ein. Die staunten nicht schlecht über die junge Frau, die einen Männerberuf erlernen und dann gleichberechtigt mit ihren Chefs sein würde. Die Hierarchie in diesem Konzern trieb solche Blüten, dass man zum Beispiel die Kantine der „Weißkittel", also der Ingenieure und Kaufleute nicht benutzen durfte. Wir Praktikanten versuchten eines Tages, da wir mit unserem Sonderstatus keinen Sinn in der Regelung sahen, die Barriere zu durchbrechen, aber wir wurden abgewiesen. Einmal Arbeiter, immer Arbeiter! Das Kastendenken hätte den Indern alle Ehre gemacht.

Die Unterhaltung der Arbeiterinnen in der Garderobe ließ mir zwar manchmal das Blut in den Kopf steigen, aber ich hörte doch genau hin und konnte bald erkennen, wie armselig so ein Arbeitstag im Akkord war. Sie wurden tagein, tagaus vom Zeitnehmer gejagt. Unangemeldet erschien er und nahm die Akkordzeit ab, ließ das Band schneller laufen und untersuchte die Belastbarkeit der Arbeiterinnen. Ihm ein Schnippchen zu schlagen, sahen alle als lohnendes Ziel an. Ich stand Schmiere, wenn die Geschickteste am Band einen Vorsprung erarbeitete, damit die ganze Kolonne eine zusätzliche Zigarettenpause machen konnte. Dass beim Rauchen feuergefährliche und giftige Dämpfe die ganze Halle in Rauch auflösen konnten, war ihnen zwar bewusst, störte aber niemanden.

Im Hochspannungsprüffeld herrschten noch arbeitsrechtliche Zustände, die heute sicher zur Schließung der ganzen Abteilung führen würden. Man prüfte also die Riesentrafos mit Hochspannung, und da eine Praktikantin zusätzlich zur Verfügung stand, schickte der Prüfer sie prompt an die gefährlichste Stelle. Ich musste die Prüfspitzen an die zu messenden Kontakte der Motoren halten. Natürlich wurde ich gewarnt, ja nicht daneben zu greifen, wollte ich nicht verschmoren. Es war aufregend, ich konzentrierte mich und überlebte. Nur der Geruch von Ozon blieb mir bis heute in der Nase hängen.

Ich durfte auch am Großauftrag für die Industrieanlagen in Rourkela mitarbeiten. In Indien liefen sicher noch lange, nachdem ich die Elektrotechnik an den Nagel gehängt hatte, Motoren, deren Anker ich mit Sorgfalt gewickelt hatte. In diesem heißen Sommer 1958 stand die Hitze in der Halle so, dass wir reihenweise umgefallen wären, hätte nicht ein ganz Schlauer die Pressluft zur Kühlung umfunktioniert, bis die Werksleitung dahinterkam. Da lagen die Temperaturen in der Halle aber schon wieder auf Normalwert.

Als wichtig für mich erwies sich auch die Zeit, in der ich der Aufbaugruppe zugeordnet war, die eine riesige Hobelbank im Werk einrichtete, die erste dieser Art Deutschland. Die Einzelteile der Hobelbank wurden aus den USA geliefert. Zwölf Schaltschränke allein waren nötig, um das Monstrum zu steuern. Nun aber standen die Arbeiter vor dem schier unlösbaren Problem, dass die Zeichnungen und Bauanleitungen in englischer Sprache beigefügt worden waren. Kein Mann der Spezialtruppe konnte damit etwas anfangen. Man fragte bei der Geschäftsleitung an, wer übersetzen könne. Die kamen dann auf die Idee mit der Praktikantin, die ja in der Schule Englisch gelernt hatte und sicher mit der Materie zurechtkommen würde. Technisches Englisch, das Lesen eines Schaltplans, sie hatte das zu können, man wies an, und ich musste mich einarbeiten. Ich schlief schlecht, träumte nur noch von Hobelbänken, verglich die Verdrahtungstechnik der Amerikaner mit der deutschen, entsetzte mich mit meinen Kollegen über die schlappe Ausführung der gelieferten Arbeit und bewältigte doch endlich die Aufgabe. Technisches Englisch hin oder her, wir platzten vor Stolz, als die Anlage lief, und ich war ein Teil der Mannschaft geworden.

Am Ende der beiden Praktikumsjahre bestand ich sogar die Gesellenprüfung in der Gewerbeschule. Mein Lehrer hatte mich einfach angemeldet, obwohl ich das gar nicht für nötig hielt, denn für meine Aufnahme in die Ingenieurschule brauchte ich das nicht. Er aber erklärte ungerührt: „Die Prüfer wissen nicht, wer hinter der Nummer 56 steckt, und die Prüfung bestehen Sie bestimmt." Ich enttäuschte ihn nicht. Zwei Wochen später erwarb ich die Berechtigung, auf der Ingenieurschule mein Studium der Elektrotechnik aufzunehmen. Die Halbwaisenrente, die mein Stiefvater immer in den Familienetat eingeplant hatte, durfte ich, als die Ausbildungsvergütung wegfiel, für mich behalten und konnte damit Bücher und Studienmaterial bezahlen. Zu Hause kümmerte ich mich um den Haushalt und entlastete meine Mutter, die inzwischen als Krankenschwester dazuverdiente. Als ich dann später auszog, musste die arme Frau den Beruf aufgeben, denn wer hätte denn sonst die halbwüchsigen Geschwister und den anspruchsvollen Mann versorgt?

Wie lange habe ich wohl geschlafen? Wenn man nicht täglich geweckt wird, wenn keine Ladentür mehr klingelt, wird man träge. Ja, in der Werkstatt liegen noch die Messgeräte, die Feilen und Lötkolben, es riecht noch ein bisschen nach Lötfett. Ich mag den Duft, der Anfang der Zwanziger einzog, als Karl, der Älteste, ein Geschäft eröffnete. Er wollte ganz neue, moderne Kästen verkaufen. Wenn er an einem Knopf drehte, füllte sich der Raum mit Musik. Ich liebte das und hörte so gerne zu. Auch in der großen Küche wurde damals musiziert. Der wilde Kerl, der Heinrich, übte mit seinen Freunden auf glitzernden Instrumenten, blies hinein, bis es dröhnte und donnerte. Da konnte ich nicht schlafen, auch die Anna, die so schlecht laufen konnte mit ihrem kranken Hüftgelenk, hatte ihre liebe Not damit. Sie musste fleißig nähen für Madame Marteau, die Gattin des berühmten Geigers Henri Marteau. Sie, die kleine Schneiderin vom Lande, nähte die Roben für den Auftritt bei Hofe in Berlin.
Sie ist wieder da, die neue Hausherrin, mit ihrem Mann. Sie haben eine ganze Kolonne Handwerker mitgebracht. Die klopfen und zerren an mir, reißen die Wände auf, haben neue Fenster eingesetzt. Ich kann plötzlich besser sehen. Es ist interessant, wie bunt die Kollegen gegenüber bemalt sind. Ich wünsche mir auch ein neues, leuchtendes Kleid. „Schön ist es, wenn sie da sind, schön aber auch, wenn sie wieder gehen", hat schon Karl gestöhnt, wenn ihm der Trubel zu viel wurde. Dabei hätte er seinen Betrieb gar nicht mehr führen können. Zuletzt saß er nur noch am Fenster. Seine Gesellen hatten den achtzigjährigen Handwerker betrogen, waren dann zu Hause geblieben, als keine Aufträge mehr kamen. Da haben ihm die Jungen geholfen, mich einfach gekauft. Ihre Mienen sind ernster geworden. Die Welt muss schwierig sein.

Man stempelte die einzige weibliche Studierende sofort als Blaustrumpf ab. Den Kollegen das Gegenteil zu beweisen, war mühsam, ich musste vieles verkraften. Aber ich hatte diesen Weg gewählt, nun musste ich ihn auch gehen. Selbst die etwas anzüglichen Sprüche der Kollegen brachten mich nicht aus der

Ruhe. Sie fragten hämisch, ob ich einen Spiegel besäße, lachten hinter meinem Rücken und mussten doch anerkennen, dass ich die Integrale nicht schlechter lösen konnte als sie. Ich bestand jedenfalls die Semesterprüfungen nicht schlechter als die anderen. Wie immer nahm ich eine Sonderstellung in der Institution ein. Schon der Extraschlüssel für die abgeschlossene Toilette, ich war die Einzige unter 400 Männern, das Eindringen in diese Männerdomäne stempelte mich als unweiblich ab.

Ich hielt mich auch in der Kleidung zurück, wollte ich doch die Hahnenkämpfe, die bald aufflammten, nicht weiter schüren. Eine Liebesgeschichte hätte mir nur geschadet. Nur ein Gaststudent aus Persien wollte nicht wahrhaben, dass sein umwerfender Charme bei mir keine Wirkung zeigte. Er beschimpfte und bedrängte mich, schrieb aber trotzdem morgens vor dem Unterricht meine Hausarbeiten ab. Die übrigen Kollegen verfolgten den stillen Kampf mit Spannung und freuten sich wohl über die Niederlage des Angebers.

Zum Ende meines Gastspiels genoss ich dann doch einen Triumph. Ich hatte bereits die Aufnahme in der Rundfunkschule in Nürnberg geschafft, war also frei von Zwängen. Wir trafen uns auf dem Ball der Schule und ich war aus meiner Alltagstracht in ein umwerfendes türkisfarbenes Tüllkleid geschlüpft, das Tante Anna mir auf den Leib geschneidert hatte. Natürlich wollten jetzt alle Mitstudenten ausprobieren, ob der Blaustrumpf tanzen konnte. Als sich dann meine Beine weder beim Tango noch beim Wiener Walzer verknoteten, hatte ich gewonnen. Die Freundinnen meiner Kollegen entschuldigten sich im Namen ihrer Männer und Freunde beim Blaustrumpf der Schule. Sie hatten nur Horrormärchen über mich zu hören bekommen und solidarisierten sich alle mit mir.

Noch lebte ich zu Hause. Zwischen dem Stiefvater und mir herrschte Funkstille, er ließ mich so weit auch in Ruhe, da ohne meine Arbeit im Haus Mutter nicht mehr hätte arbeiten gehen können, er wollte sich nicht am Haushaltsalltag beteiligen. Nach wie vor stand er auf dem Standpunkt, Frau und Kinder hätten ihm zu gehorchen, ihn zu bedienen. Ich habe es nie begriffen, warum meine Mutter sich diese Behandlung gefallen ließ, eine Scheidung hätte uns allen geholfen. Aber die landläufige Meinung, dass eine geschiedene Frau nichts mehr gilt, wird die Mutter von diesem Schritt abgehalten haben. Ihr Leben musste einige Jahre später trotzdem weitergehen, denn da ließ sich unser Familientyrann scheiden. Er hatte eine jüngere Frau gefunden, und Mutter lebte auf. Im Übrigen führte er sein freies Leben, war in allen umliegenden Lokalen wohlbekannt und beliebt, ihm fehlte es an nichts. Einige Schiebereien bei der Vergabe von bundeseigenen Wohnungen – er saß in der Vergabestelle – bescherten ihm das nötige Kleingeld. Wir alle hatten nichts davon. Im Gegenteil trieb er seine Kinder nach der Volksschule gnadenlos in eine Lehrstelle, ob meine Geschwister das wünschten oder nicht. „Schon wieder ein Esser weniger", sagte er und rieb sich die Hände.

So allmählich, ich hatte gerade mein drittes Semester begonnen, schlichen sich bei mir Zweifel ein, wenn ich an meine berufliche Zukunft dachte. Da hatte doch vor Kurzem die Post geworben. Sie hatte das gesamte Semester zu einer Exkursion eingeladen, um uns die Möglichkeiten einer Beamtenlaufbahn schmackhaft zu machen. Man bot ein Stipendium und eine anschließende Übernahme an. Einziger Pferdefuß an der großzügigen Offerte war eine Verpflichtung über sechs Jahre bei der Post. Sechs Jahre im Korsett einer Firma erschienen mir nicht annehmbar, wollte ich doch endlich dem Familienkorsett entrinnen. So schlug ich nicht ein wie mehrere meiner Studienkollegen. Ich wollte frei sein. Noch lag Nebel über meinem Berufsweg, aber eines wusste ich mit Bestimmtheit: Ich würde in eine andere Stadt ziehen und ich wollte nie mehr abhängig sein. Darüber hinaus fehlte mir die musische Beschäftigung. Studium und Familienverpflichtungen ließen mir nicht einmal Zeit für ein Konzert, für das geliebte Nationaltheater. Ich sank einfach traumlos ins Bett, wenn die Tagesarbeit erledigt war.

Meine Tür wurde gerade aufgestoßen. Das sind aber nicht meine Leute. Bauarbeiter dringen in die alten Ladenräume vor, die nur noch Vitrinen, ein paar Nägel und Zinkwannen beherbergen. Der alte Herd in der Küche wird herausgerissen, der dem alten Herrn immer Wärme spendete, wenn ihn das Rheuma zwickte. Im Winter versammelte sich die große Familie hier, genoss die einfachen Gerichte, sprach über die schlechten Zeiten und den nächsten Besuch der Verwandtschaft. Man war immer gastfreundlich. Die Lehrlinge wohnten unter meinem Dach, man freute sich über die Geschichten aus der fernen Welt, die die Besucher mitbrachten.

Da bearbeitete der Onkel Philipp den Vater, den Heinrich studieren zu lassen. Er hatte die Familienohren geerbt, die Musik drang ihm aus jeder Pore. Der Bub müsse unbedingt Musiker werden, sagte er. Aber der Prinzipal entschied, dass alle seine Kinder das gleiche Recht haben sollten. Wenn er kein Geld für alle habe, könne auch der Begabteste nicht studieren. Der Bub musste sich selbst helfen, ging in die große Stadt, baute Flugzeuge, schickte auch noch Geld heim, denn in meinen Wänden herrschte der Mangel, und flog eines Tages in sein Ende.

Aus meiner ausweglosen Lage befreiten mich einmal im Jahr die Sommerferien. Nach den Jahren des Zerwürfnisses mit der väterlichen Familie, ich war vor Jahren nach dem verunglückten Schuljahr in Hof ausgerissen, verbrachte ich nun wieder die Ferienzeit im Frankenwald. Als einziger Nachwuchs der Großfamilie wurde ich dort wieder aufgepäppelt. Tante Anna nähte bezaubernde Kleider in der neuesten Mode. So konnte ich all die Torheiten der Fünfziger mitmachen, New Look, Petticoat, Schlabberpullover und hautenge Jeans. Die Letzteren sah man im Haus weniger gern, denn der Geschmack meiner anderen Tanten trauerte immer noch den unsäglichen Hitlerjahren nach. So hielten sie mich auch an, die alten Werte zu achten, wie: „Eine deutsche Frau raucht nicht, kleidet sich nicht aufreizend, hält sich zurück und kriecht nicht den lieben langen Tag in der Elektrowerkstatt des Onkels herum, denn das ich unweiblich." Ich tat es trotzdem mit Hingabe, so wie ich mich auch in der Schneiderstube zu Hause fühlte. Für welche Seite ich mich wohl entscheiden würde, fragten sich manche. Mir allein war klar, dass die Beschäftigung mit sogenannten männlichen Interessengebieten genauso spannend wie die mit angeblich typisch weiblichen sein konnte.

Ich kannte ihn schon als kleines Mädchen, den jungen Mann, den Lieblingsschüler meines Musikeronkels, Professor in Jena und begnadeter Organist. Mit ihm verlebte ich während der früheren Ferienaufenthalte im Frankenwald manche unbeschwerte Stunde. Er war damals schon fast erwachsen und amüsierte sich wohl über die kleine freche Göre, die unbekümmert plauderte. Er brachte mir in einem Sommer das Schwimmen im alten Badeteich bei. Ich schwärmte für meinen großen Freund. Inzwischen war ich 17, erwachsen fast, ernsthaft und sah ganz ordentlich aus, wie mir die Blicke der Dorfburschen bestätigten. Das Wiedersehen warf mich um. Aus dem Kinderschwarm war plötzlich mehr geworden. Wie genoss ich die gemeinsamen Unternehmungen! Ich himmelte ihn an. Noch heute spüre ich das Herzklopfen und die Seligkeit dieser ersten Liebe, die nichts weiter als schwärmen wollte. Wie genoss ich den Tanz mit ihm auf dem Bauerntanzboden! Die Melodie habe ich noch heute im Ohr. Er war nett und lieb, hielt sich aber sehr zurück. Die Tante hatte ihm wohl Handschellen angelegt. So vergingen noch drei Jahre, mit einigen Briefen hin und her, bis ich ihn wiedertraf.

Da geschah es. Der Jugendfreund hatte in meinen Augen alles erreicht, was erstrebenswert sein konnte. Er hatte Musik studiert und befasste sich somit genau mit der Materie, der ich in meinen Träumen nachhing. In diesem Sommerurlaub fiel es mir wie Schuppen von den Augen, auf welchen Irrweg ich mich begeben hatte. Ich hatte trotzig den Männern, vor allem meinem Stiefvater die Stirn geboten, hatte meine Wünsche wie von Kindesbeinen an geübt verleugnet, hatte mir nur das Ziel gesetzt, mich zu rächen an der Welt, die mich nicht gerade zartfühlend behandelt hatte. Ich hatte mit ansehen müssen, wie meine Mutter verblühte, getreten und doch nicht bereit, sich zu wehren. Nun aber erfuhr ich Zuwendung. Wir beide streiften durch die Wälder und diskutierten in langen Gesprächen einen Ausweg aus meiner Lage. Zu stolz, wollte ich auf keinen Fall die Verwandten um Hilfe bitten, die mir sicher gerne gewährt worden wäre. Da erwähnte mein Freund zum ersten Mal den Rundfunk. „Da gibt es Berufe, die nicht bekannt sind, sie sind interessant und man braucht dort Leute mit technischem und musikalischem Verständnis." Ich war elektrisiert. Die Ferien neigten sich dem Ende. Über dem Abschiedsschmerz schwebte der Trost, dass ich nun meinen Weg gefunden hatte. Ich wollte ihn gehen, auch wenn mir die Steine, die sich vor mir aufbauten, wie eine Riesenmauer vorkamen.

Die Rother Verwandten brachten mich nach Mannheim. Unterwegs im Odenwald stieß er wieder zu uns, zeigte stolz seinen neuen Käfer, berichtete von seiner Tätigkeit am Theater, war ganz seriöser Herr. Meine Schüchternheit wuchs von Stunde zu Stunde, obwohl mir das Herz vor Glück im Hals zersprang. Wir fanden bei einem Spaziergang am Abend durch die Weinberge zueinander, doch meine Unerfahrenheit, all die vielen gut gemeinten Ratschläge meiner besorgten Mutter, die Lebensumstände, die mir übel mitgespielt hatten, ließen mich zurückschrecken, als der Liebste die ganze Frau forderte. Ich war verwundert, ja entsetzt über seine Heftigkeit. Ich hatte Angst, enttäuscht zu werden, und entzog mich. Ich igelte mich ein. In dieser Nacht hat mich das Hotelbett nicht gesehen. Ich verbrachte die Stunden ruhelos im Zimmer auf und ab gehend. Ich haderte mit meinem Schicksal, wollte nicht zum Objekt einer kurzen Stunde degradiert werden. Vor mir standen all die Warnungen meiner Mutter, die Zwänge einer prüden Gesellschaft, die jeden Fehltritt einer jungen Frau ahnden würde. Sollte ich durch einen unbedachten Schritt straucheln, eventuell ein Kind erwarten, wäre meine Zukunft verspielt. Das wusste ich mit Bestimmtheit, die letzten Familienbande würden gekappt. Mir bliebe das Vegetieren ohne Beruf am Band wie die Arbeiterinnen in der Fabrik, das trostlose Dasein meiner Mutter. Das wusste ich und so siegte meine Angst vor dem Unbekannten, ich verleugnete diese erste große Liebe und legte mir selbst ein Korsett an oder wie der treue Heinrich im Märchen Eisenringe, dabei hätte ein einziger Satz meine Bedenken zerstreuen können: „Ich liebe dich".

Am Morgen saß ich verstört beim Frühstück, verabschiedete mich einsilbig und ließ mich, ohne äußere Regung zu zeigen, nach Hause bringen.

Über meinen Kummer rettete mich der Traum vom eigenen Weg hinweg. Ich nahm mein Herz in beide Hände und plante systematisch die nächsten Schritte. Die kommenden Wochen gehörten der Vorbereitung auf den großen Sprung in die weite Welt, denn die Rundfunkschule der ARD hatte ihren Sitz in Nürnberg, eine sehr elitäre Institution, wie mir bald bewusst wurde. Dort wurde man nur als Abiturient mit einschlägigen Musikkenntnissen zur Tontechnikerin ausgebildet. „Gut", sagte ich mir, „ich habe kein Abitur, aber dafür mehr technische und naturwissenschaftliche Kenntnisse, als das ein Abiturient jemals nachweisen kann. Meine musikalischen Fähigkeiten sind marginal, ich spiele ganz passabel die Blockflöte. Dafür habe ich sehr gute Ohren, vom Vater geerbt, der das absolute Gehör hatte. Außerdem kenne ich eine Menge klassischer Musik, kann sie zum Großteil auswendig, mir fehlt nur die Notenkenntnis. Ich werde mich in jedem Fall bewerben." Gesagt, getan, ich fuhr nach Nürnberg, fiel bei lieben Verwandten ein, die mich mit guten Ratschlägen bewehrt zum Termin schickten.

Der stellvertretende Rektor dieser Rundfunkinstitution empfing mich halb neugierig, halb ablehnend. Da hatte eine junge Frau um einen Termin gebeten, um zu erreichen, für die Aufnahmeprüfung zugelassen zu werden. Denn wie gesagt, beim Rundfunk wurde nicht jeder genommen. Allgemeinbildung, Musikalität, schnelle Auffassungsgabe, technisches Verständnis, Teamfähigkeit, das alles war gefordert für den Eintritt in die Welt des Rundfunks, für das Privileg, an einem solch exklusiven Medium teilhaben zu dürfen. Dafür hielten sich die Rundfunkanstalten bei der Entlohnung solcher Fähigkeiten sehr zurück. Das Gehalt reichte kaum zum Überleben, wie ich später feststellte. Ich bekniete also den gestrengen Herrn geschlagene eineinhalb Stunden mit meinen Argumenten, warum gerade ich prädestiniert sei, diesen Beruf zu ergreifen. Er gab nach, bestellte mich zur Prüfung, sagte sich sicher, dass ich meine Niederlage wohl selbst erleben müsse. Er wäre mich auch ohne Zusage nicht losgeworden.

Die Prüfung dauerte zwei Tage lang, man prüfte wirklich alles. Bei Musikkenntnissen brillierte ich, das alte Röhrenradio, mein einziger Zeitvertreib damals in der Baracke, kam mir zugute, Noten kannte ich kaum. So musste ich eben die Notenunkenntnis durch mein Gehör ausgleichen. Anschließend wollte der Lehrer, der mich gnädig zur Prüfung zugelassen hatte, mein technisches Verständnis untersuchen. Vor mir stand ein Kasten mit Röhren, die passenden Sockel waren im Kasten eingelassen. Ich solle mir die Anlage eine Minute lang ansehen und dann auf sein Zeichen die Röhren in die Sockel einsetzen, er würde die Zeit stoppen, erklärte er. Ich legte die Röhren zurecht und wartete auf sein Startzeichen. Ich griff mit beiden Händen zu. Mein Prüfer war so verdattert beim Zusehen, dass er vergaß zu stoppen. Ich war ihm zu schnell gewesen. So bat er um einen zweiten Anlauf, der mir etwas rascher gelang. Ich hatte ihn überzeugt.

Mit bestandener Prüfung fuhr ich zufrieden nach Hause und meldete mich in der Ingenieurschule ab. Rektor Meixner bestellte mich, tobte, wie ich einen solchen Studienplatz aufgeben könne. Ich blieb stur. Die Welt lag vor mir. Erste Station sollte Nürnberg sein.

Selten ließ sich der Sonnenschein der Familie sehen, ich dehnte jedes Mal die Wände ein wenig. Sie sollte Platz haben zwischen den alten Leuten, den vielen verstaubten Andenken, die sich in meinen Eingeweiden stapelten. Sie war sowohl meine Hoffnung als auch die der Alten. Sie lauschten ihren Erzählungen etwas ungläubig und wandten sich wieder ihrer Arbeit zu. Die Junge würde schon sehen, was sie von der Welt hatte. Am liebsten käme sie nach Hause zu ihnen als Trost ihrer alten Tage. Aber die suchte ihr Glück jenseits des kleinen Städtchens, wirbelte Staub auf, half bei Festen und in Notfällen und verließ uns wieder.

Onkel Heinrich und Tante Nanna nahmen mich auf in ihrem Haus am Rande Roths, das einige Kilometer südlich von Nürnberg eine ideale Bleibe für mich, die finanzschwache Studentin, war. Selbst kinderlos, bildeten sie in der Familie die Auffangstation für Nestflüchter, die zum Fliegen noch nicht flügge genug und, sei es durch die Kriegswirren oder durch andere Umstände, heimatlos waren. Das alte Lehrerehepaar hatte immer ein warmes Plätzchen parat und half damit vielen jungen Leuten beim Start ins Leben, so auch mir. Onkel Heinrich, ein stiller freundlicher Herr, lebte mit seiner Frau Nanna dort, seit er mit Sparsamkeit und Mühe das Haus gebaut hatte. Das lag in einem ausgedehnten Gemüsegarten am Stadtpark, ruhig und so recht geeignet, mir gebeuteltem Menschenkind Unterschlupf zu bieten. Die beiden Verwandten nahmen mich bei der Ankunft an der Hand, zeigten mir mein Zimmer und führten mich erst einmal durch ihr Refugium.

Im Erdgeschoss drängte man sich durch eine enge Diele geradeaus ins Wohn-Esszimmer, vollgestellt mit Tisch, Schreibpult der Tante und einem schwarzen Sofa, das die Hauskatze beschlagnahmt hatte. Von da aus gelangte man ins Musikzimmer, bei geöffneter Schiebetür konnte man bequem die beiden Flügel betrachten, die fast die gesamte Fläche des Raums einnahmen. Mir wurde ganz feierlich zumute, als ich die beiden Instrumente, einen Steinway und einen Bechstein, so friedlich gegenüberstehend erkannte. Dazu bemerkte ich erst jetzt noch ein Klavier im Wohnzimmer, das, wie mir stolz erklärt wurde, eine besondere Geschichte hatte. Die Sonderanfertigung besaß eine halbe Oktave mehr und hatte einem Musiker-Vorfahren als Instrument gedient. Vorerst konnte ich mit den Detailerzählungen wenig anfangen. Fasziniert starrte ich nur auf die Schnitzereien, die ausladenden Leuchter, die neben dem Notenhalter angebracht waren. Also ein Klavier aus der vorelektrischen Zeit, kam mir durch den Sinn. Lange konnte ich aber nicht in der Bewunderung verharren, denn die Schätze im Musikzimmer ließen mir die Augen übergehen. Ein berühmter Onkel, Philipp Wolfrum, der im Heidelberg des 19. Jahrhunderts gewirkt hatte, hinterließ Partituren seines Freundes Max Reger, Noten mit Bleistiftnotizen des Komponisten. Dazu hingen an der Wand die passenden Fotografien und Bilder der vergangenen Zeit, ein Museum würde sich heute darum reißen. Beeindruckt konnte ich den dritten Raum kaum gebührend würdigen, das Heiligtum des Onkels. Dort türmten sich seine Sammlungen, Noten, Bücher, Postkarten auf allen erdenklichen Möbelstücken. Wie großartig, kam mir in den Sinn, nur abstauben müsste man einmal, doch das hätte Onkel Heinrich niemals zugelassen. Das Arbeitszimmer war sein Reich, selbst die Tante hatte nur auf Einladung Zutritt und hier herrschte im Gegensatz zur peniblen Ordnung im übrigen Haus kreatives Chaos.

Nach dem Begrüßungskaffee, bei dem ich vorsichtig und einfühlsam begutachtet, vor allem meine Wissensdefizite analysiert wurden, kramte Onkel Heinrich einen Notenband hervor, den ersten Band einer Klavierschule, und platzierte mich am Bechstein. Damit begann meine musikalische Ausbildung. Das kommende Jahr sollte ich übend am Pianoforte verbringen, sobald es meine Zeit, das Studium und die häuslichen Pflichten, die ich selbstverständlich übernahm, zuließen. Die Engelsgeduld, mit der meine Fingerübungen im Czerny und bei leichten Sonaten ertragen, mehr noch, wohlwollend begleitet wurden, bewundere ich noch jetzt. Niemals vernahm ich eine Andeutung, ich solle leise sein. „Musik wird störend oft empfunden, weil sie mit Geräusch verbunden", schrieb schon Wilhelm Busch. Nicht so im Hause Loeber. Eine Stunde ohne musikalische Begleitung wäre eine verlorene gewesen. Außer bei Nacht, die der Ruhe gewidmet war, und oft zu kurz bemessen, da die abendlichen Kunstgenüsse langes Aufbleiben forderten, klang und sang es im Haus. Die ältliche Lehrerin, die sich im ersten Stockwerk zwei Zimmerchen gemietet hatte, muss wohl gelitten haben. Sie schaute manchmal säuerlich, vielleicht aus Verzweiflung.

Die Studien im Institut für Rundfunktechnik, wie die Einrichtung zur Erzeugung geeigneten Nachwuchses der ARD hieß, belasteten mich nicht weiter. Unter zukünftigen Bildtechnikern, Ingenieuren und Tontechnikern hörte ich die technischen Vorlesungen nur mit halbem Ohr mit. Aufregender gestaltete sich die praktische Schulung an der Bandmaschine. Auf schon etwas altersschwachen, von den Rundfunkanstalten ausgemusterten Maschinen sollten wir lernen, Wort und Musik zu schneiden. Mono natürlich, die Stereofonie wurde erst mehrere Jahre später eingeführt. Man gab uns ein Manuskript oder eine Partitur, und wir sollten das Chaos der Aufnahme in Ordnung bringen. Beim Wortschnitt hatte ich nach der anfänglichen Ungeschicktheit meiner Finger, die nach dem Betriebspraktikum an gröbere Werkzeuge gewöhnt waren als eine magnetfreie Schere, mit den Bandenden, die nicht so akkurat aneinanderpassen wollten, bald den Bogen herausgefunden. Silben und Buchstaben konnten mich nicht mehr aus der Ruhe bringen, auch die Satzmelodie begriff ich. Deshalb stört mich heute jede Computeransage auf Bahnhöfen, die darauf keine Rücksicht nimmt. Der Erfinder der programmierten Ansage hätte bei uns nie bestanden. Gehörtes Wort ist ganz anders zu behandeln als geschriebenes, so lautete die erste Erkenntnis.

Musikschnitt brachte mich mehr ins Schwitzen. Da sollte ich ein Musikstück, klassisch oder Unterhaltung – „Es gibt keine gute oder schlechte Musik, nur gut gemachte oder schlecht gemachte", hieß die Losung –, von doppelten Anfängen befreien, sollte aus mehreren Aufnahmen die beste auswählen und anhand der mitgelieferten Partitur ein sendefähiges Produkt erzeugen. Eine Partitur als Vorlage brachte mich völlig durcheinander, denn ich konnte ja nur marginal Noten lesen. Also was konnte ich tun? Wollte ich mich nicht blamieren, wie der Prüfer vor der Bewerbung bereits geweissagt hatte, musste ich mir etwas einfallen lassen. Und so hörte ich mir das ungeschnittene Band einfach einmal an, begriff sehr rasch, dass ich das Musikstück im Radio hundertmal gehört hatte, spürte jeden Einsatz, erkannte instinktiv die beste Fassung und brachte Ordnung in den Bandsalat. Bis ich mit Onkel Heinrichs Hilfe leidliche Notenkenntnisse erworben hatte, halfen mir meine früh erworbenen Musikkenntnisse und natürlich die ererbten Ohren. Die Schulleitung, die Kommilitonen erfuhren nichts von meinem Handicap.

Diese Kenntnisse verbesserten meine beiden Gasteltern mit Umsicht und Ausdauer. Mindestens viermal in der Woche schleppten sie mich abends zu Konzerten nach Nürnberg, nicht ohne vorherige Einführung in Partitur und Textbuch. Onkel Heinrich spielte mir die Themen vor, wies auf Besonderheiten hin, er zeigte mir den Aufbau einer Fuge. So geschult konnte ich bald mithalten mit den höheren Töchtern und Söhnen, die sich schon im Kindesalter durch die gängige Musikliteratur gequält hatten. Für mich bedeutete der Crashkurs keine Qual, mein Aufnahmevermögen schien schier unendlich. Ich hatte ja so viel nachzuholen.

Das Leben im musikalischen Schlaraffenland hatte auch komische Züge. So kannte der Onkel, immer noch im Schuldienst, eine jüngere und nach Meinung der Tante sehr attraktive Kollegin. Die stach der Tante sehr unangenehm ins Auge. Sie war eifersüchtig auf die ihrer Meinung nach schönere Konkurrenz. Ich spürte die dicke Luft im Haus, die Tante dräute, murrte und verwarf all die gut gemeinten Beruhigungsversuche des Onkels, er musste einfach untreu sein oder zumindest auf dem Weg dahin. Deshalb begrüßte sie seine Ausflüge mit mir in die Umgebung sehr, denn ein wissbegieriges Küken würde den Ehemann schon von seiner Liaison abhalten. Onkel Heinrich wich dem schiefen Haussegen aus, packte mich in den Käfer, den er erst einige Jahre besaß. Er hatte die Fahrprüfung nach dreimaligem Anlauf bestanden und durfte nun das Auto endlich fahren, das so lange in der Garage gewartet hatte. Seine Fahrkünste hätten einen erfahreneren Beifahrer sicher angstvoll das Testament aufsetzen lassen, nicht mich. Ich konnte das Fahrzeug weder bedienen, noch war mir die Gefahr bewusst, wenn der Onkel vor der Kurve das Gaspedal durchdrückte und in der Kurve dann scharf abbremste. Trotzdem landeten wir einige Male im Straßengraben, einmal sogar in einer Schneewehe. Wir stiegen dann aus, froh, dass die gestrenge Tante zu Hause geblieben war, und schoben das Gefährt wieder auf die Bahn. Wie Kinder lachten wir über unser Abenteuer. Die Tante würde nichts erfahren.

Unsere Streifzüge durch Mittelfranken brachten mir architektonische Einblicke in vergangene Bauperioden. Wir hielten an jeder Kirche, Onkel Heinrich war nun einmal Lehrer und lieferte der willigen Schülerin sein gesammeltes Wissen über Geschichte und Architektur. Am Sonntag durfte ich die Noten an der Orgel umblättern. Der Kirchenmusikdirektor Loeber spielte im Gottesdienst, die Ziehtochter studierte Kirchenmusik und Orgel. Bei den regelmäßigen Aufführungen des Kirchenchors hatte ich natürlich mitzuwirken. Jedes Familienmitglied, ob zu Besuch oder im Umkreis von zwanzig Kilometern zu Hause, wurde in den Chor eingegliedert und verstärkte den Klangkörper.

Wie gesagt, Tante Nanna befand sich in einer Krise. Sie überlegte, wie sie ihren geliebten Ehemann wieder faszinieren könnte, und kam auf die sehr weibliche Idee, dass eine Renovierung ihres Äußeren nötig sei. Sie wollte sich einen neuen Hut zulegen, und die Gasttochter, aus der Großstadt gebürtig und erfahren im Design, sollte ihr beratend zur Seite stehen. Wir begaben uns also auf den Weg ins Zentrum der Kleinstadt, das neben den nötigen Lebensmittelgeschäften einen Apotheker, einen Schuhmacher, einen Frisör und auch einen Hutsalon beherbergte. Entschlossen steuerte die Tante zum Laden, mir kamen bereits Zweifel beim Betrachten der Auslagen. Hier hatte jemand die Zeichen der Neuzeit übersehen. New Look, Pariser Schick! Das schienen Fremdworte zu sein. Neben zeitlosen Herrenhüten warteten im Schaufenster einige Kreationen aus den frühen Vierzigern, beige, braun, grau, undefinierbar. Wir betraten den Laden, die Tante hochgestimmt. Bald sollte ihre Ausstrahlung den Ehemann wieder einfangen. Das ältliche Fräulein begriff unser Ansinnen, sie schleppte Hut für Hut zum Ladentisch, schob den Spiegel ins richtige Licht, gab sich alle Mühe, die Stammkundin nicht zu enttäuschen. Doch so sehr sie sich abmühte, ich mit guten Ratschlägen die wenigen halbwegs akzeptablen Objekte anpries, die Tante verwarf kritisch alle Versuche, aus ihr eine moderne, umwerfende Frau zu zaubern, die ihren Mann mit Bravour zurückerobern würde. Zuletzt war das Lager der Hutmacherin erschöpft, nur noch ein unscheinbarer, hellbrauner Deckel blieb übrig. Den ergriff die Tante, setzte ihn auf und stellte erfreut fest, der sei es. Was sollte das Modell kosten? Er sei praktisch schon gekauft. Das war er auch, er gehörte ihr bereits, kostete also keinen Pfennig. Die sparsame Tante verließ den Laden befriedigt, die Inhaberin sah uns verstört nach und räumte die Ware wieder an den alten Platz. Ich unterließ zukünftig jeden Ratschlag das Outfit der Tante betreffend.

Eines Tages, Ende des ersten Semesters, betrat der Rektor der Schule mit einem seriös dreinschauenden Herrn den Hörsaal. Er stellte ihn als Technischen Direktor des Bayerischen Rundfunks vor und übergab ihm das Wort. Der Herr kam ohne viel Umschweife zum eigentlichen Grund seines Besuchs. Er erzählte von der anstehenden Erweiterung des Bayerischen Rundfunks in München, im Fernsehbereich, aber auch im Hörfunk. Allein acht neue Bildtechnikerinnen würden gebraucht. Dazu kämen noch zwei zu besetzende Stellen im Hörfunk. Im öffentlich-rechtlichen Rundfunk herrschten damals noch archaische Bräuche. So wurden die Berufsbilder geschlechterspezifisch gesehen. Man bildete nur Frauen für die Bild- und Tontechnik aus. Sie wurden als Assistentinnen bezeichnet, denn so eine Assistentin konnte man auch gesondert im Tarifvertrag einstufen. Das hieß, dass Männer von vornherein, selbst wenn sie eine ähnliche Tätigkeit ausübten, besser bezahlt wurden. Wir saßen zwar im Hörsaal der Rundfunkschule in Nürnberg auf der gleichen Bank, der Berufsweg trennte uns aber nach der Prüfung. Da halfen mir später bei der Eingruppierung und der zugewiesenen Aufgabe im Bayerischen Rundfunk auch nicht die technische Ausbildung bei BBC und die Zulassung zur Ingenieurschule Mannheim.

Kurzum, das Münchner Funkhaus brauche Personal. Wer sei denn bereit, vorzeitig, also schon nach einem Semester, den Hörsaal mit dem Studio zu vertauschen? Es sei selbstverständlich, dass jeder, der sich zur Verfügung stelle, seinen Abschluss machen könne. Die Delinquenten würden an jedem zweiten Samstag im Monat auf Kosten der Firma nach Nürnberg geschickt, um in einem komprimierten Unterricht die nötigen theoretischen Kenntnisse zu erwerben. Die Praxis könne man ja vor Ort vermitteln. Er hatte kaum geendet, da war meine Hand schon erhoben, ich meldete mich mit Vehemenz. So bald schon auf eigenen Füßen zu stehen, kam mir wie ein Geschenk des Himmels vor, der Rektor nickte zustimmend, ich war angenommen. Mit mir traten weitere neun Elevinnen an. Darunter befand sich auch Blümchen, die Banknachbarin, eine gute Freundin der kommenden Jahre, die mit mir im Hörfunk des Bayerischen Rundfunks einzog.

Eine weitläufige Verwandtschaft zu haben, kann manchmal ganz nützlich sein, sagte ich mir. Es war gar kein Problem, in der Landeshauptstadt kurzfristig Unterschlupf zu finden. Erst vor Kurzem hatte ich einige Cousins kennenlernen dürfen, die im Nachbarstädtchen aufgewachsen waren. Zwei davon lebten inzwischen in München und meine besorgten Gasteltern verfügten, dass die beiden einige Jahre älteren Vettern natürlich auf das junge Mädchen aufzupassen hätten, zumindest in den ersten Wochen. So wurde ich vom Bahnhof abgeholt und bei der Wirtin des Jüngeren untergebracht. Natürlich dürfe ich nur eine Woche bleiben, eröffnete mir die Wirtin, aber doch lange genug, um mir ein Zimmer zu suchen.

Großzügig luden die Vettern mich, nachdem ich in der winzigen Kammer ausgepackt hatte, zu einer ersten Besichtigungstour durch Schwabing ein. Die kleine Landpomeranze sollte das Großstadtleben kennen- und bestaunen lernen. Ich kam zwar nicht ganz vom Land, hatte auch schon das Nachtleben meiner Stadt gestreift, aber den Spaß wollte ich den beiden doch nicht verderben und staunte angemessen. Es entwickelte sich ein sehr vergnüglicher Abendbummel durch die einschlägigen Lokale des Münchner Boheme-Viertels Schwabing. Man wanderte von einer Jazz-Kneipe zur nächsten. Zuletzt landeten wir bei Freddy Brocksieper in der Uni-Reitschule. Und da brauchte ich auch nicht mehr Unerfahrenheit mimen, die Jazzformation war umwerfend.

Die kommenden Tage, die der Suche nach einem angemessenen Zimmer gewidmet wurden, verschönte der Kunstgenuss noch nachträglich. In München eine halbwegs bezahlbare Bleibe zu finden, glich auch im Frühjahr 1960 einem Lotteriespiel, aber so viel stand für mich fest, ich hatte einen Job gefunden, das Zimmer musste ebenfalls zu finden sein, ich wollte und musste in dieser Stadt bleiben. Blümchen, meine Studienkollegin, hatte schlauerweise eine Annonce in der „Süddeutschen" aufgegeben. Die Antworten darauf und die übrigen Angebote trugen wir generalstabsmäßig in den Stadtplan ein. Wir planten, möglichst in der Innenstadt zu wohnen, nicht weit vom Funkhaus entfernt wegen der Schichtpläne und natürlich der Freizeitmöglichkeiten, im Straßenbahnbereich und billig. Wir prüften ein Angebot nach dem anderen, fanden heruntergekommene Zimmer mit Blick in den Hinterhof, verdreckte Häuser, verwohnte Möbel und erschraken vor den Forderungen der Vermieter. Zuletzt waren wir so verzweifelt, dass wir einfach jede ein Zimmer mieteten, die Zeit drängte schließlich, und wir würden halt weitersuchen. So fand ich eine Bleibe in der Herzog-Wilhelm-Straße. Im Erdgeschoss dröhnte jede Nacht die Band einer Schwulenbar, das Fenster zeigte in einen Lichtschacht, Tageslicht sah man kaum, Ofenheizung war obligatorisch, das Bad musste mit den Wirtsleuten und drei weiteren Untermietern geteilt werden, Küchennutzung war nicht gestattet. Die Vermieter, ein älteres Ehepaar, schienen aber freundlich, und zum Funkhaus konnte ich in einer Viertelstunde zu Fuß gehen. Ich griff mir zufrieden die Koffer in der Übergangsbleibe, verabschiedete mich bei der Wirtin und versuchte den Vetter noch zu informieren. Das misslang, da der, gerade mit einer neuen Flamme beschäftigt, nur noch sporadisch auftauchte, wie mir die Wirtin versicherte. So hinterließ ich ihm eine Nachricht mit der neuen Adresse, bedankte mich artig für seine Hilfe und zog in mein erstes Untermietzimmer. Die Dauerdämmerung im Raum störte kaum, ich würde das Bett sowieso nur zum Schlafen nutzen. München erwartete mich, ich hatte keine Zeit zum Wohnen.

Der Sonntag fiel auf den ersten April. Wir beiden Tontechnikerinnen mit festem Vertrag beim Bayerischen Rundfunk und einem Zimmer mitten in der heimlichen Hauptstadt Deutschlands feierten unser Glück in der Sendlinger Straße mit einem Salvator. Der Gerstensaft schmeckte vorzüglich und fuhr mir gehörig in die Knochen, denn ich hatte bis zu diesem Zeitpunkt noch nie Bier getrunken. Aus einer Weingegend stammend konnte ich zwar mit einem Viertelchen umgehen, aber die Wirkung dieses Gebräus versetzte mich in die angemessene Euphorie, die ich für den Anfang am kommenden Tag im Funkhaus in der Hopfenstraße brauchte.

Wir fanden uns pünktlich ein und wurden sofort einer erfahrenen Technikerin zugeteilt, die den Lehrling einführen sollte. Die kommenden Wochen erlebte ich wie im Traum. Jede der wechselnden Tontechnikerinnen setzte ihren ganzen Ehrgeiz darein, die jungen Fohlen möglichst bald in gewandte Pferde zu verwandeln. Da hieß es, die technischen Einrichtungen zu verstehen, die Schichtpläne zu beachten, die Kollegenschar kennenzulernen und die Eigenheiten der verschiedenen Redaktionen zu registrieren. Der Umgangston im Funkhaus schien mir äußerst locker zu sein, nach einigen Tagen aber begriff ich die feinen Nuancen, die man beachtete, damit die Zusammenarbeit reibungslos laufen konnte. Die älteren Kolleginnen instruierten uns, manchmal ziemlich rau, waren aber wie Drachenmütter jederzeit zur Stelle, wenn ein in ihren Augen Unbefugter seine Kompetenzen überschritt und die Neulinge in Bedrängnis brachte.

Erste Regel in der Schallaufnahme, wie meine Abteilung hieß, lautete: „Fehler dürfen passieren, aber der Hörer draußen am Gerät darf niemals etwas merken. Er hat Anspruch auf ein perfektes Produkt." Ich bemühte mich nach Kräften, lernte rasch die Maschinen zu bedienen, den Redakteuren zuzuarbeiten, möglichst wenig Fehler zu machen. Bei Schwierigkeiten war eine ältere Kollegin zur Stelle. Bald konnte man mich ohne Aufsicht einsetzen. Dafür aber strengte der Dienst so an, dass mir in den folgenden Wochen sowohl Kraft als auch Lust fehlten, mir München näher anzusehen. Ich kam abends nach Hause, öffnete die Zimmertür, schleuderte die Schuhe von mir, rieb mir die vom Stehen geschwollenen Füße und fiel aufs Bett.

Froh konnte ich sein, wenn ich am nächsten Morgen den Wecker hörte und pünktlich im Dienst erschien, denn Pünktlichkeit war die zweite Regel, die nie übertreten werden durfte. In den Freistunden, bitter nötig zum Regenerieren nach schwierigen Einsätzen, traf man sich im Aufenthaltsraum. Irgendjemand kochte immer frischen Kaffee, man gehörte erst dazu, wenn einem die braune Brühe stark genug gelang. Dort hatte man dann Zeit für Gespräche, es wurde herzlich gelacht, man strickte, das hieß natürlich, man ratschte, und wenn die alten Hasen gut aufgelegt waren, erfuhr man auch von den alten Zeiten des Reichsrundfunks, von den Anfängen.

Da wurden die Aufnahmen noch auf Draht gemacht, die Kolleginnen zentral in Berlin ausgebildet. Der Einsatz der Technik wurde militärisch gesteuert, zum Ende des Krieges lud man die Studioeinrichtung auf einen Eisenbahnwaggon und fuhr damit durch Deutschland, ging auf Sendung, wo immer die Bomben gerade nicht fielen, aber dafür bis zum Untergang. Keine der alten Haudegen murrte über die Dienstverpflichtung, man sah sich als Teil der Berichterstattung an. Ich konnte noch einige der sturmerprobten Kolleginnen kennenlernen. Sie steuerten unerschütterlich Sendung und Produktion, kein Redakteur hätte es gewagt, gegen sie aufzumucken.

Im Hörfunk sorgte mehr als ein Dutzend verschiedener Abteilungen für die verschiedenen Wissensgebiete. Es war üblich, dass man am Vormittag einige Stunden Musik schnitt, anschließend hatte man die Kirchenredaktion und zu guter Letzt Reportagen für den Zeitfunk zu bearbeiten. Nach der anfänglichen Verwirrung empfand man aber die Abwechslung als ganz angenehm. Man hatte sich auf das jeweilige Sachgebiet einzustellen und dem Redakteur zuzuarbeiten. Je besser man sich in die unterschiedlichen Themen einfühlte, desto schneller konnte man die Anweisungen ausführen. Schnelligkeit war oberste Maxime, man schnitt die Bänder mit einer antimagnetischen Schere und klebte sie aneinander, ohne die Klebe-Schiene zu benutzen, nach einiger Übung gelang mir das fast im Flug.

Ein halbes Jahr später hatten wir Neulinge unsere externen Studien nach wiederholten Fahrten zur Rundfunkschule beendet und standen zur Prüfung an. Ich wurde, damit auch alles gut gehe, noch eine Woche dem Messdienst zugeteilt, eine willkommene Abwechslung für mich. Dort hätte man mich am liebsten behalten, die Ingenieurschulkenntnisse, das Industriepraktikum machten mir die Arbeit leicht. Die Versetzung scheiterte aber an der Tatsache, dass ich weiblich war. Geschlechtsspezifische Verwendung des Personals war ehernes Gesetz im Funk, da würde mir auch mein Wissen nichts nützen, eröffnete man mir.

Ich absolvierte also die Prüfung in Nürnberg und kehrte mit den anderen Aspirantinnen zum Sender zurück. Wir feierten gerade den Sieg, die Kolleginnen präsentierten stolz ihre Zöglinge, da drang das Gerücht durch, dass die übrigen Rundfunkanstalten den Ärger über die vorzeitige Auswahl der Technikerinnen damit ahnden wollten, dass uns mindestens auf ein Jahr die Zeugnisse vorenthalten werden sollten, wir also nicht als vollwertige Technikerinnen eingesetzt werden könnten. Die Empörung unter den Kolleginnen schlug Wellen. Wir waren noch mit der Verzweiflung über die Ungerechtigkeit beschäftigt, da hatte Irene Edenhofer, meine erste Lehrmeisterin und Personalratsvorsitzende, bereits den Schlachtplan entworfen. Sie zückte ein Aufnahmeformular der Gewerkschaft, der RFU, datierte die Mitgliedschaft auf unseren Eintritt in den Rundfunk zurück und forderte uns auf zu unterschreiben. Ich wusste noch gar nicht recht, was eine Gewerkschaft ist, wie ein Personalrat fungierte, welche Mittel ihm zur Verfügung stünden, da gehörte ich schon dazu mit allen Rechten.

Am folgenden Tag überstürzten sich die Nachrichten, der Flurfunk berichtete, dass unsere Vertreterin beim besagten Technischen Direktor der Anstalt vorgesprochen hatte. Sie trat mit imponierender Pose vor den Chef, erklärte rundweg, dass das Vorenthalten der Zeugnisse nicht hingenommen werde: „Die Kolleginnen sind der Gewerkschaft beigetreten. Wir werden einen Prozess anstrengen, den Sie verlieren werden. Wollen Sie es darauf ankommen lassen?" Der Herr der Technik knickte ein, besprach sich mit den Direktoren der übrigen Funkhäuser. Jedenfalls erhielten wir Leidtragenden zwei Tage später kommentarlos die Zeugnisse. Ein Studienkollege hatte den Auftrag erhalten, sie uns mitzubringen. Wir Jungtechnikerinnen verzichteten gern auf eine feierliche Verleihung.

Dieses erste Jahr in Selbstständigkeit strengte mich mehr an, als ich wahrhaben wollte. Schichtdienst, schlechte Wohnverhältnisse, Einsamkeit in einer großen Stadt, ich hatte meine Kräfte überschätzt und so konnte mein Körper die Viren nicht abwehren, ich wurde krank, richtig krank. Kleine Wehwehchen steckte man sowieso weg, aber nun bekam ich plötzlich hohes Fieber, mein Hals schwoll auf der einen Seite an, wie ich erschrocken feststellte. Ich konnte mich kaum noch auf den Beinen halten, als ich bei einem Arzt vorsprach, damit er mich für ein paar Tage krankschriebe. Der Doktor untersuchte mich, erkundigte sich eingehend nach meinen Lebensumständen, wer mich pflegen könne, und entschied, ich müsse umgehend ins Krankenhaus gehen. So packte ich meine Tasche und schleppte mich zur nahen Uniklinik. Dort wies man mir ein Bett in einem Krankensaal zu. Ich bemerkte erst einige Tage später, als ich aus dem Fieberdelirium aufwachte, dass ich den Saal mit 13 weiteren Patientinnen teilte. Ich hatte mir wohl bei der Zimmersuche einen Virus eingefangen, das Pfeiffersche Drüsenfieber. Der Name sagte mir nichts, die Auswirkungen dagegen alles. Mein Kopf drohte zu zerspringen, das Essen blieb nicht bei mir, ich wurde schwächer und schwächer. Sie behandelten mich mit hohen Dosen Penizillin, verordneten Kodein und andere Gifte. Ich wunderte mich nicht einmal mehr, dass ganze Scharen von Studenten an meinem Bett vorbeidefilierten, bis ein Oberarzt eines Tages erklärte, dass eine solch reine Form von Pfeiffer selten zu sehen sei und die Studenten sich das Krankheitsbild einprägen sollten. Dieser Oberarzt erlöste mich dann aber auch von den starken Medikamenten, die meiner Leber zusetzten. Er verordnete Schonkost, brachte mich nach Wochen wieder auf die Beine und warnte mich bei der Entlassung vor jedem Alkoholkonsum. Meine Leber würde sich nur erholen, wenn ich sorgfältig mit ihr umginge. Ich beherzigte das gerne, so fühlte ich mich bald wieder wohl und kehrte ins Funkhaus zurück.

Blass war sie geworden, die Arbeit musste anstrengend sein, die frische Bergluft, die dichten Tannenwälder ringsum würden ihr guttun. Sie verließ mich jeden Morgen für lange Wanderungen an der Grenze entlang, die sie vor Jahren mitten durch das Land gezogen haben. Seither habe ich manchen Gast heimlich hereinschleichen sehen. Er wurde gefüttert, erhielt ein Nachtlager und verschwand am nächsten Tag. Nur ein alter Pappkoffer liegt noch unter dem Dach. Den hat wohl einer vergessen, oder der Besitzer wurde an der Grenze gefangen und braucht ihn nicht mehr. Diese Grenze trennte die Menschen, versetzte sie in Traurigkeit. Deshalb sind viele ausgewandert aus dem Ort, wohnen in den Großstädten, kommen nur zum Wiesenfest. Auch meine Brüder am Marktplatz berichten, dass sie einsam sind, ihre Mauern leer. Nur ein paar Alte plagen sich noch. Was wird aus uns, wenn sie in den Kisten hinausgetragen werden?

Allmählich freundete ich mich mit München an. Nur wenige Fußminuten vom Zentrum entfernt, stromerte ich in meiner Freizeit durch die Straßen, besuchte jede Kirche, bewunderte am eintrittsfreien Sonntagmorgen die Museumsschätze und fand mein Lieblingscafé im nahen Lehel. Dort betrat man eine Bäckerei, konnte sich ein Hefeteilchen, eine Buchtel, einen Krapfen an der Theke aussuchen und nahm im Nebenraum Platz, wo ein Riesenhaferl Milchkaffee zum Verweilen einlud. Wenn einem die Zeit lang wurde beim Hinausschauen auf den Platz, konnte man die Zeitungen studieren, die überall lesebereit herumhingen. Nach weniger als zwei Stunden kam man nie aus dem gemütlichen Lokal. So gestärkt, bot sich ein Spaziergang durch den nahen Englischen Garten an. Man wanderte vom Hofgarten los, schaute bei den nackten Sonnenanbetern am Monopteros vorbei, streifte den Chinesischen Turm und den Kleinhesseloher See und verließ in Höhe Münchner Freiheit den Park. Müde geworden, konnte man mit der Tram zum Stachus fahren, sonst aber durch die Leopoldstraße schlendern und sich die Kunstwerke der Maler betrachten, die sie auf dem Gehsteig anpriesen. Ich hätte mir zwar keines gekauft, wünschte aber den Produzenten viel Erfolg bei den Touristen.

Oder ich schaute bei schlechterem Wetter im Isartor herein. Dort lag das „Valentin-Musäum", geöffnet von 11:01 bis 16:59

Uhr, der Turm lockte mit Reliquien aus der Kabarettzeit von Liesl Karlstadt und Karl Valentin, surreale Sonderausstellungen brachten den ernsthaftesten Beschauer zum Schmunzeln und oben im Turm konnte man einen ausgezogenen Krapfen erwerben. Jede freie Minute unterwegs, wurde mir München zur gefühlten Heimatstadt. Auch heute noch weiten sich meine Nasenflügel, wenn ich am Hauptbahnhof aus dem Zug steige und die Föhnluft schnuppere.

Eines Tages erhielt ich einen dicken Brief, darin befanden sich ein Bleistiftstummel und ein winziger Holzzug. Ich verstand sofort, was damit gemeint war, meine Mutter hatte wenig von mir gehört, sie hatte Sehnsucht und gab mir diesen Wink mit dem Zaunpfahl. Also besorgte ich mir für die nächsten freien Tage Fahrkarten nach Hause. Die heimische Atmosphäre umfing mich sofort, ich nahm wieder am Familienleben teil. Nach der langen Abstinenz empfand ich das als sehr angenehm. Als dann auch noch der Stiefvater erzählte, er habe im nahen Heidelberg ein Apartment zu vergeben, das er mir reservieren würde, beschloss ich, wieder etwas näher an mein Zuhause zu rücken, die Einsamkeit im fernen München machte mir mit meinen zweiundzwanzig Jahren doch manchmal arg zu schaffen, außerdem brauchte mich die Mutter, das merkte ich. Ich bewarb mich also beim Süddeutschen Rundfunk, Sendestelle Heidelberg.

Eigene vier Wände und die Nähe der Mutter lockten. Die Schwaben brauchten eine Tontechnikerin, ich wurde medizinisch und leistungsmäßig durchleuchtet und für gut befunden. Mit einem weinenden Auge nahm ich Abschied von den Kollegen, lachend verließ ich meine düstere Bude und kehrte heim. Für den ersten Monat könne ich ja auf der Wohnzimmercouch kampieren, hieß es. Ich war nicht verwöhnt. Die Aussicht auf das versprochene Apartment versüßte mir die Umstände.

Der Heidelberger Sender beschäftigte nur vier Tontechnikerinnen, nur wenige Redaktionen waren angesiedelt, das Wohnhaus, ein Altbau in der Marstallstraße, hätte auch nicht mehr fassen können. Der Sendekomplex bestand aus einem Raum, Schaltraum inbegriffen. Zwei Aufnahmestudios und ein Schneideraum im Dachgeschoß vervollständigten das Angebot. Nur der kleine Aufnahmesaal für das Heidelberger Kammerorchester hatte für meine verwöhnten Begriffe Bestand vor meinen Augen. Ich nahm etwas enttäuscht die Arbeit auf. Bald stellte sich heraus, dass ich den Schwarzen Peter gezogen hatte.

Hier herrschte die Willkür. Jede der Technikerinnen bewachte ihr Spezialgebiet, Rotation kam nicht in Frage. Wer sich mit den Herren Redakteuren nicht gut stellte, durfte nur die ungeliebten Arbeiten erledigen. Dieses Aschenputtel war ich. Ich hatte nämlich die Unverschämtheit gehabt, meine Gunst und Zuwendung nicht privat einem Bewerber zur Verfügung zu stellen. Diese Auffassung von Arbeitsmoral hat mir im Leben manchen Aufstieg verdorben. Aber ich wollte durch mein Können beweisen, wer ich bin, und nicht durch das Bett Karriere machen, es wäre einfacher, aber für mich unzumutbar gewesen. Dazu kam noch, dass die Dienstzeiten zweigeteilt waren, also durch lange Wartezeiten unterbrochen wurden, die der Sender nicht bezahlte, sodass ich mit dem langen Weg von Mannheim nach Heidelberg zum Sender bis zu zwölf Stunden von zu Hause abwesend war.

Ich wartete also sehnsüchtig auf die eigene Wohnung. Nach dem ersten Monat fragte ich vorsichtig an, ob sie der Stiefvater zuweisen könne. Und da erfuhr ich es! Nicht direkt durch ihn, aber durch meine Mutter wurde mir eröffnet, dass die Wohnung schon lange vergeben sei, und der Herr gar nicht daran denke, mich von zu Hause zu entlassen. Die heimgekehrte Tochter verdiente nämlich, gab die Hälfte ihres Einkommens zu Hause ab, schlüpfte in die alten Aufgaben und entlastete den feinen Herrn von seinen Verpflichtungen. Ich war also seinen Versprechungen wieder einmal aufgesessen.

Das wurde mir schlagartig klar, als ich nach einem langen Arbeitstag auf meine Straßenbahn wartete, ich stand auf dem Bismarckplatz in Heidelberg. Als die Glasglocke, die sich um mich aus Pflichtbewusstsein und Mitgefühl für meine leidende Mutter gebildet hatte, zerbrach, sah ich die Welt, meine Zukunft, das ganze Jammertal vor mir. Ich brach fast zusammen, jetzt da mir die schicksalhaften Verstrickungen bewusst wurden. Ich musste handeln, sofort! Würde ich mich noch länger von der schwelenden Traurigkeit meiner Familie leiten lassen, nicht endlich begreifen, dass nur ich mir helfen konnte und sonst niemand, dass ich am Ende mit leeren Händen dastehen würde, wäre das Pfund, das mir das Schicksal mitgegeben hatte, verspielt. Ich musste umkehren, mein Leben endgültig in die eigene Hand nehmen.

Wieder einmal, wie oft im Leben, flatterte zur gleichen Zeit eine Postkarte herein. Sie wartete spät abends auf mich, ich las den Gruß der Kollegen aus dem Münchner Funkhaus und die Einladung zu dem Technikfasching, den ich im vergangenen

Jahr mit erfunden und gestaltet hatte. Dieses Jahr sollte „Monte Carlo" das Motto sein. Mir gefiel der Titel. Hatte ich doch hier nichts mehr zu verlieren. „Rien ne va plus!" Das Leben war ein Spiel, und ich würde es mitspielen. Also bat ich um ein paar Urlaubstage und setzte mich in den Zug nach München.

Der Empfang der alten Kollegen war herzlich. Nach kurzer Fragestunde schüttete ich mein Herz aus, gab meine Riesendummheit zu, die sichere Stelle gekündigt zu haben, und wünschte mir nichts sehnlicher, als die letzten Monate rückgängig zu machen. Das ging ja nun nicht, aber ein Toningenieur, später wurde er Chef der Technik, fackelte nicht lange. Er verschwand eine Weile und kehrte dann mit der Nachricht zurück, ich solle mich am nächsten Morgen in der Personalabteilung einfinden. Im Übrigen könne ich diese Nacht auf dem Sofa bei ihm zu Hause schlafen. Ich nahm dankbar an, denn zu einer nächtlichen Schlafmöglichkeit hatte ich es abends um zehn noch nicht gebracht.

Am nächsten Morgen lieferte er mich vor der Personalabteilung ab. Etwas kleinlaut sprach ich vor. Meine Stimmung hellte sich allerdings sofort auf, als man mir einen neuen Vertrag, erst einmal befristet, anbot, den ich sofort unterschrieb.

Nun fehlte nur noch das Zimmer zum Glück. Auf meiner Wanderung durch die Stadt meiner Träume stand ich plötzlich vor meinem alten Haus, die Füße hatten mich unbewusst dahin getragen. Ich beschloss, meinen Wirtsleuten einen Besuch abzustatten, bis zur Abfahrt meines Zuges hatte ich genügend Zeit. Sie empfingen mich wie eine verlorene Tochter, baten mich herein und ließen sich beim Kaffee alles erzählen. Da stand der Wirt plötzlich auf, griff nach seinem Schlüsselbund, winkte mir, ich solle ihm folgen, und stieg hinauf in das Dachgeschoß. Dort öffnete er eine Eisentür und führte mich in eine Dachkammer. Ausgestattet mit Schlafcouch, Tisch, Regal und Eisenofen gefiel sie mir sofort. Durch das Dachfenster drang das Glockengeläut der nahen Frauenkirche herein, man blickte in einen Klosterhof. Sonst war es still, ganz anders als unten in der Beletage, wo nachts die Musik dröhnte. „Das können Sie haben", sagte er schlicht. Die Toilette liege allerdings eine Etage tiefer, aber Wasser gebe es gegenüber in einem Abstellraum. Die Miete konnte ich tragen, ich schlug ein, am ersten Mai würde ich Einzug halten.

Wie ich nach Mannheim kam, weiß ich bis heute nicht, denn in meinem Kopf jubelte es. Der Rest ist schnell erzählt. Ich kündigte die ungeliebte Stellung am nächsten Tag, hatte auch keinerlei Bedenken wegen der Kündigungsfrist, die Probezeit lief ja noch, sie hatte sicher auch für Arbeitnehmer zu gelten. Nun aber entdeckte man meine Qualitäten, mir wurden alle komplizierten Aufträge zugeschoben. Zudem musste ich im Allerheiligsten, beim Leiter der Sendestelle erscheinen. Ich hatte den sympathischen alten Herrn bisher nicht zu Gesicht bekommen und wunderte mich, warum er sich für eine Person, die gekündigt hatte, Zeit nahm. Herr Dr. Ritter lud mich zu einem langen Gespräch ein. Er zeigte sich verwundert, ja entsetzt über meine Kündigung, habe es mir denn in Heidelberg gar nicht gefallen? Ich machte Ausflüchte, fragte, ob die Kündigung denn nur für die Arbeitnehmerseite gelte. Er beruhigte mich, bestätigte, dass damit alles in Ordnung sei, aber das Warum wolle er wissen. Da erzählte ich von den Ansprüchen in einem großen Sender, von der Vielfalt der Aufgaben und meiner Unterforderung hier. Das ließ er nur zum Teil gelten: „Wir haben doch hier auch Hörspielproduktionen, Musikaufnahmen, viele anspruchsvolle Tätigkeiten." Er bedauerte unendlich, dass gerade eine Technikerin mit dem klangvollen und in seiner Stadt traditionsbeladenen Namen Wolfrum nicht zu halten sei. Er selbst stehe dem Bachverein vor, dessen Gründer mein Vorfahr war. Er drang solange in mich, bis ich mir versprechen ließ, dass er keine Konsequenzen aus meinem Geständnis ziehen wolle. Dann berichtete ich von den Gepflogenheiten innerhalb des Hauses. Er schäumte, wollte sofort Maßnahmen ergreifen. Ich aber erinnerte ihn daran, dass der große Besen kaum etwas nützen würde, mir schon gar nicht, denn ich hatte meinen Rücksturz zum Bayerischen Rundfunk geschafft und blieb dabei.

Im München der beginnenden Sechziger brodelte es. Die „heimliche Hauptstadt" zog die Menschen an. Das machte die Situation nicht einfacher, es fehlte an Wohnraum, jede Ruine wurde notdürftig hergerichtet und teuer vermietet. Man musste mit verstopften Straßen leben, der Verkehr hatte mit dem Wirtschaftswunder rasant zugenommen, Autos kamen in der Innenstadt nicht mehr voran, es musste sich dringend etwas ändern. Der Oberbürgermeister Jochen Vogel ließ sich da einiges einfallen, die Stadt bewarb sich für die Olympischen Spiele in der Hoffnung, dann das nötige Kapital für eine Verkehrssanierung zu erhalten. Damals schon wurden Pläne für den U-Bahn-Bau diskutiert, plante man die Schnellstraßenringe um den Stadtkern und die äußeren Vorstädte, überlegte Verbindungen der Autobahnen, die an der Stadtgrenze endeten und die Straßen noch zusätzlich belasteten. Ich erlebte die Situation hautnah, war ich doch Angehörige des bayerischen Senders und saß damit an der Informationsquelle. Wer hier arbeitete, musste sich zwangsläufig eine Meinung bilden und bekam ein Gespür für politische Zusammenhänge.

Ich lernte allmählich alle Größen der Kommune und des Landes kennen. Vogel, Hundhammer, Goppel, alle erschienen einmal vor dem Mikrofon. Der Ministerpräsident kam am ersten Weihnachtstag für die Aufnahme der Neujahrsansprache. Ich wunderte mich schon, dass er sich bei mir entschuldigte, meinen Feiertag zu verderben, aber er habe einfach vor dem Fest keine Zeit für die Aufnahme gefunden. Da konnte ich ihn beruhigen. Beim Rundfunk gibt es keine Feiertage, die Hörer wollen auch da Unterhaltung und Information, tröstete ich ihn.

Auch der Sport wurde vor allem am Wochenende ausgeübt, brachte uns also immer einen Großkampftag. Harry Valérien moderierte, Josef Kirmaier schnürte durch die Flure und verlangte, da er mit den Jahren etwas schwerhörig geworden war, vor allem Marsch- und Blasmusik in seinen Sendungen. Das mochten wir aber gar nicht und spielten ihm die „moderne" Tanzmusik zur Probe dröhnend und mit zusätzlicher rhythmischer Betätigung des Reglers vor. So brauchten wir den Hörern nicht jeden Sonntag den Marsch zu blasen.

Die Märsche hatten wir allmählich satt, in der Studentenschaft der Uni regte sich Unmut über die alten Zöpfe, die neue Generation wollte Änderungen. Die Schwabinger Krawalle erregten bundesweit Aufsehen und waren die Vorboten der 68er. Jedenfalls bemerkte ich am Ickinger Stausee die bärtigen Gesellen und fragte bei meinen Freunden, wer die seien. Man erklärte, dass hier in der Mittagshitze am Stausee die nächsten Aktionen für den kommenden turbulenten Abend in Schwabing besprochen würden. Misstrauisch schlichen wir um die Gruppe herum, dachten am Abend beim Dienst im Schneideraum an die finsteren Gesellen.

Unvergesslich sind mir aber auch die herrlichen Schwimmabenteuer im Isarkanal, das Wasser, eiskalt von den nahen Bergen, riss uns mit bis zur Floßlände. Von dort wanderte man die paar Kilometer wieder hinauf zum Stausee, betrachtete die Flöße, die beladen mit fröhlichen Leuten, Bier und einer Jazz-Combo den Kanal hinunterfuhren. Angekommen am Stausee war auch der Badeanzug getrocknet, man zog sich an und beeilte sich, rechtzeitig zum Dienst zu erscheinen. Die Krawalle in Schwabing mussten den Hörern nahegebracht werden.

Mein Musikhunger wurde zusehends befriedigt. Der Sender beschäftigte drei Orchester, daneben viele freie Bands, die zur Aufnahme kamen. Wir hatten ein Tanzorchester mit Stardirigenten wie Ivan von Géczy, wir hatten regelmäßig Aufnahmetermine mit dem B-Orchester, einem Unterhaltungsorchester, das Operetten und leichte Unterhaltung präsentierte, und wir hatten natürlich das Symphonieorchester des Bayerischen Rundfunks. Dieser Klangkörper bedeutete etwas ganz Besonderes, jede Technikerin sah es als Ehre an, im Herkulessaal dabei sein zu dürfen, wenn Rafael Kubelik den Taktstock in die Hand nahm und aus dem guten ein international berühmtes Orchester schmiedete. Ich konnte bei seinen ersten Aufnahmen dabei sein.

Gleich zu Beginn passierte dann das Malheur mit der Bandmaschine. Wir hatten die Maria-Theresia-Sinfonie aufgenommen, ich spulte das Band zurück zum Anfang, um es für die Abnahme durch Dirigent und Tonmeister bereitzustellen, da sah ich es. Die ehrwürdige Bandmaschine hatte eine raue Stelle am Kopf und beim Zurückspulen das Band beschädigt. Die ganze Mannschaft versammelte sich um die Maschine, um den Schaden zu begutachten, es graute mir. Das Band war meterlang in Längsrichtung geteilt worden. Die Aufnahme müsste wiederholt werden, wenn uns nichts einfiele, so viel stand fest. Immense Kosten bedeutete das für den Sender, wenn noch einmal das gesamte Orchester erscheinen müsste. Bei diesem Aufnahmetermin konnte man nichts mehr machen, die Studiozeit ging zu Ende, das Orchester hatte bereits den Saal verlassen. So legte ich das Band mit allen Abschilferungen vorsichtig in die Schachtel, kehrte zum Funkhaus zurück und wandte mich hilfesuchend an unsere erfahrenen Kolleginnen. Die besahen sich den Schaden und erklärten lapidar: „Das musst du hinterkleben, Meter für Meter, dafür erhältst du einen freien Schneideraum und so viel Zeit wie nötig." Am nächsten Tag bezog ich ein leeres Studio, bewaffnete mich mit vielen Rollen Klebeband und klebte, kopierte und klebte. Am Ende der Woche hatte ich die Teile sorgfältig aneinandergefügt, hörte sie kritisch ab und fand keine Fehler mehr. Die fertige Sinfonie wurde Kubelik zur Abnahme zugeschickt, er fand auch keinen Makel. Seither wurde ich zu den versierten Technikerinnen gezählt, denen man schwierige Aufgaben anvertrauen konnte.

Wir nahmen im Deutschen Museum Lieder mit Fritz Wunderlich auf. Die Technikerinnen lagen dem Sänger reihenweise zu Füßen, sein Charme bezirzte uns alle.

Oder es gab Chanson-Aufnahmen mit einer berühmten französischen Sängerin, die immer wieder im Schneideraum meine Nähe suchte. Der Toningenieur roch den Braten schnell und blieb wie ein Zerberus neben mir stehen, rettete mich vor den Angriffen einer bekannten Lesbe. Ich wusste nicht einmal, was das bedeutete, aber man klärte mich auf.

Aufnahmen der Vorträge von Werner Heisenberg und Lesungen von Robert Graf gehörten zu den interessanten Tätigkeiten. Der Professor zeigte mir, dass seine Titel in seiner Liga bekannt waren und damit nicht mehr angekündigt werden müssten. Er bat mich, die Aufnahme nur mit seinem Namen Werner Heisenberg zu versehen und den Professor, Doktor wegzulassen. „Wer mich nicht kennt, ist selbst schuld."

Robert Graf, ein leider zu früh verstorbener Schauspieler – die Hauptrolle in „Wir Wunderkinder" war seine Paraderolle –, zeigte uns wahre Könnerschaft. Der Toningenieur wettete mit ihm, dass er niemals eine Bandlänge, also vierzig Minuten lang ohne einen Versprecher lesen könne. Die Wette galt, und Graf sprach. Der Kollege am Regiepult gab sich alle Mühe, ihn aus dem Gleichgewicht zu bringen, so verzehrte er Leberkäs mit Semmel, trank ein Weißbier, es nützte alles nichts. Der Schauspieler las und las ohne Tadel. Dabei tropfte ihm der Speichel aus dem Mund, er litt, man sah es. Aber die Wette galt, und er hielt durch. Das war Professionalität! Die gibt es heute kaum mehr, Quantität geht vor Qualität. Damals hätte man sich eher vierteilen lassen, als schlechte Produktionen abzuliefern.

Eines Tages passierte ein Missgeschick in der Sendung. Die Technikerin wollte ein Band einlegen, der Sprecher formulierte bereits seine Ansage. Da fiel das locker gewordene Tonband durch, wie wir sagten. Der offene Wickelkern rutschte durch, die Kollegin hatte nur noch Bandsalat in den Händen. Was tun? Die Ansage lief bereits. Sie öffnete geistesgegenwärtig das Fenster des Sendestudios, hielt den Bandanfang fest und warf den Bandsalat aus dem Fenster, Gottseidank aus dem obersten Stockwerk. Das Band flatterte die Straße entlang, wurde vom Wind getrieben und entwirrt. Ohne Erregung legte die Technikerin nun den Bandanfang in die Maschine und führte das Band mit der Hand am Wiedergabekopf vorbei bis zum Ende des Musikstücks. Dann sagte der Sprecher den nächsten Beitrag an, und sie spulte seelenruhig die Aufnahme auf Anfang. Hätte nicht eine Kollegin zufällig den Unfall mit angesehen, hätte niemand davon erfahren. Die Sendung ging eben vor, der Hörer hatte das Recht auf korrekte Bedienung.

Über all den spannenden Abenteuern im Funkhaus vergaß ich aber das Privatleben nicht mehr. Nach dem Heidelberger Intermezzo öffnete ich die Augen für meine Umgebung, ich vergaß die Vergangenheit und genoss neugierig und mit wachsendem Spaß die Freiheit, die mir neben meinem Beruf blieb. Da ich für niemanden zu sorgen hatte, konnte ich nun auch einen Skiurlaub planen. Ich sparte auf die ersten Skier, besorgte mir schicke Keilhosen und fuhr am freien Wochenende mit dem Skizug früh um fünf Uhr nach Lenggries. Am Bahnhof in München begegneten sich die Nachtschwärmer und die Sportfreaks, jeder dachte sich sein Teil, auf gut Münchnerisch: „Mir gangst!" Angekommen strebte man zum Skihang, auf dem man üben konnte, bis die Beine nicht mehr einknickten. Den ganzen Tag verbrachte ich am Hang, fuhr abends müde zum Bahnhof, genehmigte mir ein Skiwasser und mein Butterbrot und kehrte mit dem Bähnchen zurück. Zur Fitness gehörte es in München, dass man ab November in einer Turnhalle Skigymnastik betrieb, damit die Knochen nicht gleich brachen beim ersten Schnee. Im Skiurlaub feixten dann die Münchner Skihasen, wenn sich so ein Nordlicht bei der ersten Spitzkehre den Fuß verrenkte. Kalte Muskeln und untrainierte Glieder gehörten eben nicht auf den Hang, das beherzigten wir Insider alle.

Allmählich stellten sich auch die Verehrer ein, zumindest hatte ich keine Probleme, einen Partner zum Ausgehen zu finden. Näher interessierte mich anfangs noch keiner der Aspiranten. Ich wurde zu Ausflügen in die Berge mitgenommen, zu Bällen der Uni, zu Konzerten und eines Tages von einer Kollegin zu einer Privatfete eingeladen. Ich nahm gerne an, denn die junge Frau, ein paar Jährchen älter als ich, war nett. Ihr Name, Bormann, sagte mir nichts. Auf der Party drückten sich eine Menge Leute herum, die gar kein Interesse am allgemeinen Trubel zu haben schienen. Sie steckten in einer Ecke die Köpfe zusammen und besprachen etwas, den Gegenstand konnte ich nicht ausmachen, selbst mit langen Ohren nicht. Aber da hielt mich dann ein Gast ab, weiter zu lauschen, ein junger Mann in meinem Alter, Jurastudent, nett und unterhaltsam. Er grub mich regelrecht an, wir verbrachten einen lustigen Abend, der auch in den kommenden Wochen fortgesetzt wurde. Ich hatte einen Freund gefunden. Der Verehrer entwickelte sich allmählich zum Begleiter meiner Freizeit. Er konnte herrlich erzählen, vor allem von Dingen, die mich bisher nicht interessiert hatten. Er hatte ganz konkrete politische Ansichten. Als unpolitische Person hatte ich mich mit solchen Themen noch nicht befasst.

Natürlich hörte ich von den Bestrebungen, dass sich in München eine neue Rechtspartei gründen wollte. Franz Schönhuber, ein Redakteur des Senders, war öfter mein Kunde. Ich dachte mir nichts weiter bei den rechten Ansichten, die er über den Sender verbreitete. Ich nahm den Gründer der Republikaner nicht weiter ernst. Im Funk herrschten viele Meinungen, man akzeptierte alles, was gesprochen wurde, man war ja auch nur für die technische Korrektheit zuständig.

Ein ungeschriebenes Gesetz gab es. Wollte man nicht anecken, hatte man jede Äußerung über Juden zu unterlassen, das hatten mir die Kolleginnen schon in den ersten Tagen eingebläut. Also arbeitete ich für alle gleich sorgfältig, auch für den Reporter aus Israel, der mir stolz eröffnete, er sei ein Sabre, ein im Land Israel geborener Jude. Er wollte seine in Deutschland aufgezeichneten Interviews mit hier lebenden jüdischen Bürgern schneiden und zum Kol-Israel-Radio überspielen. Dafür hatte er sich ein Studio beim BR gemietet mit Technikerin. Die Schwierigkeit des Auftrags bestand darin, dass der Reporter kein deutsches Wort sprach, die Verständigung musste englisch stattfinden. Kein Problem für mich, so viel Englisch hatte ich in der Schule gelernt, dass das klappen würde. Nun aber blickte ich doch ratlos drein, der Text auf den Bändern kam mir spanisch vor, besser gesagt hebräisch. Kein Wort konnte ich vom anderen trennen, ich hörte nur eine Sprachmelodie ohne Pausen und Absätze heraus. Wir beratschlagten, was zu tun sei. Dann entschied ich, er solle mir jeweils den Wortanfang und das Wortende des Satzes, den ich bearbeiten solle, vorsagen. Ich würde dann den Text schneiden, als sei es Musik. Gesagt, getan, es klappte, und wir fanden nach einigen Schnitten einen gemeinsamen Weg, die Reportage nahm Formen an. Wir arbeiteten drei Tage zusammen und freuten uns zuletzt an einem gelungenen Werk. Der Reporter hatte mir in dieser Zeit viel über Israel und die von ihm gar nicht gelobten „abtrünnigen" Juden in Europa erzählt. Sie sollten seiner Meinung nach in die Heimat ziehen und den Staat aufbauen. Am Ende der Zusammenarbeit fragte er mich, ob ich nicht doch etwas Hebräisch verstünde. Ich schüttelte betrübt den Kopf. Jiddisch konnte ich verstehen, ja, aber Hebräisch bestimmt nicht, er hätte mich am liebsten mitgenommen ins gelobte Land.

Dieses Erlebnis, das mir einen ganz sympathischen israelischen Zeitgenossen nahegebracht hatte, war wohl ausschlaggebend, dass ich die Äußerungen meines Freundes kritischer begutachtete. So wurde ich hellhörig bei Namen wie dem seinen und dem meiner Kollegin. Lachend erzählte mir der Sohn eines Angehörigen der Herrenrasse, die uns in den Ruin getrieben hatte, von seinem Vater und den vielen „Flüchtlingen" in Südamerika, die dort alle auf ihre Heimkehr warteten, die nun unmittelbar bevorstünde. Die „Partei" werde gerade von den Söhnen und Töchtern wieder gegründet. Man treffe sich heimlich auf einer Thingstätte, einem Berg, es sei eine spannende und großartige Zeit, ein Aufbruch in eine bessere Zukunft. Wo genau dieser Berg mit der ominösen Thingstätte sei, verschwieg er mir. Anscheinend sollte ich erst eine Bewährungsprobe bestehen, bis ich in die Geheimnisse eingeweiht werden würde.

Deshalb bat er mich eines Tages um einen kleinen Gefallen. Ich hatte gerade mit der politischen Redaktion Aufnahmen zum Thema der Wiedererstarkung der rechten Szene gemacht, eine ganze Serie über dieses Thema. Ich konnte dem begeisterten Freund also Argumente entgegensetzen. Er war hochinteressiert an meiner Arbeit und bat, bekniete mich, ich solle ihm umgehend eine Kopie der Sendung beschaffen, mindestens aber ein Manuskript. Ich zögerte, da ich wusste, dass jedes Stück Band, jedes Papierschnitzel, das ich aus dem Funkhaus schmuggelte, meine Entlassung zur Folge gehabt hätte, wäre es aufgekommen. Verstört überlegte ich, meine Freundschaft zu dem schneidigen Studenten könnte ich nicht aufrechterhalten, wenn ich nein sagte, andererseits drohte die Entlassung. Was tun? Ich eröffnete nach einigem Zögern dem Redakteur der politischen Redaktion meine missliche Lage und fragte ihn um Rat. Er hörte aufmerksam zu, fragte nach Namen, die mir aufgefallen waren, und wies mich an, zu schweigen, den Freund hinzuhalten. Er würde sich bei mir melden. Ich wartete zwei lange Tage, vermied den Kontakt mit dem Freund und wurde dann zu einem Termin ins Studio gebeten. Wir hätten nichts zu bearbeiten, dafür umso mehr zu besprechen, erklärte der besagte Redakteur. Er hatte mit dem Intendanten beratschlagt, der angeordnet hatte, dass mein Freund, der Jungnazi, seinen Willen haben solle, allerdings hatte man das Manuskript bereinigt, ich solle es ihm übergeben. Dann folgte noch eine genaue Beschreibung aller Namen, Daten und Tagungsorte der rechten Gruppe, die mir zu Ohren gekommen waren. Es wurde alles aufgelistet, zum Chef weitergeleitet und sicher auch zum BND. Mir bedeutete man, ich solle nach der Übergabe des Manuskripts möglichst schnell die Freundschaft einschlafen lassen. Damit war ich durchaus einverstanden, mir reichte allmählich seine Freude am

Kennedy-Attentat. Wie konnte man bei Mord Genugtuung empfinden!

Die Weihnachtstage wollte ich nicht mehr nach Hause fahren. Ich hasste die traurige, angespannte Stimmung. Da wir unseren verheirateten Kollegen wenigstens an den Festtagen Familie gönnen wollten, traten wir Ledigen freiwillig am Heiligen Abend an, zu Silvester wurden wir dann entschädigt. Die Redaktionen versüßten den Dienst mit Keksen und Wein, sodass wir neben der Versorgung der Hörer draußen im Land zusammensitzen und gemütlich feiern konnten. Einsamkeitsgefühle kamen gar nicht auf, wir genügten uns. Um Mitternacht brachte uns der Fahrdienst zur Christmette. So feierlich wie im alten Peter kannte ich den Gottesdienst nicht. Erfüllt von Musik und Weihrauch schlenderte ich dann zu meinem Dachzimmerchen und dachte an die schönste Weihnachtsfeier in meiner Kindheit:

Der Krieg war gerade überstanden, als mein Stiefvater die abenteuerliche Reise von Mittelfranken nach Thüringen wagte, um nach seiner Gefangenschaft die Mutter wiederzusehen, die in der russischen Zone lebte, genau jenseits der Grenze, die nach dem Krieg so viele Familien auseinandergerissen hatte. Er nahm mich, die Neunjährige, bis zu meinen Verwandten in Lichtenberg mit, das gerade noch in Bayern und damit in der amerikanischen Zone lag.

Wir begaben uns auf eine beschwerliche Reise, in überfüllten Bummelzügen, in Waggons mit Flüchtlingen und Heimkehrern quer durch Süddeutschland, denn da es noch keine direkten Zugverbindungen gab, musste man jede Fahrgelegenheit wahrnehmen, die einen ein Stück näher ans Ziel brachte. Wir übernachteten in Bahnhofshallen, denen die Bomben ganze Wände weggerissen hatten. Der Wind zog im Dezember grässlich durch die Hallen, es war bitterkalt und wir waren froh, dass wir einmal, ich glaube, es war in Regensburg, sogar ein Privatquartier ergattern konnten. Da lagen in einem Raum mehrere Personen, todmüde und doch froh, dass sie wenigstens eine Matratze mit einem wildfremden Menschen teilen durften.

Nach einigen Tagen hatten wir es geschafft, die knapp 250 Kilometer hinter uns zu bringen, und landeten glücklich bei meinen Verwandten. Die umgaben uns mit Wärme und Nahrungsmitteln und brachten das kleine Mädchen erst einmal ins Bett. Ich sollte bei Onkel und Tanten bleiben, und so sah ich meinen Stiefvater nicht mehr, der im Morgengrauen die grüne Grenze in die Ostzone zur Mutter überquerte.

Ich hatte die mehrtägige Reise gut überstanden und genoss die schönen Ferientage. Großvater, eine imposante Gestalt, mit weißem Vollbart, nahm mich an der Hand und streifte mit mir über die Felder, zeigte mir, der einzigen Enkelin, denn mein Vater war gefallen, als ich vier Monate alt war und die Geschwister meines Vaters waren unverheiratet geblieben, den Familienbesitz und beantwortete stundenlang geduldig meine Fragen. Wenn wir dann heimkamen, gab es frischen Hefekuchen mit Apfelschnitzen drauf, Kakao – weiß Gott, woher sie Kakao bekamen! Im ganzen Haus duftete es nach Bratäpfeln und Plätzchen. Ich hatte noch nie derartige Gerüche erlebt. Man konnte schwindlig werden vor Glück und Vorfreude auf das große Fest. Da stand man plötzlich vor verschlossener Tür, die Erwachsenen tuschelten, hatten Heimlichkeiten. In der Nähstube schneiderten Tante Anna und Tante Käte um die Wette, Onkel Karl stellte die Elektroleitungen der Stadt wieder her, damit kein Haus im Dunkeln liegen würde, und Großmutter saß im Lehnstuhl, ließ sich die erste Nachricht ihres in Sibirien gefangenen Sohnes immer wieder vorlesen und weinte jedes Mal erneut stille Tränen. Wenn er nur bald heimkehren dürfte, war ihr sehnlichster Wunsch. Sie sollte es nicht mehr erleben. Onkel Eugen kam als einer der letzten Heimkehrer 1952 zurück, gealtert und völlig verändert.

Es war kaum auszuhalten bis zum Heiligen Abend. Darüber konnte man sogar die vergangenen Jahre vergessen, die für uns alle so bedrückend gewesen waren, die mir meinen Vater genommen hatten. Vergessen waren für ein paar Tage die Bombennächte, die Evakuierung aufs Land, der Hunger, der Einzug der Amerikaner, Tieffliegerangriffe auf dem Schulweg.

Endlich kam der Heilige Abend, der Winter hatte zu meiner Freude genügend Schnee geliefert, alle warteten auf den Abend. Sobald es dunkel wurde, zogen wir unsere Mäntel, Mützen und Schals an und begaben uns zur kleinen Kirche, zum Weihnachtsgottesdienst. Nur Tante Anna, behindert durch ihr Hüftgelenksleiden, und die hinfällige Großmutter blieben daheim. Wir aber versammelten uns mit dem gesamten Städtchen in der Kirche. Sie war bis auf den letzten Platz gefüllt. Die Orgel spielte, der Pfarrer erzählte von der Geburt eines kleinen Kindes, des Heilands, die Kerzen auf dem großen Baum leuchteten und sprachen von Hoffnung. Die Menschen glaubten nur zu gern daran, hatte doch jeder sein Schicksal zu tragen. Die Predigt wurde unterbrochen von Liedern. Zu guter Letzt erhoben sich alle zum Abschlusslied. Die Orgel setzte ein und alle sangen: „O du fröhliche, o du selige ..." Ich stimmte mit meiner kleinen Sopranstimme ein. Neben mir sang Tante Käte im Alt, hinter mir Onkel Karl und der Großvater mit prächtigem Bass, die ganze Gemeinde sang das Lied vierstimmig, sicher und ohne irgendwelche Noten. Es klang wie ein vielstimmiger Jubelchor zum Himmel hinauf. Nie mehr in meinem Leben habe ich solch einen Gesang hören dürfen, damals war ich sogar Teil solch eines erhebenden Chors.

Anschließend nahmen mich meine Lieben an der Hand, führten mich heim durch die klare, kalte Schneenacht zum Haus am Marktplatz, durch den dunklen Steinflur , die Treppe hinauf ins Weihnachtszimmer, wo alle Herrlichkeiten auf mich warteten, selbstgestrickte Pullover, Kleidchen und ein ganzes Dutzend Kasperlepuppen. Die Tante hatte als Kunstgewerblerin alle ihre Register gezogen und Teufel, Hexe, Königspaar, Krokodil und Kasperle geformt, bemalt und angezogen. Sie waren einmalig, ihre Gesichter ähnelten übrigens alle ein wenig der Familie. Mit einem Jubelschrei verschwand ich hinter einem Sofa und gab der Familie an diesem Abend eine Sondervorstellung. Mir fielen die Geschichten nur so ein, derbe, ländliche, wie ich sie jeden Tag erlebte. Der Kasperle rettete an diesem Abend die ganze Welt. Selbst Großmutter vergaß für eine Weile ihren Kummer und lachte Tränen. Müde und glücklich schlief ich später ein und hörte noch in meinen Träumen: „O du fröhliche, o du selige, gnadenbringende Weihnachtszeit. Welt ging verloren, Christ ist geboren, freue, freue dich, o Christenheit."

Um die Zeit, als ich in München bereits für anspruchsvolle Musikaufnahmen eingesetzt wurde, fiel mir ein Student im Herkulessaal auf, der sich bemühte, meine Bekanntschaft zu machen. Im Funkhaus diente er als Mädchen für alles, er musste sein schmales Budget aufbessern und verdingte sich als Mikrofon-Aufsteller bei den Konzerten, als Hilfskraft und später auch als Techniker im Schaltraum. Das erboste nicht nur mich, die ausgebildete Tontechnikerin, sondern auch meine Kolleginnen, denen der Einsatz im Schaltraum verwehrt wurde. Er, der berufsfremde Diplomphysiker, durfte von vornherein anspruchsvolle Tätigkeiten ausüben, wir durften das nicht, denn uns fehlte, wie ein junger Techniker einmal süffisant bemerkte, „ein Muskel". Mit dem Studenten ließ sich herrlich diskutieren, und als er dann bei einer Silvesterfeier auftauchte, wurde die Freundschaft endgültig geschlossen. Wir beide hatten keine Lust, zum Gesprächsstoff des Flurfunks beizutragen, und so hielten wir unsere Freundschaft geheim.

Trotzdem diente ein Ereignis für einige Zeit dazu, die Gemüter zu amüsieren. Er hatte nämlich den Abend bei mir verbracht, es wurde spät, ich forderte ihn trotzdem auf, sein Zimmer in Schwabing für die restliche Nacht zu benutzen. Er hatte nämlich Frühdienst im Schaltraum. Da die Straßenbahn morgens und spät nachts nicht fuhr, wir Techniker aber pünktlich unseren Dienst verrichten mussten, gab es eine Regelung im Funk, dass Personal zu diesen Unzeiten durch einen Extra-Fahrdienst zu holen sei. Wir wohnten zum Großteil möbliert. Damit nun nicht die ganze Hausgemeinschaft geweckt wurde, war es dem Fahrer streng untersagt zu läuten. Er wartete fünf Minuten am Hauseingang und sammelte die Mitarbeiter auf. So geschah es auch am besagten Morgen. Mein verschlafener Freund hatte den Wecker überhört, der Fahrer kehrte zum Funkhaus zurück und wurde umgehend wieder auf die Reise geschickt. Die Technikerin im Frühdienst kannte die Schaltung dieser Nacht nicht, das Nachtprogramm ließ sich nicht ausblenden wie sonst. In Bayern war es aber üblich, dass fünf Minuten vor Beginn der ersten Sendung nach der Nachtsendung der ARD ein Choral ausgestrahlt wurde. Erst mit dem himmlischen Segen konnte die Sendung gelingen. Ein Kundiger wurde gebraucht und dieser war mein Freund, der Schläfer.

Der verzweifelte Fahrer klingelte, mein Freund hörte das im Unterbewusstsein, war sofort hellwach und griff nach seinen sorgfältig zusammengelegten Kleidern, wie er es als Kind schon tat wegen der drohenden Bombenangriffe. Die Schuhe in der rechten Hand stürzte er nach unten, enterte das wartende Taxi und rief auf gut Schwäbisch: „Fahret Se wie die Sau!"

Sie erreichten den Funk mit Müh und Not, hätte man mit Erlkönig deklamieren können. Der Aufzug stand schon bereit, als der Aushilfstechniker und Doktorand der Physik mit den Kleidern unter dem Arm noch im Schlafanzug den Eingang stürmte. Er lief zum Schaltschrank, verbannte das Nachtprogramm vom Sender und steckte in Windeseile die passende Leitung zum Sendekomplex. Der Choral konnte starten und mein Freund sich anziehen. Als ich um zehn Uhr gemütlich anrückte, war der Schnellstart am Morgen schon Funkgespräch. Die Ursache des Schnellstarts erfuhren die Kollegen erst, als sie durch Zufall unser Aufgebot in der „Süddeutschen" entdeckten.

Wir heirateten stilvoll in der Mandlstraße in Schwabing, feierten unter Freunden vorerst ohne Familie, arbeiteten weiter im Funk und mein Ehemann an seiner Dissertation, bis unser erster Sohn geboren war. Dann musste ich meinen Dienst quittieren, eine Frau gehörte nun einmal zu ihren Kindern, auch wenn wir mein Gehalt nötig gehabt hätten. Nach dem zweiten Sohn zog die Karawane weiter, und wir wenig später wieder an den Rhein, nach Ludwigshafen zur großen Chemiefirma. Aber das ist eine andere Geschichte.

Bandsalat

Wanderer, kommst du nach Sparta, sage ihnen, du habest sie kämpfen gesehen ...

Bleigrau wälzt sich der Strom in seinem Bett, vergeblich suche ich die Wirbel, die Strudel, die sich sonst an gewissen Stellen zeigen und warnen, dass der Strom für Schwimmer und ungeübte Bootsfahrer gefährlich werden kann. Das Wechselspiel der Wellen fasziniert mich, seit ich vor langen Jahren an den Rhein gezogen bin. Wir haben uns nahe am Wasser auf der Insel ein Nest gebaut, leben mit den Jahreszeiten, mit Hoch- und Niedrigwassern am Strom. Das leise Rauschen, das Gurgeln seiner Wellen, das Klatschen der Gischt, wenn ein Schiff vorüberzieht, das Tuckern der Lastkähne, das die Holzverkleidung des Hauses zum Schwingen bringt, all diese sanften Geräusche haben mein Leben begleitet.

Die Insel träumt während der meisten Zeit des Jahres ruhig vor sich hin, die Oase inmitten der quirligen Großstadtschwestern Ludwigshafen und Mannheim bereitet den Bewohnern ein angenehmes Dasein, nur im Sommer wacht die Insel auf, wundert sich über Zelte, die zugeparkten Straßen, den verhaltenen Lärm, der aus den Zelten dringt, die fröhlichen Nachtschwärmer, die noch viele Stunden später sein Ufer säumen, ein Glas Pfalzwein in den Händen balancierend den Sternenhimmel betrachten. In dieser Nacht kann man ihn finden, den neuen Stern, vielleicht die Supernova, die aus einem Urknall entstand. Ein Urknall hat sich auch damals in dieser Stadt ereignet, damals, als die Zeit reif war für die neue Medienwelt, die den Menschen mehr Informationen ins Haus liefern sollte, mehr Unterhaltung, mehr Verbindung mit der Welt, mehr von allem sollte es sein. Auf zu neuen Ufern!

Ich hatte mich in den vergangenen Jahren um die Familie gekümmert. Wir konnten die Kinder aufwachsen sehen, ein Haus am Strom erobern, uns einleben in der Stadt, die uns mit ihrer Weltfirma ein Auskommen bot. Da musste die Ehefrau nicht mitarbeiten, im Gegenteil: Die Akademiker-Gesellschaft des

Konzerns hing an den hergekommenen Vorstellungen. Der Mann verdient das Geld, die Frau führt den Haushalt, sorgt für das gesellschaftliche Renommee. Etwas Ehrenamt, unbezahlt natürlich, ist erwünscht, aber nicht zwingend notwendig. Anfangs liebte ich das bequeme Dasein. Die Kinder, der Mann, der Nestbau beschäftigten mich vollständig. Doch mit dem Schuleintritt beschränkte sich meine Fürsorge mehr und mehr auf die Lieferung von Nahrungsmitteln und das Abhören der Lateinvokabeln. Das genügte mir immer weniger, ich langweilte mich und trat der Partei bei, die in der Stadt die Richtung bestimmte. Vor der Kommunalwahl bot man der jungen Hausfrau, die sich nicht fürchtete, der Verwaltungsspitze Feuer zu machen, wenn es um Spielplätze und sichere Verkehrswege der Kinder ging, ja ihrem Unmut in einer Bürgerversammlung Luft gemacht hatte, einen Platz im Stadtrat an. Ich ahnte nicht einmal, was da auf mich zurollte, aber neugierig geworden, akzeptierte ich.

Die neugewählte Stadtratsfraktion stellte mich, die Hausfrau und Mutter, sofort in die soziale Ecke und teilte mich dem Jugendwohlfahrts- und dem Schulausschuss zu. Wünsche, wie Stadtentwicklung, wurden nicht entgegengenommen. Da half auch nicht, dass ich einschlägige Erfahrungen in technischen Berufen nachweisen konnte. Das passte einfach nicht zu einer Frau, und die Platzhirsche wollten keinen Zentimeter weichen. So fing ich an, Spielplätze zu gestalten und mich mit den baufälligen Schulhäusern herumzuschlagen. Bald ergab sich eine Chance, die ich mir nicht entgehen lassen durfte. Die wenigen Kultureinrichtungen der Stadt wurden ebenfalls im Schulträgerausschuss verhandelt. Man hatte bisher noch keine Notwendigkeit für einen eigenen Bereich gesehen, das Theater, die Volkshoch- und die Musikschule machten weiter keine Probleme, brauchten keine Unterstützung, sagte man sich. Wichtig waren nur Bau, Verkehr, Soziales und Finanzen. Ich mahnte eines Tages die Behandlung eines Kulturproblems an und der zuständige Dezernent hatte ein Einsehen. Die Fraktion wurde aufmerksam auf die Argumente der Neuen. Wenig später übertrug man mir den Kulturbereich, ein ungeliebtes Kind und völlig unnötig. In den folgenden langen Jahren befasste ich mich mit den Kunst- und Kulturangeboten der Stadt, versuchte Künstler zu fördern, Interesse zu wecken, das Klima in der Stadt zu verändern. Was man heute als harten Standortfaktor für die Ansiedlung von Firmen ansieht, galt damals als exotisches Beiwerk. Im Übrigen konnten Liebhaber ja die Schwesterstadt besuchen, wenn sie unbedingt einen Abend mit den schönen Künsten verbringen wollten. Auch die große Firma lieferte für ihre Mitarbeiter genügend Freizeitvergnügen.

Ich wurde hellhörig, als zu Beginn der zweiten Periode der Oberbürgermeister von neuen Entwicklungen berichtete. Da sollte ein Pilotversuch gestartet, sollten Kabel verlegt werden, die ganz interessante Möglichkeiten der Kommunikation bieten würden. Mannheim sei zwar ursprünglich mit von der Partie gewesen, habe aber kalte Füße bekommen, doch er habe seine Bereitschaft erklärt, ein Gelände habe er auch schon angeboten. Der Stadtrat solle zustimmen, das Areal liefere die Stadt, für die Verkabelung stehe die Post, die Gehsteige müssten zwar alle aufgegraben werden, aber das finanziere sich quasi über das Pilotprojekt.

Die Fraktion unterdrückte wie üblich den Schluckauf, der ihr immer dann kam, wenn der gute Oberbürgermeister wieder einmal euphorisch seine Zustimmung zu etwas erteilt hatte. Der Pferdefuß der Zusage würde sich sicher noch herausstellen, aber versprochen ist versprochen. Wir sagten ja, ohne genau zu wissen, um was es sich handelte. Erst einmal wurde ein Ausschuss gegründet. Da sollte der Kollege von der Post einen Sitz einnehmen, er verstand schließlich etwas von Kabeln, punktum. So aber nicht, muckte ich auf: „In den Kabeln wird ja etwas transportiert, und davon verstehe ich vor allen anderen hier am meisten, meine berufliche Laufbahn beweist das eindeutig." Ich bestand auf einem Sitz in dem neuen Gremium, wusste zwar auch nicht genau, was dieses Pilotprojekt erproben sollte, aber die Chance würde ich mir nicht nehmen lassen. Mein Vortrag muss durchschlagend gewesen sein. Der Fraktionsvorsitzende blickte unwirsch auf, betrachtete die Rednerin erstaunt und entschied grimmig: „Alla, dann gehst auch du in den Ausschuss. So, jetzt aber der nächste Tagesordnungspunkt." Er kramte in seinen Taschen nach der kleinen Dose, öffnete sie und betrachtete den Inhalt kritisch. Rote, gelbe, grüne Pillen, welche sollte er auf diese Aufregung hin nehmen? Er entschied: „Ich nehme lieber alle."

Im neuen Ausschuss erläuterte dann der zukünftige Geschäftsführer die Ziele des Projekts. Es wurde mir zu diesem Zeitpunkt nur bewusst, dass hier neue, interessante Arbeitsplätze entstehen würden. „Einer könnte meiner sein", konstatierte ich.

Die folgenden Monate gehörten der Vorbereitung des Kabelpilotprojekts, von dem niemand eine genaue Vorstellung hatte, was damit bezweckt, welche neuen Möglichkeiten damit erprobt werden sollten. Die Bundeszentrale für politische Bildung lud zu einer Klausur im Katholischen Bildungszentrum ein. Wir Teilnehmer bestanden aus neugierigen Mitbürgern, dafür abgeordneten Verwaltungsangestellten, Stadträten und etlichen Journalisten und verpflichteten uns, eine Woche lang im Hotel der Tagungsstätte zu wohnen und in Klausur ein Konzept zu erarbeiten.

Die Woche begann mit Vorträgen über Zweck und Ziel des Projekts. Man erfuhr, dass in der Bundesrepublik vier dieser Projekte laufen sollten, alle befristet auf drei Jahre. Am Ende sollte bewiesen werden, dass auch private Veranstalter Programme gestalten könnten, um damit die Vorherrschaft der öffentlich-rechtlichen Anstalten zu brechen. Mit der Speckschwarte einer unbegrenzten Programmvielfalt, der Öffnung für internationale Sender, den technischen Möglichkeiten des Rückkanals wollte man eine positive Stimmung schaffen. Die damalige konservative Regierungspartei des Landes hatte den Versuch zur Chefsache erklärt. In dieser Klausur überhäuften uns die Veranstalter mit Informationen, forderten ununterbrochene Aufmerksamkeit, führten uns in eine Welt der Utopie, Liebhaber von Sciencefiction kamen auf ihre Kosten. Einige Teilnehmer erlebten die Fiktion derartig real, dass sie nach wenigen Tagen die Orientierung verloren. Die professionellen Einpeitscher betrieben die Indoktrination so geschickt, dass sie die Gemüter in Aufruhr versetzten. Man fand einmal einen Teilnehmer spät nachts im Delirium im Konferenzsaal und steuerte daraufhin etwas zurück. Vor allem die abkommandierten Beamten der Verwaltung vermuteten nach einiger Zeit hinter jeder Säule einen Spitzel und trauten sich nicht mehr, den Mund zu öffnen. Ich ließ mich vom allgemeinen Wahnsinn nicht anstecken, ging abends rechtzeitig zu Bett und konnte am Ende der Woche den wartenden Journalisten in der Pressekonferenz vernünftig Rede und Antwort stehen.

Nun aber würde ich meinen Wiedereinstieg in den Beruf vorantreiben. Ich beschloss, strategisch vorzugehen, und erinnerte mich an den Herrn, den zukünftigen Geschäftsführer des Projekts, der im Ausschuss vorgetragen hatte. Ich beschaffte mir also einen Termin bei ihm und kreuzte ein paar Tage später im Übergangsbüro in der Taubenstraße auf. Bewaffnet mit ein paar Zeugnissen stieg ich die Treppen hoch zum Großraumbüro, wo mich eine zierliche Blondine empfing. Ganz am hinteren Ende thronte an einem Schreibtisch der zukünftige Geschäftsführer, dem ich meine Dienste anbieten wollte. Er erhob sich, als er mich kommen sah, lief auf mich zu und streckte mir die Hand entgegen mit den Worten: „Grüß Sie Gott, was kann ich für Sie tun?" Ich antwortete mit dem gleichen „Grüß Gott", das, in der Gegend gar nicht üblich, mich an meine Heimat Franken erinnerte. Ihm muss mein Tonfall wohl ebenfalls heimatlich vorgekommen sein. Wir erkannten uns als Franken, sozusagen im selben Stall geboren, das Eis war gebrochen. Ich erläuterte ihm, dass ich bei der neuen Aufgabe mitmachen wolle, ich hätte dazu fundierte Kenntnisse mitzubringen. Das Codewort „Bayerischer Rundfunk" öffnete alle Türen. Der Geschäftsführer griff nach meinen Zeugnissen, blätterte kaum und erklärte mich als eingestellt. Das ginge nun wirklich etwas zu schnell, erwiderte ich. „Ich habe ja gar kein Bewerbungsschreiben dabei, und meine Adresse fehlt ebenfalls auf den Zeugnissen", sagte ich. Das wischte der smarte Herr vom Tisch, reichte mir Bleistift und Papier mit der Bitte, die Adresse zu notieren. Sein Cheftechniker würde in zwei Monaten mit der Arbeit beginnen und sich bei mir melden, bedeutete er. Damit war ich entlassen.

Nach sechzehn Jahren zurück in den Beruf. Bei dem Gedanken, dass ich bereits meine Anstellung in der Tasche hatte, wurde mir plötzlich angst und bange. Ich stand verloren in der Fußgängerzone und überlegte, wie sich denn die Technik inzwischen weiterentwickelt hatte. Keine Rundfunkanstalt wartete in der Nähe, die mir einen Einblick gewähren konnte. Ich musste mich umgehend um ein Praktikum bemühen, wenn ich im Herbst einigermaßen auf dem Laufenden sein wollte. Gleich morgen würde ich mich beim Arbeitsamt um eine Weiterbildung kümmern. Dafür gibt es sicherlich Kurse, sagte ich mir.

Meine Schritte hatten mich unterbewusst in die Abteilung für Radio und Fernsehen eines Kaufhauses gelenkt. Ich suchte nach Neuerungen und schrak entsetzt zurück. Da stand ein Tonbandgerät, die Tastatur lag noch da, wo ich sie vermutete, aber was war das? „Play, Record, Stop". Es gab Tuner, Receiver, Monitore. Wieso war mir entgangen, dass die Umgangssprache im Rundfunkbereich Englisch geworden war? Warum konnte man hier in Deutschland nicht mehr mit „Aufnahme", „Wiedergabe" und ähnlichen Begriffen auskommen? Dabei stammten die Geräte zum Großteil aus Deutschland. Ich untersuchte mit wachsendem Erstaunen die ganze Abteilung. Das bedeutete für mich, erst einmal technisches Englisch zu pauken, wollte ich mithalten. Verwirrt verließ ich das Kaufhaus. Wenn sich die Entwicklung fortsetzte, müsste ich mir dann zukünftig meine Brötchen und Klamotten auf Englisch kaufen? Das ginge zu weit, glaubte ich. Heute allerdings hat man sich daran gewöhnt, dass Muffins, Jeans und Leggins zu unserem Alltag gehören. Nach meinem Brunch eile ich zum Meeting, gähne beim Brainstorming, bin froh, wenn ich nach der Arbeit bei der After-Work-Party das richtige Outfit gewählt habe, genehmige mir nach dem Stress einen Longdrink und wundere mich dann zu Hause über die schlechten Deutschnoten meiner Kinder. Die Stellenanzeigen der Zeitungen strotzen vor Anglizismen. Da sucht man Controller, Global Business Manager, Product Engineers. Meine spätere Tätigkeit als Bereichsleiterin würde man heute mit dem hochtrabenden Namen „President" bezeichnen.

Nicht geändert haben sich indessen die Aufgabenbereiche, sie sind nur umfangreicher geworden. Heute leistet sich eine Firma kaum noch Schreibkräfte, man schreibt selbst. Man erwartet keine Bedienung oder eine vernünftige Beratung im Supermarkt, es gibt sogar schon Kassen zum Selbsteinscannen der Waren. Personal wird entlassen, Denglisch ist in, und damals hat es begonnen. Die Privatmedien, denen wir damals zum Start verhalfen, verdienen ihr Brot mit Werbung, Verzeihung: Promotion, und Beiträge, Unterhaltung und Nachrichten sind Beiwerk, allein dazu gedacht, den Gewinn zu maximieren. Hätte ich das vorausgesehen, hätte ich es mir überlegen müssen, ob ich die Entwicklung mit anschieben sollte. Aber ich wusste es nicht, wollte wieder aufsteigen auf das Karussell. Ich hätte sowieso nichts aufhalten können. Dann war es schon besser, ich beteiligte mich und gehörte damit zu den Leuten der Stunde null.

Am 4. Dezember 1980 verabschiedete der Landtag von Rheinland-Pfalz das Landesgesetz über einen Versuch mit Breitbandkabel. Dieses Gesetz bildet die Rechtsgrundlage der Anstalt für Kabelkommunikation (AKK), einer Anstalt des öffentlichen Rechts.

Dieses Gesetz gibt zum ersten Mal in der Bundesrepublik freien Veranstaltern die Möglichkeit, rechtlich, wirtschaftlich und inhaltlich eigenverantwortlich Programme zu produzieren und über die AKK in die Kabelanlagen einzuspeisen. Die AKK hat hierbei zwei Aufgaben wahrzunehmen, eine technische und eine rechtliche (...), dass das Gesamtangebot der Programme dem verfassungsrechtlichen Gebot der Pluralität entspricht.

Diese Aufgabe wird von dem wichtigsten Gremium der AKK, der Anstaltsversammlung, wahrgenommen. 40 Vertreter der gesellschaftlich relevanten Gruppen sind dort vertreten und behan-

deln in regelmäßig stattfindenden Sitzungen darüber hinaus alle relevanten Fragen, die die AKK betreffen.

Der Vorstand, ein weiteres Gremium der AKK, befasst sich schwerpunktmäßig mit den wirtschaftlichen Angelegenheiten der AKK. Die laufenden Geschäfte werden von dem Geschäftsführer der AKK wahrgenommen.

H. Winkel

Im Arbeitsamt saß ein älterer Herr, der mich beraten sollte. Freundlich ließ er sich erzählen, dass und wo ich nach meiner „Hausfrauenpause" wieder einsteigen wollte. Er zeigte sich angetan und suchte mit mir nach Möglichkeiten einer Zusatzausbildung. Soviel er sich aber anstrengte, ihm fiel nichts ein, er hatte diesen Fall noch nicht gehabt. Fernsehen, Hörfunk, das gab es in dieser Industriestadt nicht. Sie war medienmäßig ein weißer Fleck auf der Landkarte. Da könnte ich mich höchstens bei einer Rundfunkanstalt selbst bemühen, schlug er vor. Und das tat ich dann auch.

Ich erinnerte mich an die Münchner Kollegen, rief einfach den hilfreichen Ingenieur von damals an, der mir den Job beim Rücksturz zum Bayerischen Rundfunk besorgt hatte, und hatte wieder Glück. Jetzt bat ich den Produktionschef des Hörfunks. Er machte vier Wochen Praktikum beim Fernsehen klar. Der Referent im Arbeitsamt gewährte einen Zuschuss und verabschiedete sich bei mir mit den Worten: „Ich gehe nun in den Ruhestand. Sie waren mein letzter Fall und er hat mir einen Riesenspaß gemacht. Alles Gute für Sie!" Ich freute mich auf ein paar Wochen München.

Vier Wochen Münchner Luft, alte und neue Kollegen, mein Netzwerk hatte soeben angefangen, wieder zu funktionieren. Da weckte mich ein Ruf vom Rhein unsanft aus meiner Euphorie. Das Pilotprojekt wollte pünktlich starten. Man wünschte meine Anwesenheit früher, schon zum Sommer, meldete man mir. So brach ich nach drei Wochen mit einem weinenden Auge ab und kehrte an den Rhein zurück. Der Urlaub fand ohne mich statt, ich erschien am ersten Juli in der Sendezentrale.

Man muss nicht glauben, dass auf dem Gelände, das früher Schweinehälften an die Metzger lieferte, schon ein fertiges Gebäude vorhanden gewesen wäre, im Gegenteil. Ich stelzte über Pfützen und riesige Steinhaufen auf einen flachen Bau zu. Ein vergessener Turm bewachte das Chaos, auf dessen Wand ein nachdenklicher Zeitgenosse „Quo vadis?" gesprüht hatte. Das fragte ich mich in den folgenden Jahren noch oft. Die Bullaugen-Fenster im Erdgeschoss erinnerten mich entfernt an einen Ausflugsdampfer, der am Morgen auf dem Rhein vorbeituckerte, das gemütliche Brummen fehlte, dafür hörte man Hämmern und Bohren. Ich stolperte über Kabel, wich Männern im Blaumann aus, brach mir fast ein Bein, als sich vor mir der Boden auftat. Dort lagen dicke Kabelstränge, die, wie ich bald erfuhr, das ganze Haus vernetzten und aneinandergereiht sicher den halben Erdball umspannt hätten. Ich fragte mich zum Technischen Leiter durch. Der begrüßte mich und führte mich ohne Umschweife sofort in ein Büro, das einzige mit Einrichtung. Drei Schreibtische standen eng aneinander geschoben darin. Als wir eintraten, hoben sich die Köpfe zweier junger Männer von ihren Tischen, begutachteten mich kurz, und sie wurden als die Leiter der Messtechnik und der Fernsehproduktion vorgestellt. Ich sollte vor allem erst einmal den Hörfunk betreuen, hieß es und dann ließ mich der Technische Leiter mit einem Stoß Plänen allein. Ich sollte mich in den einen halben Meter hohen Papierstapel einarbeiten, möglichst schnell natürlich.

Außer den Plänen konnte ich in den Räumen mit den Bullaugen, schalldicht und vollklimatisiert, nichts entdecken. Die Regiepulte, die Steckfelder, die Bandmaschinen seien noch nicht geliefert worden, sagten mir meine Zimmernachbarn. Der Messtechniker telefonierte unentwegt mit den Lieferfirmen, wies die anrückenden Monteure ein, kramte entnervt in seinem Werkzeugkoffer und warf aus Verzweiflung mit den mitgebrachten Adaptern. Wir hatten kein Handwerkszeug, außer dem eigenen, wir sollten möglichst schnell wenigstens eine kleine Einheit einsatzfähig machen. Aber wie, das war die Frage, die uns der neue Geschäftsführer, der mich damals im Handstreich angeheuert hatte, nicht beantworten konnte oder wollte. Wir sollten halt improvisieren, meinte er. So bestand unser Tag anfangs aus dem Versuch, das Mediendunkel der neuen Zeit zu erhellen, indem wir kräftig mit einem Lampion darin herumleuchteten. Die Suchscheinwerfer waren nicht bestellt worden, dachte ich mir.

Schon bald ahne ich, dass wir zwei Dutzend Leute den Beweis antreten sollten, dass man ohne Hilfsmittel das Rad neu erfinden kann. Besser formuliert wollte man wohl zeigen, dass es möglich ist, Rundfunkgeschichte zu schreiben, wenn man nur ein Gebäude mit technischem Zubehör ausstattet und beliebiges, nicht unbedingt dafür ausgebildetes Personal einsetzt. Hauptsache ist dabei, dass die Angestellten den eisernen Willen mitbringen, ihren Arbeitsplatz nicht zu verlieren. Unmöglich, fragt man sich? Unglaublich ist die Tatsache, dass sich nach einer kräftezehrenden Anfangsphase wirklich die Bilder in Bewegung setzten, dass aus den Lautsprechern der wenigen angeschlossenen Kabelempfänger Musik und Information quollen. Ein halbes Jahr nach meinem Eintritt kam es zum „Medienpolitischen Urknall", zum Sendestart, der die Medienwelt verändern sollte.

Vorerst herrschten im Haus die Handwerker. Die einzelnen Lieferfirmen schickten ihre Monteure, um Schalträume, Studios, Abspielgeräte zu installieren. Wir wenigen, die ausersehen waren, den Einbau zu überwachen, gaben uns alle Mühe, Fehler gleich beim Einbau zu finden. Und wir fanden so viele, dass unsere Prüfberichte Aufruhr erzeugten. Die Firmen weigerten sich, ihre extra für den Versuch entworfenen Prototypen unseren Wünschen anzupassen, und sie fanden auch noch Rückhalt in der Geschäftsleitung. Die wollte nämlich erstens billiges Programm machen. Zweitens wäre der Sendestart nicht zu halten, erklärten sie. So wurde Professionalität von Anfang an vermieden. Unser aufrechtes Häuflein musste sich wohl oder übel mit der Tatsache befreunden, dass in diesem Feldversuch nicht mit öffentlich-rechtlichen Maßstäben gemessen werden konnte. Der Versuch sollte zwar erfolgreich sein, aber ohne den üblichen Standard.

Dafür lief die Werbekampagne bereits auf Hochtouren. Eines Morgens traf uns die Anweisung, wir hätten das Foyer bis zum Nachmittag in einen angemessenen Raum für ein Pressegespräch zu verwandeln. Mein Zimmernachbar, der sich bei ungewöhnlichen Ereignissen einen hysterischen Anfall nahm, schmiss schon mit seinen Adaptern nach allem, was sich in seine Nähe wagte, als ich das Büro betrat. Ich schüttelte erst einmal den Kopf über das Chaos, ließ mir dann berichten und schlug vor, uns nicht irremachen zu lassen. Wir würden wie üblich versuchen zu zaubern. Sollte der Chef wirklich eine Niederlage vorführen wollen, so wäre das nicht unsere. Die jungen Kollegen überlegten und nickten. Damit begannen wir Ordnung ins Chaos zu bringen.

Wir stellten den widerstrebenden Hausmeister an, er solle alle leeren Kartons in den Container schaffen. Der bockte, bis ich selbst den ersten Müll hinausbeförderte. Das genierte ihn, und er erklärte sich für zuständig. Dann schlossen wir alle Stolperfallen, wie den offenen Hohlboden, und verbannten die Kabel für ein paar Stunden. Die murrenden Monteure wurden gebeten, unsichtbar im Steckfeld löten, vor dem Vorhang waren sie nicht erwünscht. Zu guter Letzt fehlte nur noch die Bandmaschine für die Zuspielung eines schnell produzierten Beispiels unserer Professionalität. Hier hatte ich meinen ersten Schnitt in diesen nagelneuen Hallen zu vollziehen. Es kostete mich keinerlei Mühe, nur war es etwas schwierig, Bandmaterial, Klebeband und eine antimagnetische Schere aufzutreiben. Die Herrschaften der Chefetage hatten zwar die Hardware geordert, aber das Zubehör hielten sie nicht für dringend notwendig. Nachdem unser Chaosclub dann noch eine Leitung in den einzigen nicht mit Hohlboden und Kabelanschlüssen versehenen, für einen Empfang geeigneten Raum gezogen sowie Lautsprecher irgendwo abgeschraubt und dort samt der einzig verfügbaren Bandmaschine aufgestellt hatte, rückten die Presseleute an. Sie beschnüffelten die halb fertigen technischen Anlagen, hörten zweifelnd den euphorischen Erklärungen der oberen Etage zu und freuten sich über die reichlichen Happen des Buffets.

Zwei Löterinnen, von Berlin eingeflogen, die nach Plan und im Akkord Millionen von Verbindungen vor Ort zu löten hatten, kamen händeringend zu mir. Ihr Chefmonteur war zusammengebrochen. Er rappelte sich gerade wieder auf, als ich nach ihm sehen wollte. Meine vorsichtige Frage blockte er mit dem Hinweis auf den Termindruck ab. Die beiden Frauen im Hintergrund rangen derweil die Hände, denn ein toter Monteur ist so wenig wert wie ein abwesender. Also bot ich mich an, ihn zum Arzt zu bringen. Das erlaubte er nach langem Drängen. Ich brachte ihn zu meinem Arzt, einem Doktor alter Schule. Er versprach, den wichtigen Mann möglichst umgehend wieder auf die Beine zu stellen, aber es kam anders, als wir dachten. Ich habe meinen Doktor, der sonst ziemlich ruppig jeden Simulanten heimschickte, selten so besorgt gesehen. Er ordnete die sofortige Rückreise des Monteurs nach Berlin an und gab dem Patienten starke Mittel mit. Ich hörte lange nichts mehr von dem Berliner, bis er eines Tages anrief und sich bei mir bedankte: „Sie haben mir das Leben gerettet." Er hatte Glück gehabt. In der Charité hatte man ihn notoperiert, denn sein Herz hatte schon fast aufgegeben. Eine verschleppte Grippe war es, meinte er, inzwischen aber habe er schon wieder in Afrika gearbeitet, seine Firma hatte keinen erfahrenen Mann, so sei er halt hingeflogen und habe die gelieferten Geräte beim Zoll ausgelöst und eingebaut.

Sie drängten sich im Eingangsbereich, als ich am Morgen meinen Dienst aufnehmen wollte. Ich zählte zwanzig junge Leute, die fragend nach einem Seminar Ausschau hielten, das an diesem Morgen starten würde. Ich hatte keine Ahnung davon und erkundigte mich erst bei den Kollegen im Büro und dann in der Chefetage. Dort sagte man, dass es schon seine Richtigkeit habe mit dem Seminar, ich solle alle nach oben in den kleinen Saal schicken und natürlich selbst an der Schulung teilnehmen. Wir setzten uns, beäugten einander vorsichtig und wurden von einem Herrn begrüßt, der sich als Lehrer der öffentlich-rechtlichen Rundfunkschule herausstellte, die mich vor vielen Jahren zur Tontechnikerin gemacht hatte. „Das ist ja positiv", dachte ich mir und staunte über die Geschwindigkeit, mit der der freundliche Lehrer uns allen die Grundbegriffe der Fernsehtechnik beibringen wollte. Für einige Hörer, auch für mich, brachte der Tag etwas, ich lernte ziemlich viel Neues, das ich aber, so glaubte ich, niemals brauchen würde, denn ich sollte ja für den Hörfunk verantwortlich sein. Über Fachbücher hatte ich mir inzwischen die neueste Entwicklung angeeignet. Also war der Tag interessant und lehrreich, aber nicht wichtig. In der Pause nahm mich der Technische Leiter zur Seite und bat, die Aspiranten, die später alle im Hause arbeiten sollten, etwas näher unter die Lupe zu nehmen. „Zwei davon brauchen wir für den Ton", sagte er, „und Sie suchen die Geeigneten aus."

So saß ich am Nachmittag aufmerksam in der Gruppe und hörte weniger den Ausführungen des Dozenten zu, ich begutachtete mehr die einzelnen Schüler. Dubios kam mir die Mischung der zukünftigen Mitarbeiter schon vor. Da saß der einfache Handwerksgeselle neben dem Abiturienten, der nicht wusste, was er studieren sollte. Es gab junge Männer mit abgebrochenem Studium und Leute ohne irgendeine Ausbildung. Nur Fachleute, also Tontechniker, Bildmischer, Kameraleute, Ingenieure und ähnliche Berufsgruppen aus Funk und Fernsehen fanden sich nicht darunter. Das konnte nicht gut gehen. Die Rundfunkanstalten hatten ihr Personal fest im Griff, keiner war abkömmlich. Woher sollte da die Fachkompetenz kommen? Der „Kommerzfunk" wurde geschnitten, man gab kein Knowhow ab. Die Pleite schien vorprogrammiert zu sein. Dazu erhielten wir dann auch noch Einheitsverträge mit der Berufsbezeichnung „Betriebstechniker", die uns zu austauschbaren, billigen Handlangern, zu Sklaven der schönen, neuen Medienwelt machen sollte.

Der wesentliche Teil der technischen Kapazitäten stand zu Sendebeginn am 1. Januar 1984 zur Verfügung. Die AKK verfügte über 3 Hörfunkstudios, die Sendeabwicklung Hörfunk, die Sende-

abwicklung Fernsehen mit der Abspielzentrale, die Fernseh-Nachbearbeitung sowie ein Fernsehstudio. Im Geschäftsjahr 1984 wurden die technischen Einrichtungen zur Programmabwicklung eines neuen Fernsehkanals und die technischen Einrichtungen für die Abwicklung eines Satellitenkanals angeschafft. Durch das Betriebskonzept der AKK im personellen Bereich sind die Mitarbeiterinnen und Mitarbeiter im technischen Bereich in der Lage, universell an einer Vielzahl von Arbeitsplätzen tätig zu werden. Auf Änderungen in den Betriebsabläufen kann so wesentlich besser reagiert werden als mit einem starren Personalkonzept.

(Auszug aus dem Jahresbericht der Anstalt für Kabelkommunikation 1984)

Nur deshalb konnte es eines Tages passieren, dass ein Techniker ratlos zu mir kam. Er wusste sich nicht mehr zu helfen. Er, ein Österreicher, arbeitete bei uns im Hörfunk und das zur vollen Zufriedenheit. Der junge Techniker war begabt, wir wollten ihn nach einem befristeten Vertrag übernehmen. Wir hatten allerdings nicht mit der Ausländerbehörde gerechnet. Die wollte ihn abschieben, da in Deutschland genügend Betriebstechniker arbeitslos seien. Sie meinten natürlich Heizungstechniker, Elektriker und Hausmeister mit handwerklichem Geschick. Davon gab es genug Arbeitssuchende. Wir aber im Medienbetrieb brauchten Spezialisten, eben Techniker mit künstlerischem Verstand, mit Allgemeinbildung und einem Händchen für den schönen Schein, der alltäglich aus Lautsprechern und auf Bildschirmen die Welt beglückt. Es kostete mich ein intensives Gespräch mit dem Beamten der Ausländerbehörde, der absolut nicht zu überzeugen war, bis ich ihm eine Besichtigung unserer Anstalt anbot. Danach erhielt der Kollege seine unbegrenzte Aufenthaltsgenehmigung.

Nach der kurzen Information durch den Vertreter der Rundfunkschule, vier Tage hatte die Einweisung gedauert, wurden dann alle Bewerber bis auf einen, der durch Dauerschlaf während des Unterrichts aufgefallen war, eingestellt. Inzwischen näherte sich das Jahresende und überall lagen noch die Überreste der Einbauten im Wege. Die Neuen versuchten sich an den Geräten, übten nach mitgelieferter Gebrauchsanweisung die möglichen Abläufe, standen uns „Eingeweihten" dauernd im Wege. Wir waren froh, dass am 1. Januar 1984 der Sendestart vonstattengehen sollte.

Noch leicht übermüdet von der Silvesterfeier erschienen wir am zeitigen Morgen des 1. Januar 1984 in der AKK und nahmen unsere Plätze ein. Punkt 8 Uhr gab der Geschäftsführer unter den Augen einer illustren Gesellschaft den Startschuss für den Offenen Kanal, den einzigen, der im Haus selbst produziert wurde. Dieser Kanal erhitzte die Gemüter. War es doch ein Paradoxon, allen Privatleuten, die im Sendegebiet wohnten, einen selbstverantworteten Sendeplatz zu überlassen. Wir betrachteten das Konstrukt als Leserbriefseite der Rundfunklandschaft. Per Landesmediengesetz hatte man damit das Alibi geschaffen, um private Rundfunkveranstalter zuzulassen. Bis jetzt kannte man in der Bundesrepublik nur öffentlich-rechtliche Sender, die, aus dem Reichsrundfunk hervorgegangen, seither länderbezogen agierten.

Sie waren zwar keine Staatsbetriebe, wurden aber wie solche geführt. Deshalb genoss ein Mitarbeiter nach zehn Jahren Festanstellung die Unkündbarkeit und ähnliche Segnungen wie ein Beamter. Natürlich hatte die Gewerkschaft, die Rundfunk-Union, diese Privilegien hart erstritten. Dann aber hatte ein Angestellter bei den Rundfunkanstalten ausgesorgt, er wurde im Zweijahresrhythmus befördert und konnte in Ruhe seiner Pensionierung entgegensehen. Deshalb hatte der Privatfunk alle Mühe, geeignetes Personal anzuheuern. Die „Öffentlich-Rechtlichen" lehnten jedes Angebot seitens der „Privaten", des „Kommerzfunks" eben, ab mit dem Hinweis, das sei unter ihrem Niveau.

Glücklich, als um 8 Uhr das Testbild einem bewegten Bild wich, die Technik hatte auf das neue Fernsehstudio geschaltet, von wo aus die gesamte Zeremonie übertragen wurde, wandten wir uns den Machern des Offenen Kanals Hörfunk zu. Wilde Gesellen waren da über das Studio hergefallen. Zur Unterstützung hatte man ihnen einen Techniker beigesellt, der dafür sorgen sollte, dass nicht nur Geräusch, sondern halbwegs brauchbare Signale an die Post weitergeleitet werden konnten. Die Ansagen wirkten zwar etwas hölzern, aber brauchbar, die mitgebrachten Platten entsprachen dem Geschmack der Veranstalter. Ich fasste im Schaltraum alle Signale zusammen, auch die für die anderen Hörfunkkanäle, und bewachte den Ablauf. Alles lief rund und ich konnte aufatmen. Dann herrschte plötzlich Totenstille.

Hatten wir einen Stromausfall? Nein, das Neonlicht strahlte genauso unschuldig wie vor wenigen Minuten. Ich überlegte. Dann fragte ich über die Kommandotaste im Studio nach. Eine kleinlaute Stimme gab mir Auskunft. Der Führer einer der zahlreichen Führungen meldete, er habe sich auf das Mischpult gesetzt und damit die Verbindung zum Schaltraum gekappt. Der Techniker sei bereits beim Beheben des Schadens. In meiner Aufregung gab ich zurück: „Sie reißen in einer Minute mit dem Hintern das ein, was wir in Monaten mit den Händen aufgebaut haben." Kurz darauf öffnete sich die geheiligte Tür zum Schaltraum, wo ich rotierte, und herein quoll die ganze Sightseeing-Gruppe. Aus ihren belustigten Mienen konnte ich ablesen, dass meine Kommandosache nicht geheim geblieben war, Live-Erlebnis inbegriffen. Der Übeltäter entpuppte sich übrigens als Personalchef des Hauses.

Bis zum Sendestart arbeitete ich noch in einer bequemen Fünftagewoche, die ich mit den Pflichten einer Hausfrau und Mutter gut vereinbaren konnte. Ehemann und zwei halbwüchsige Buben hatten erst mit Skepsis und dann mit wachsendem Erstaunen die Bemühungen einer rundfunkbesessenen Ehefrau und Mutter beobachtet. Nun fehlte mir die Muße, mich um die kleinen und großen Sorgen der Familie zu kümmern, im Gegenteil brachte ich die Probleme der Aufbauphase mit an den heimischen Tisch, es wurde bunter in unserer Unterhaltung. Mein Mann, der mich voll unterstützte, gab mir oft einen Rat, wenn ich mit den naiven Vorstellungen der Pilotveranstalter haderte. Unsere beiden Jungen hatten schnell heraus, dass die Mutter nicht immer ihre Schul- und Freizeittätigkeiten nachkontrollieren konnte, sie mussten selbstständiger werden. Das behagte ihnen einerseits, wenn es um die Freiheit ging, andererseits erklärte unser Großer eines Tages: „Der Service hat schwer nachgelassen." Nun musste man halt selbst die Mahlzeit wärmen, wenn man Hunger hatte. Obwohl ich anfänglich zweifelte, ob die Bengel auch genügend zu essen bekämen, verhungerten sie nicht. Sie erklärten mir später, als sie schon ausgezogen waren, dass ein Mann erst von einer Frau akzeptiert würde, wenn er seine eigenen Angelegenheiten im Haushalt regeln könne.

Mit dem Urknall änderten sich die Arbeitszeiten der Mitarbeiter schlagartig. Ich wusste ja von früher, dass Schichtdienst, Feiertagsdienst, Wochenenden ohne Familie und Freunde zum Beruf gehören. Regeln in der Sendezentrale konnte man aber nicht erkennen. Es herrschte das blanke Chaos. Umgehend musste ein Schichtplan erstellt werden. Man verdonnerte einen Kollegen, der die undankbare Aufgabe erhielt, aus wenig Personal viel zu machen. Die anfänglich zwei Schichten an sieben Tagen sollten den gesamten Fernseh- und Hörfunkbereich abdecken. Der arme Wicht in der Disposition gab sich alle Mühe. Es gelang ihm kaum, die Anforderungen der Programmveranstalter und die Wünsche der Mitarbeiter nach geregelter Freizeit miteinander in Einklang zu bringen, er hätte mehr Personal benötigt. Mit den wenigen Angestellten konnte er nicht einmal die Minimalvorgaben der Arbeitsgesetze einhalten. Er lavierte und saß zwischen allen Stühlen. Die „eierlegende Wollmilchsau" war noch nicht erfunden, auch wenn wir uns manchmal so vorkamen, sie sollte wohl im Pilotversuch gezüchtet werden.

Deshalb wuchs der Unmut in der Belegschaft so stark an, dass heimlich Abordnungen zu mir kamen. Sie nahmen an, dass ich schon durch meine politische Erfahrung einen Ausweg finden könnte. Ich war einst im Bayerischen Rundfunk der RFU beigetreten. Diese Gewerkschaft gab es vor Ort nicht, sie war auch bis zum Pilotversuch nicht nötig in einer Region, die zu den weißen Flecken der Rundfunklandkarte gehörte. Woher sollte ich also Rat und Hilfe erhalten? Da fiel mir ein Stadtratskollege ein, Vorsitzender der Gewerkschaft Öffentliche Dienste, Transport und Verkehr, ÖTV, und sicher wert, ihn zu fragen. Der machte kurzen Prozess, als er von den vorindustriellen Zuständen erfuhr. Er konstatierte kurz: „Da braucht ihr einen guten Mann, ich schicke dir meinen besten." Der Beste gab uns sofort den Rat, einen Personalrat zu gründen, der sich dann mit der Geschäftsleitung auseinandersetzen könne. Zusätzlich schlug er uns vor, dass einige Kollegen der ÖTV beitreten sollten. Damit habe die Gewerkschaft das Recht, in der Firma aufzutreten. Mein Stadtratskollege würde inzwischen nach der zuständigen Gewerkschaft suchen und uns dann an diese weitergeben.

Das Problem, die Geschäftsführung davon zu überzeugen, dass eine Personalvertretung dringend notwendig sei, stellte sich als schwierig heraus. Wir hatten schon bemerkt, dass Tendenzen in dieser Richtung mit allen Mitteln unterbunden wurden. Also versuchten wir es mit einer List. Eine anberaumte Hauskonferenz, die man anscheinend als demokratische Legitimation für die fehlende Personalvertretung vorgesehen hatte, wurde von ein paar mutigen Mitarbeitern zur Versammlung für das Einsetzen eines Wahlausschusses umfunktioniert. Sprachrohr sollte ich sein, da meine Probezeit bereits abgelaufen war und man mich somit nicht ohne Gründe kündigen konnte.

Nach den Ausführungen des Chefs meldete ich mich zum Punkt Verschiedenes und beantragte die Wahl von drei Mitgliedern zur Vorbereitung der Personalratswahl. Es herrschte plötzlich Totenstille im Saal, alle warteten auf die Reaktion des Chefs, der so sorgfältig eine Personalvertretung vermieden hatte. Nun verfärbte sich sein Gesicht, wir warteten auf den Ausbruch des

Vulkans. Ich hatte eine Majestätsbeleidigung begangen, als ich seine weisen Entschlüsse in Zweifel gezogen und eine Vertretung der Mitarbeiter gefordert hatte. Doch dann würgte er seinen Ärger herunter, er konnte dieser demokratischen Forderung auch keine Argumente entgegensetzen. So ließ er die Mitarbeiter abstimmen. Nur seine Abteilungsleiter, die sogenannte Seilschaft, enthielten sich der Stimme. Einstimmig wurden daraufhin drei Ausschussmitglieder bestimmt, ich war eines davon.

Wie geplant bereiteten wir die Personalratswahl vor, hielten uns akribisch an die Vorschriften, immer unterstützt durch den ÖTV-Vertreter, denn der nette Franke, der mich angeheuert hatte, mutierte in den kommenden Wochen zum Monsterboss. Er ließ jede unserer Aktionen durch seinen Justiziar überprüfen, ja sogar bespitzeln. Acht Wochen später bestimmte die Personalratswahl drei Vertreter, ich erhielt die meisten Stimmen. Irritiert berichtete ich meinem Förderer aus der ÖTV, dem Stadtratskollegen, von dem Ergebnis. Ich schaute wohl so ratlos drein, dass er in seiner unnachahmlichen Schroffheit erklärte: „Da musst du antreten!"

Das tat ich dann auch und plagte mich in den folgenden Jahren mit allem herum, was auf dem Arbeitsmarkt schiefgehen kann. Eine Personalvertretung war im Pilotversuch weder erwünscht noch vorgesehen. Man wollte ja mit dem multifunktionalen Team beweisen, dass erfolgreiche und eingefahrene Produktionsweisen der öffentlich-rechtlichen Anstalten nicht mehr zeitgemäß, viel zu teuer und für die Wirtschaft nicht lukrativ seien. Deshalb hatte ich nun einen Gegner bekommen, der mich überwachen ließ und mir gerne fachliche Fehler nachgewiesen hätte. Vorsicht wurde zu meiner ersten Devise. Sein Sekretariat wies er an, nicht mit mir zu sprechen, die Vorzimmerdamen hielten sich daran, wenn der Chef im Haus war. Er hatte aber viele Repräsentationstermine, musste Politiker bearbeiten, nach Bonn fahren, um den Postminister zu treffen, die Mainzer Regierung davon überzeugen, dass mehr Mittel zur Verfügung gestellt werden müssten. Die vier Pilotprojekte wurden durch den Kabelgroschen finanziert, der per Gesetz von allen Rundfunkteilnehmern erhoben wurde. Schließlich war dieses Pilotprojekt das Lieblingskind der Landesregierung und zum Gelingen verurteilt. Nur zu diesem Zweck hatte man den Geschäftsführer vom Bundesverband Deutscher Zeitungsverleger abgeordnet. Ich war immer bereits bestens informiert, sobald ich die

Pforte passiert und die Strecke bis zu meinem jeweiligen Einsatzort hinter mich gebracht hatte.

Nach der gewonnenen Personalratswahl musste unter uns drei Gewählten ein „Primus inter Pares" auserkoren werden, so forderte es das Gesetz. Wir, zwei Frauen und ein Mann, schritten zur Tat. Das hatte Eile, denn der Chef hatte am Tag nach der Wahl im Handstreich eine Art Dienstordnung erlassen, um sie noch vor der Konstituierung des Personalrates zu installieren und damit rechtskräftig zu machen. Wir erfuhren davon und traten noch zur gleichen Stunde zusammen. Eine amtierende Personalvertretung könnte man nicht ignorieren, glaubten wir. Unser Platzhirsch, der Mann im Personalrat, beanspruchte natürlich kraft seines Geschlechts die Führungsposition. Aber da hatte er sich getäuscht. Meine Ratskollegin kam zu mir und fragte, ob wir das hinnehmen wollten. Wir beide wollten das nicht. So fiel der Mann der weiblichen Übermacht zum Opfer und unterlag. Ich wurde Vorsitzende. Im selben Atemzug nahmen wir uns das verordnete Papier der Verwaltungsspitze vor und widersprachen in jedem einzelnen Punkt.

Man konnte diese Richtlinien für das Personal auch wirklich nicht gutheißen. Da standen Urlaubsregelungen, die vielleicht vor dem Krieg noch Gültigkeit hatten. Achtzehn Tage Urlaub im Jahr, keine Überstunden- und Nachtzuschläge, keine Pausenregelungen, keine gesetzlichen Ruhepausen! Uns standen die Haare zu Berge, als wir erkannten, was die Initiatoren des Pilotprojekts mit uns Arbeitnehmern vorhatten. Ohne Betriebsvereinbarung und ohne Tarifvertrag waren wir schutzlos ausgeliefert. Wir verfassten unser erstes Schreiben an die Geschäftsleitung und forderten Mitspracherecht und somit eine Betriebsvereinbarung.

Im ersten Gespräch mit dem Geschäftsführer packten wir dann so viele Probleme gleichzeitig auf den Tisch, dass der versierte Stratege uns austricksen konnte. Er ließ uns erfolglos ziehen. Wir hatten ja auch keine Erfahrung im Verhandeln und gingen enttäuscht mit hängenden Köpfen zur Tagesordnung über. Druckmittel besaßen wir nicht, zu streiken ist einem Personalrat nicht erlaubt. Was sollten wir tun?

Ich schlief in der folgenden Nacht schlecht, wälzte mich im Bett hin und her, bis mir plötzlich der rettende Gedanke kam. War ich nicht Mitglied des Stadtrats, kannte ich nicht alle möglichen Würdenträger, die ihren Einfluss geltend machen könnten? Man musste nur herausfinden, wer hier Interesse dafür haben und uns unterstützen würde, sagte ich mir. Ich ging in

Gedanken alle wichtigen Figuren durch, die schon einmal auf dem Medienschachbrett agiert hatten, und kam dann auf die einfache Lösung. Das Kabelpilotprojekt wurde von einem Geschäftsführer gemanagt. Der Chef gehörte aber nicht meiner Partei an und hatte vor, uns zu verschaukeln. Damit schied er aus. Aber das Gremium, dem er Bericht erstatten musste, das aus vierzig gesellschaftsrelevanten Mitgliedern bestand, wurde von einem Vorsitzenden und seinem Stellvertreter geführt. Und den Stellvertreter kannte ich gut, nämlich unseren Oberbürgermeister Dr. Werner Ludwig. Der gehörte auch noch meiner Fraktion an. Den würde ich am nächsten Tag anrufen und um ein Gespräch bitten. Ob er wollte oder nicht, ich würde nicht lockerlassen, bis er seine Hilfe zusagte!

Ich bat um den Termin. Der OB verwies auf seinen Terminkalender, kein Platz für mich, aber da ich so dringlich bat, siegte anscheinend die Neugierde. Ich erhielt den Gesprächstermin zwei Tage darauf und kam gleich zur Sache. Ich schilderte ihm unsere verzweifelte Lage, appellierte an seine Solidarität und bat um seine Fürsprache. Der Oberbürgermeister hörte mich an, unterbrach nach einer Weile und erklärte: „Das ist alles ganz einleuchtend, aber ich persönlich habe keinen blassen Schimmer von den Medien. Ich kann dir nicht weiter helfen, aber ich besorge dir einen Termin beim neuen Vorstandsvorsitzenden deiner Firma. Der gehört zu uns und trifft sich vor jeder Anstaltsversammlung bei mir im Sitzungszimmer mit dem Freundeskreis." Damit war ich entlassen.

Wenige Tage später wurde ich zu diesem Treffen der parteinahen Freunde geladen. Ich ließ mich von den Kollegen vertreten, ohne dass die Chefetage davon etwas erfuhr. Inzwischen hatten auch wir Vertreter der Mitarbeiter dazugelernt.

Ich betrat einen Raum, in dem sieben Herren auf den Vorsitzenden warteten. Ich erkannte Vertreter des DGB, Journalisten und einige Politiker meiner Couleur. Sie beäugten mich neugierig, als ich Platz genommen hatte, und man konnte merken, dass ich ein angeregtes Gespräch unterbrochen hatte, das sie in meiner Gegenwart nicht fortsetzen wollten. Wie ein exotisches Tier kam ich mir vor und freute mich, als endlich die Tür aufschlug, um den Boss hereinzulassen. Der neue Vorsitzende hatte vor wenigen Wochen das Amt von seinem schwarzen Vorgänger übernommen, der, in der Hierarchie der konservativen Regierung zum Regierungssprecher ernannt, keine Zeit mehr für das Prestigeobjekt erübrigen konnte. So war aus Proporzgründen ein Roter mit dem Amt betraut worden, der als Professor für

Politologie und langjähriger Bundestagsabgeordneter nach Meinung der Regierungspartei keine Gefahr für den Pilotversuch darstellen würde, man wollte ihn schon mit den passenden Informationen füttern.

Herr Professor war informiert und betrachtete mich herablassend, während er seinen Mantel ablegte. Dabei fragte er kurz angebunden: „Sie sind also die Personalratsvorsitzende der AKK. Nun, was ist falsch gelaufen?" Damit nahm er neben mir Platz und sah mich ungeduldig an. Ich passte mich sofort seiner Redeweise an und gab im gleichen Ton zurück: „Alles ist falsch gelaufen." Da wurde er aufmerksam und forderte meinen Bericht. Der kam umgehend. Ich nahm kein Blatt vor den Mund und schilderte die Situation, die meiner Ansicht nach das Pilotprojekt in Kürze scheitern lassen würde. Man habe bei der Planung vergessen, dass hier Menschen ein Projekt zum Erfolg führen sollten und nicht Roboter, sagte ich. Nach zehn Minuten beendete ich meine ungeschminkte Schilderung. Erst jetzt bemerkte ich das Schweigen der übrigen Zuhörer, die erst gelangweilt, aber zum Schluss interessiert meinen Ausführungen gefolgt waren. Der hohe Herr betrachtete mich interessiert: „So, das möchte ich jetzt von Ihnen schriftlich haben, und zwar bald und über den Dienstweg. Der ist hier folgendermaßen: Sie schicken den Bericht über die Geschäftsleitung an mich und geben dieser gleichzeitig eine Kopie. Das wäre vorerst alles. Bleiben Sie so, wie Sie sind. Sie hören von mir." Damit war ich entlassen.

Es herrschte dicke Luft im ganzen Haus, als die Bombe platzte und der Geschäftsführer mir eröffnete, dass der gesamte Personalrat zur kommenden Vorstandssitzung nach Bonn geladen sei. Sauer kutschierte die Seilschaft samt Chef zum Termin. Wir schwiegen im Fond des Mercedes und warteten gespannt der Dinge, die uns bevorstanden. Wichtigster und einziger Tagesordnungspunkt der Versammlung war die Personalsituation, als Vorlage diente mein Schreiben, das der Personalratsvorsitzenden. Und wir hatten nun zu berichten, wo der Schuh drückte. Wir nahmen die Gelegenheit gründlich wahr, vor allem, weil wir bald merkten, dass der Vorsitzende auf unserer Seite stand und sich freute, dass die eingeschworene Mannschaft samt Geschäftsführer nun nicht mehr nur Erfolgsmeldungen verbreiten konnte. Ein in den Gedanken der Medienvertreter schon vorgefertigter Erfolg, der erst noch bewiesen werden musste.

Der Geschäftsführer wusste von meiner Erfahrung im Hörfunk, dass ich dort wie ein Fisch im Wasser schwamm. Um mich zu verunsichern, wurde ich im März in den Fernsehbereich versetzt. Ich kam mir vor, als sei ich auf dem Mond gelandet. Ich, die ein Audiogedächtnis hat, die immer erst Geräusche wahrnimmt, bevor sie die dazu gehörigen Bilder sieht, hatte wie durch plötzliche Taubheit mein wichtigstes Organ verloren. Ich stand im abgedunkelten Raum der Fernseh-Sendeabwicklung und verzweifelte. Es herrschte absolute Mondfinsternis. Wie sollte ich die Testbilder, die Signale, die Maschinen, die Rechner und Schriftgeneratoren auseinanderhalten, wie sie bedienen? Die meist jungen Kollegen amüsierten sich, als sie merkten, dass ich mich nicht zurechtfand. Aber immer dann, wenn ich im Leben vor einer Mauer stand, die anscheinend zu hoch und zu glatt für mich war, um sie überwinden zu können, schaltete mein Überlebenswille auf stur. Auch diesmal konnte ich mich darauf verlassen. Ich würde die Leiter schon finden. Ich besorgte mir ein Fachbuch, paukte die wichtigsten Begriffe, suchte mir ein paar gutwillige Kollegen, die mir halfen, und lernte. Das ging so weit, dass ich morgens früher kam, als Erste noch vor Sendebeginn die Schaltpläne wälzte, an einem Tag die gesamten Steckfelder abzeichnete und mir die gängigsten Verbindungen einprägte.

Das kam mir bald zugute. Ich merkte sogar, dass die Kollegen heimlich in meinen Aufzeichnungen spionierten. Als ich dann noch herausfand, dass viele von ihnen auch nicht gescheiter waren und ihr Nichtwissen nur durch Arroganz überspielten, gab ich die eigenen Zeichnungen frei und hatte den größten Teil der Kollegen für mich gewonnen. Von diesem Zeitpunkt an bildeten wir ein Team, das sich durch Unfälle, Systemfehler und Druck von der Geschäftsleitung nicht mehr beeindrucken ließ. Wir vertrugen uns. Ich wurde auch hier als Schichtleiterin eingesetzt.

Ich war in eine sehr junge Truppe geraten. Jung und sorglos nahmen sie die täglichen Schwierigkeiten gelassen hin. Sie machten sich keine Gedanken, wenn einmal eine Maschine ausstieg, die Verbindungen in den Steckfeldern kalte Lötstellen aufwiesen, ein Rechner nicht das tat, was sie ihm vorgegeben hatten. So ein lustiges Völkchen war nicht immer leicht zu dirigieren, ihm der Ernst der Lage beizubringen. Wenn man sich schon die Tage und Nächte um die Ohren schlug, darüber vergaß, wann Sommer und Winter vor der Tür lauerten, denn die Klimaanlage sorgte für immer gleichmäßige Temperaturen, musste man im Betrieb für ein bisschen Fröhlichkeit sorgen. Eine Schichtbesatzung bestand meist aus sechs Personen, zwei in der dunklen Sendeabwicklung mit der Aufgabe, bis zu 14

Sendestraßen zu prüfen und notfalls einzugreifen, wenn etwas schiefging. Und es lief dauernd etwas schief. Schon die viel zu knappe Zahl an Abspielgeräten, von den übrigen Kollegen im Akkord bestückt, sorgte dafür, dass bei der geringsten Unregelmäßigkeit die Rechner stolperten. Dann griffen die beiden ein und steuerten den Ablauf von Hand. Wer das einmal einige Stunden durchlitten hatte, war mit der Welt zerfallen. Ähnlich kann ich mir den Ablauf bei der viel gescholtenen Bahn vorstellen, wenn ein verspäteter Zug alle Fahrpläne durcheinanderbringt. Der Sendeschluss nachts erlöste die Mannschaft, die ihren Frust loswerden musste. Das hatte dann die Frühschicht auszubaden. Manchmal am Morgen musste ich den Schabernack des Abends erst mühsam beheben.

Einmal hatten die Abenddienstler alle Geräte einzeln ausgeschaltet, ein anderes Mal blendete die Studiouhr merkwürdige Hinweise auf Sendung. Da der eigentliche Sendebeginn aber erst um neun Uhr stattfand, konnte ich meistens verhindern, dass auch die Zuschauer in den Genuss unserer ausgelassenen Jungtechniker kamen. Die Ulkereien nahmen nie solche Formen an, dass ein wirklicher Sendeausfall entstanden wäre. Davon hatten wir sowieso genügend. Einer unserer Techniker lebte wochenlang im rückwärtigen Schaltfeld, wo er die vielen kalten Lötstellen ausbesserte, die die Firmen schlampig geliefert hatten. Da die Studiomannschaft immer zu knapp bemessen war, blieb keinerlei Zeit, um eine Pause einzulegen. Die Disposition hatte einfach pro Schicht geplant, ohne Pausen für Mensch und Maschine. Hunger und andere unabdingbare private Bedürfnisse wurden von der Planung nicht berücksichtigt. Wollte sich jemand vom Arbeitsplatz entfernen, musste er einen Kollegen um Übernahme seiner Pflichten bitten. Deshalb wurde im halbdunklen Fernsehbereich gelebt, gegessen, gestritten und notfalls auch mehr. Ich fand schon einmal ein Pärchen hinter den Racks in liebevoller Umarmung. Bei langen Filmen vertrieb man sich die Nachtstunden mit dem beliebten Minigolfspiel. Dabei wurden Alufolien, zu Bällen geknüllt, mit zu Schlägern umfunktionierten Mikrofonständern im Hohlboden eingelocht. Nach Dienstschluss der weiblichen Mitarbeiter vergnügten sich harte Männer auch einmal mit Softpornos. Die lagerte der Kollege aus dem Keller, wo der Südwestfunk ein Versuchsstudio betrieb, und spielte das begehrte Programm nach seinem Sendeschluss über die Hausleitung.

Maschinen brauchten ebenfalls öfter eine Pause, sie vertrugen die Dauerbelastung noch weniger als die Menschen. Dann allerdings war guter Rat teuer. Schließlich kann auch der beste Messdienst nicht hexen. Wir hatten immer Stress, wenn eine Reparatur angezeigt war. Besonders der aufstrebende Privatsender SAT.1 musste vorrangig bedient werden, hier verdiente die Firma gutes Geld. Daher herrschten auch besondere Regeln, die strikt einzuhalten waren. Das störte den neuen Technischen Leiter wenig. Er war angeheuert worden, als der erste kündigte, wohl weil er die dilettantische Handhabung von Mensch und Technik nicht mehr ertrug. Er hatte beim „richtigen Rundfunk" gedient, die Olympischen Winterspiele technisch verantwortet und genug von dieser Art von neuen Medien. Mit dieser Kündigung verloren wir einen kompetenten Chef. Was dann folgte, stürzte uns fast in den Untergang.

Der Neue kam, besichtigte die Einrichtung und konstatierte, dass hier Brauchbares für seine Privat-Produktion zu holen sei. Er zog sofort eine der heiligen Ein-Zoll-Maschinen ab und erklärte sie für seine Zwecke als requiriert. Dann beauftragte er drei Techniker, Außenaufnahmen zu machen, und reiste mit ihnen drei Tage durch die Lande. Als die Kameraleute dann berichteten, was ihnen zugestoßen war, musste ich als Personalratsvorsitzende zum ersten Mal richtig massiv werden. Die drei hatten, unterbrochen durch sechs Stunden Schlaf- und Ruhezeit, ununterbrochen gearbeitet. Der Neue hetzte sie durch Süddeutschland, als seien sie von Furien getrieben. Als sie am dritten Tag vollkommen ausgepumpt zurückkamen, sollten sie anschließend noch eine ganze Schicht arbeiten, um das Material fertigzustellen. Da griff ich ein. Der Leiter des Offenen Kanals, Uli Kamp, hatte die Szene beobachtet. Er rief mich zu sich, die Führungsetage traf sich an diesem Tag zur Klausur in Bonn und war nicht erreichbar, wir wurden uns schnell einig: „Der Mann muss weg, er ist untragbar." Der OK-Chef spürte die Führungsriege auf und unterrichtete sie, ich beruhigte die müden Heimkehrer und nahm mir den Sklaventreiber vor. Der blaffte mich wütend an, ich sei seine Untergebene und somit weisungsgebunden. Ich holte tief Luft und erklärte ihm möglichst ruhig die Sachlage, sehr zum Gaudium des Vorzimmers, das sich sowieso über sein ausgesprochenes Rauchverbot ärgerte. Sein Stellvertreter saß geknickt im Büro dabei. Ich ließ mich nicht einschüchtern und erklärte: „Es gibt Arbeitsgesetze, die auch Sie beachten müssen." Der Tyrann schäumte, wollte mich hinauswerfen, sein Stellvertreter sank im Sessel zusammen, er gab mir im Stillen Recht, traute sich aber nicht, das zu sagen. Mir war inzwischen alles egal, mein Ruf sowieso ruiniert, und so erklärte ich dem Herrn gleich noch, dass die Beschlagnahme der wichtigen Maschine das Programm von SAT.1 gefährde und ich deshalb ein Veto einlege: „Ich bin heute für das Programm verantwortlich und brauche die Maschine, oder wollen Sie unseren besten Kunden verärgern?" Er tobte, hätte mich am liebsten geohrfeigt und drohte mit meiner sofortigen Kündigung. Wir zwei unter einem Firmendach würden sicher in Zukunft nicht miteinander auskommen, das war mir klar und ich verließ das Büro erhobenen Hauptes. „Dann wollen wir halt einmal abwarten, wer hier am längeren Hebel sitzt", dachte ich und ging wieder an meine Arbeit.

Eine Stunde später wurden die müden Techniker telefonisch nach Hause geschickt, der Ausbeuter für den kommenden Tag zum Geschäftsführer befohlen. Ich habe ihn nicht mehr im Haus angetroffen, als ich meine Schicht aufnahm. Es hatte geblitzt und gedonnert am Morgen. Der Neue schlug immerhin alle Rekorde, als er fünf Tage nach seiner Einstellung bereits gekündigt auf der Straße stand. Über den Vorfall wurde kein Wort mehr verloren. Wir warteten auf den nächsten Chef der Technik.

Das Kabelpilotprojekt, eines von vier geplanten in Deutschland, wurde natürlich von der Öffentlichkeit beäugt, von der Presse kommentiert und galt als Prestigeobjekt der CDU-Regierungen des Landes und des Bundes. Wir lebten und arbeiteten beobachtet durch tägliche Führungen. Wir hatten unsere Arbeit zu machen, egal ob eine Legion Politiker, Nutzer oder Journalisten im Wege standen. Wir ignorierten sie einfach, ließen uns weder durch Fragen noch durch Fotografen aus der Ruhe bringen. Eines Tages hielt ein eifriger Japaner alles mit der Kamera fest, auch das angebissene Butterbrot, das ein Techniker neben sich auf dem Mischpult abgelegt hatte, weil er wie immer eingreifen musste und für die eigene Versorgung keine Hand frei hatte. Mit welchem Untertitel dieses Bild wohl eine Gazette des Landes der aufgehenden Sonne zierte? Wir würden es nicht herausfinden. Dafür sammelten wir alle Zeitungsausschnitte, derer wir habhaft werden konnten. Und die füllten mehrere Ordner.

Der Offene Kanal produzierte anfangs noch in unserem Haus, von der Geschäftsleitung wenig geliebt, denn die privaten Nutzer brachten Unruhe herein. Manchmal wurde es selbst uns Freaks zu viel, wenn zum Beispiel eine Woche lang Travestie-Künstler den Sendesaal des Fernsehens bevölkerten. Sie kamen mit Sack und Pack, mit Maskenbildnern und Marketendern. Sie belegten Büros, Toilettenräume und Küchen. Wie staunten wir, wenn sich ein junger, unauffälliger Mann innerhalb einer Stunde in eine verruchte Diva verwandelte, die dann auch noch versuchte, dem genervten Aufnahmeteam den Kopf zu verdrehen. Rosa Zeiten nannten wir die Tage, während derer der Ausnahmezustand herrschte. Die Anstrengung, unter diesen Bedingungen eine brauchbare Aufnahme zustande zu bringen, war aber dann im Nu vergessen, wenn die schräge Truppe das Terrain geräumt hatte.

Eines Tages erzählte der Flurfunk, der Offene Kanal verlasse uns und suche nach einer eigenen Bleibe. Wir bedauerten es fast, würde das Leben doch ohne die lustigen Vögel langweiliger. Der Leiter des OK, Ulrich Kamp, kam zu mir, da der Geschäftsführer massiv auf den Auszug drängte. Wo sollte aber kurzfristig eine angemessene Unterkunft für dieses gesetzlich verordnete Alibi des Einstiegs ins Privatfernsehen hergenommen werden? Er war ratlos, da er als „Zugereister" die städtischen Immobilien nicht kannte. So fragte er mich, und ich war nun dankbar, ihm helfen zu können, da er sich für uns immer eingesetzt hatte. Ich war sowieso zur Auskunftei der ganzen Firma avanciert. Die meisten Angestellten, die Geschäftsleitung eingeschlossen, hatten keine Ludwigshafener Erfahrung, sie waren von außerhalb zugezogen. Deshalb wandte sich jeder an mich, wenn es darum ging, Material zu beschaffen, Handwerker zu organisieren, Wohnungen zu suchen, Feste zu planen, oder wenn wie hier ein Studio für den Offenen Kanal benötigt wurde. Mir fiel auch gleich etwas ein. Auf meiner Festplatte war ein Anwesen gespeichert, das sich eignen könnte. Ich hatte davon vor Kurzem gehört, als wir über Städtebauförderungsmittel gesprochen hatten, und die Stadt das Gebäude im Hemshof, ein ehemaliges kleines Bankhaus, angekauft und für die Restaurierung angemeldet hatte. Dieser Stadtteil wurde gerade als größtes Sanierungsgebiet Deutschlands ausgewiesen. Hierher flossen auch Mittel des Bundes. Diese Immobilie wollte ich mir mit ihm ansehen. Der Schlüssel dafür war schnell besorgt, ich hatte Freunde in der Bauverwaltung. Die Besichtigung zeigte uns, dass wir einen Volltreffer gelandet hatten. Die Umgebung, Altstadt mit Bewohnern aus aller Herren Länder, junge Leute, ein kleines Zimmertheater in der Nachbarschaft, versprach genau die Mischung an Nutzern, die gewünscht war. Ein Gespräch des OK-Chefs mit dem Stadtoberhaupt verlief positiv. Der unerwünschte Kanal konnte nach der Renovierung des Hauses noch im gleichen Jahr umziehen.

Wir vermissten die quirlige Truppe, hatte sie doch Leben in unsere Welt gebracht. Stolz denke ich an die Streikwochen in Duisburg-Rheinhausen, als der Offene Kanal Ludwigshafen kurzerhand die Initiative ergriff und sich zum Sprachrohr der Stahlarbeiter mauserte. Da sich die Streikenden durch die Medien nicht wahrheitsgemäß vertreten sahen, übernahmen die privaten Nutzer des Offenen Kanals die Berichterstattung. Wir übertrugen live in alle Kanäle des Ludwigshafener und auch des Dortmunder Pilotversuchs und trugen dazu bei, dass in diesem Fall nicht nur die offiziell gewünschte Meinung verbreitet wurde, sondern die Menschen an den Bildschirmen die ungeschminkte Wahrheit erfuhren.

Gewerkschaftsarbeit ist Knochenarbeit, besonders in einem Betrieb, der sich von Anfang an zur Pflicht gemacht hat, Arbeitnehmervertretungen erst gar nicht zuzulassen oder, wenn unumgänglich, ihnen jeden verfügbaren Stein in den Weg zu legen. Die Steine stellten sich in unserem Fall als ausgewachsene Felsbrocken heraus. Deshalb freuten wir uns, dass der 13. Gewerkschaftstag der RFFU, unserer Gewerkschaft, in Mannheim stattfinden würde. Nur widerwillig hatte sie uns nach der Gründung des Personalrats von der ÖTV übernommen, die sich diebisch über die langen Gesichter der Mainzer ZDF-Vertreter freute, als wir offiziell weitergereicht wurden. Nun musste die RFFU sich um die „Konkurrenz" ihrer öffentlich-rechtlichen Mitglieder kümmern. Das kostete sie nicht nur Überzeugungsarbeit innerhalb des ZDF, sondern auch sehr viel Zeit bei uns in Ludwigshafen.

Zum Gewerkschaftstag ließ man uns nur als Gast zu, denn wie käme man denn dazu, plötzlich auch die Vertreter des „Kommerzfunks" zu akzeptieren? Deshalb verfolgte ich als Gast die Szene aus dem Rang des Rosengartens, ärgerte mich grün und blau über die Ignoranz meiner Gewerkschaft und schwor, es ihnen zu zeigen. Die elitäre Versammlung, das letzte Mal unter sich, sah die Blitze des heraufziehenden Gewitters zwar, schloss aber noch jede Berührung mit den Schmuddelkindern aus. Sie versuchte krampfhaft, die Zeichen der Zeit zu verdrängen, und übersah dabei, dass die öffentlich-rechtlichen Anstalten längst nach den Ergebnissen der Privaten schielten, sie beteiligten sich sogar heimlich an den Pilotprojekten. Erkenntnisse der Personalführung, der Einsatz preiswerterer Geräte, das Aufweichen von Tarifverträgen sollten zukünftig manchen satten Gewerkschaftsvertreter umtreiben. Am Ende des Pilotversuchs würde nichts mehr so sein, wie es war. Ich erklärte ihnen die Gefahr bei etlichen Geheimtreffen, aber sie glaubten mir nicht.

Meine Intervention bei unserem Vorstandsvorsitzenden zeigte Ergebnisse, die die Arbeit erträglicher machten. Wir waren dem Vorsitzenden dankbar für sein Verständnis, mit dem er sich um die Belegschaft dieses Versuchs verdient machte. Nach unserem Empfinden gebührte und gebührt ihm dafür ein Platz im Himmel oder zumindest eine Erwähnung im Internetlexikon Wikipedia, wo ich allerdings beim Artikel zur AKK nur den Hinweis auf die Zugpferde der konservativen Gründer des Versuchs gefunden habe. Weil der Vorsitzende, Professor Ulrich Lohmar, anscheinend ihre Vorstellungen konterkarierte, wird er für die Nachwelt nicht erwähnt und totgeschwiegen. Wir, die Arbeitnehmer, die ebenfalls zum Erfolg beigetragen haben, werden ihn nicht vergessen.

Eines Tages rief mich der Chef zu sich, ich machte mich auf seine Vorwürfe gefasst. Im Vorzimmer herrschte Schweigen, aber man nickte mir freundlich zu. Die Sekretärin setzte den Kopfhörer ihrer Schreibmaschine auf und ich ahnte, dass sie die Szene verfolgen wollte. Ich betrat das Allerheiligste und wurde gebeten, Platz zu nehmen. „Also dauert das Gespräch länger", sagte ich mir. Der Chef kam gleich zur Sache. Er wolle mit mir die Arbeitsbedingungen durchgehen, meinte er, wir hätten ja dazu Vorschläge gemacht, er sei auch bereit, Überstunden und Sonntagsschichten zu bezahlen, aber der Urlaubsanspruch, den wir wie beim ZDF geregelt haben wollten, sei zu hoch, dreißig Tage Urlaub kämen auf keinen Fall in Frage: „Alles kann man nicht haben", betonte er. Ich hatte schon von meinem Technischen Leiter erfahren, dass die Arbeitsbedingungen dem Tarifvertrag des ZDF angepasst würden, und wusste, dass der Vorstand zugestimmt hatte. Was sollte diese Rücknahme nun? Warum konnte der Chef nicht mit dem Vorstandsbeschluss leben, oder wollte er einfach seine Macht zeigen und mir deshalb die schon genehmigten dreißig Urlaubstage verweigern? Ich überlegte und brachte dann das Gespräch auf ein Nebengleis, auf dem wir für eine Klärung der Sachlage den Technischen Leiter benötigen würden. Der Boss rief widerwillig nach dem Abteilungsleiter und der stand eine halbe Minute später im Raum. Konnte er hellsehen, oder hatte das Vorzimmer vorsorglich für seine Anwesenheit gesorgt? Ich wusste es nicht und fragte auch nicht. Der Herbeizitierte setzte sich, ich brachte umgehend das Gespräch wieder auf den verweigerten Urlaub, und der Herr des

Versuchs konnte sein Gesicht nicht verlieren, er gab nach und ich hatte gewonnen.

Meine Erfolge führten sofort zur Gegenoffensive der Geschäftsleitung. Um ihre Niederlage wett zu machen, lud man uns drei Betriebsräte zum Weihnachtsessen ein. Fürstlich bewirtet wartete die gesamte Seilschaft gespannt auf die Attacke, die sicher kommen würde, wenn wir Betriebsräte satt und etwas beschwipst dem Angriff nichts mehr entgegenzusetzen hätten. Sie kam dann auch. Wir sollten einer Rücknahme der vereinbarten Arbeitsbedingungen zustimmen, denn der Betrieb habe schlicht kein Geld. Für ein opulentes Bestechungsmahl hatte das Geld aber gereicht, kam es mir in den Sinn. Wir drei hatten vorsichtshalber allesamt auf anregende Getränke verzichtet. Deshalb bedankten wir uns überschwänglich und sehr nüchtern für den großartigen Abend, erwähnten den Frühdienst am kommenden Morgen und verabschiedeten uns höflich, aber schnell. Lächelnd betrachteten wir die verblüfften Mienen unserer Gastgeber.

Man versuchte es in der Folge noch mehrmals, mich einzuwickeln. Ich durfte zum Beispiel an einer Einladung teilnehmen, bei der der Ministerpräsident mit wichtigen Politikern aus dem konservativen Lager, unter anderem mit einem bekannten Professor aus Bayern, der zu meinem Tischherrn ausersehen war, die Einführung des privaten Fernsehens feierte. Wäre da nicht eine unerwartet kampfwillige Personalvertretung gewesen, hätte man sich jetzt bereits mit den Federn des Erfolgs schmücken können. So aber wurde ich von meinem Tischherrn in ein angenehmes Gespräch verwickelt, bei dem er mich regelrecht ausholte. Meine Sensoren standen auf äußerste Vorsicht, ich legte jedes Wort auf die Goldwaage. Am Ende hatte ich viel gelernt von einem Gesprächspartner, der mich, glaube ich, ernst nahm.

Schon nach eineinhalb Jahren stand fest, dass die Anstalt für Kabelkommunikation weiter bestehen sollte. Die Mainzer Politik bastelte an einem Gesetzentwurf für die Weiterverbreitung von Satelliten-Programmen, man wollte zukünftig private Medien zulassen, auch einen privaten UKW-Hörfunk. „Quod erat demonstrandum", wie der Lateiner sagt. Diese Entwicklung hatten wir erhofft. Unsere Arbeitsplätze sollten von Dauer sein. Nur die Frage nach dem Wie machte uns Kopfzerbrechen. Es sollten nämlich zwei Folgefirmen gegründet werden, eine Landesbehörde und eine GmbH. Am Schlachthofturm vor dem Eingang prangte immer noch die Aufschrift: „Quo vadis?" Das hätten wir auch gerne gewusst. Es begann das Rennen um die besten Nachfolgestellen. Die Behörde bot Sicherheit, beamtenähnliche Besoldung, aber kaum technische Arbeitsplätze. Unsicherheit und Willkür vermuteten wir bei der GmbH. Der Chef, an den ich mich gewöhnt hatte, mit seinen Marotten und Finten konnte ich inzwischen umgehen, würde zurückkehren in die freie Wirtschaft. „Es kommt selten etwas Besseres nach", sagte ich mir und damit sollte ich recht behalten.

Vorerst aber brauchte mich der Vorstandsvorsitzende noch dringend, denn seine Informationskanäle versiegten zusehends, die Schwarzen wollten ihn ausbremsen. Also rief der oberste Dienstherr bei mir abends im Fernsehen an. Der Kollege, der den Hörer abgenommen hatte, gab ihn ehrfurchtsvoll an mich weiter. „Sind Sie in der Lage zu sprechen", kam es aus der Muschel. Ich winkte die Kollegen außer Hörreichweite und gab grünes Licht. Dann fragte mich der Professor nach wichtigen Details, die er nicht einordnen konnte, erkundigte sich nach den Terminen und Reisevorhaben der Geschäftsleitung, soweit mir diese zu Ohren gekommen waren. Ich hatte große Ohren, er sagte zufrieden: „Wir sollten das Gespräch umgehend persönlich fortsetzen, können Sie am Freitag nach Bad Godesberg kommen?" Ich überlegte nicht lange. Der Chef rief und meine Truppe würde mich vertreten, ohne dass es ruchbar werden müsste.

Er erwartete mich schon in seiner Neubauwohnung über dem Einkaufszentrum. Ich hatte das Auto genommen und sogar einen Parkplatz gefunden. Nun stand ich in der Diele und bewunderte das ovale Emailschild, das nur ein Bayer besitzen kann. „Freistaat Bayern" stand da. „Genau so eines hängt bei mir an der Gartenmauer", freute ich mich. Ich hatte einen Landsmann getroffen und fühlte augenblicklich meine Befangenheit weichen. Wir besprachen drei Stunden lang die Probleme, drehten das Pilotprojekt nach allen Seiten um, und meine gesammelten Erkenntnisse fanden einen aufmerksamen Hörer. Nach einem kleinen Imbiss auf der Dachterrasse lud er mich ein, ihn nochmals zusammen mit der Gewerkschaftsvertretung zu besuchen. Ich versprach es und wurde, versehen mit einem Benzinzuschuss, den ich erst ablehnen wollte, nach Ludwigshafen entlassen.

Die Gewerkschaftsvertreter hatten inzwischen von den Privaten Kenntnis genommen und sie wohl oder übel akzeptiert. Sie gaben sich redliche Mühe, für die Pilotprojekte und die Medienarbeiter in den Privatsendern Tarifverträge, wenigstens aber Betriebsvereinbarungen zu erstreiten. So einfach ging das aber nicht, die Betreiber der Medienindustrie zogen alle Register, um „betriebsrats- und tarifvertragsfrei" zu bleiben. Wir Ludwigshafener waren die Ersten gewesen, die sich gewehrt hatten. Deshalb konnte ich mich der Einladungen in die Gewerkschaftsgremien kaum erwehren. Normaler Dienst ohne Freistellung, Familie, Stadtrat, Betriebsratsarbeit, wie sollte ich das nur in vierundzwanzig Stunden quetschen? Ich opferte Urlaub und Freizeit, um wenigstens die wichtigsten Termine wahrnehmen zu können.

Einmal fuhr ich nach Frankfurt zur Hauptversammlung der RFFU. Im Hochhaus der Bank für Gemeinwirtschaft tagte eine illustre Runde. Ich fragte mich zum obersten Stockwerk durch. Im Vorraum begrüßte mich ein Sekretär und bat mich zu warten, er wolle mich anmelden. Ich genoss die Ruhepause bei einer Tasse Kaffee und blickte mich um. Da rauschte doch eine Dame vorbei, die mir bekannt vorkam. War das nicht meine ehemalige Kollegin vom Bayerischen Rundfunk, die mich damals, als mir das verdiente Zeugnis verweigert wurde, in die Gewerkschaft aufgenommen und im Betrieb eingearbeitet hatte? Ich sprang auf, als Irene mich im selben Augenblick wahrnahm: „Woher kommst du denn?" Dann folgten fünf Minuten Schnellbericht, bei dem sie mich als geladenen Überraschungsgast erkannte und ich sie als Mitglied des Hauptvorstands. Sie eilte zurück an den Sitzungstisch. Als ich wenige Minuten später aufgerufen wurde, strahlten mir wohlwollende Gesichter entgegen, Irene hatte gründliche Arbeit geleistet.

Mein Zustandsbericht, meine Erfahrungen fanden offene Ohren. Der Vorstand beschloss umgehend, dass Irene, zur Beauftragten für die neuen Medien bestimmt, uns in Ludwigshafen vor Ort besuchen und im Betrieb einen Tag lang die Nöte der Arbeitnehmerschaft aufnehmen sollte. Das tat sie dann auch. Sie wurde von den Kollegen heimlich einen Tag lang aufgeklärt, saß sozusagen „undercover" zwischen den Kollegen am Mischpult, hörte sich ihre Klagen an, staunte über die Anforderungen, fragte nach Ruhezeiten und Schichtplänen und erregte sich über die Aufgaben einer Schichtleiterin, die nebenbei noch Kunden am Telefon beruhigte und Auskunft über Kanalbelegung und Sendezeiten gab. Der Chef merkte nichts von unseren Aktivitäten. Im Haus liefen genügend fremde Zuschauer herum, man konnte die Spionin der Gewerkschaft ohne Weiteres verstecken, bis auf einmal. Irene Edenhofer saß neben mir am Regiepult im Halbdunkel, als sich die Studiotür öffnete und eine Gruppe sehr interessierter Journalisten hereinspazierte, darunter einige gute Bekannte. Irene wurde erkannt, fing sich schnell und bat den Frager zu schweigen, da sie unentdeckt bleiben wolle. So wurden wir zum Studienobjekt der Gewerkschaft und damit sehr bevorzugt behandelt.

Zusammen mit Irene und einem Gewerkschafter des ZDF besuchte ich dann nochmals den Herrn Professor. Dort wurden alle weiteren Probleme angesprochen. Meine Münchner Mentorin nahm die Gelegenheit wahr und flirtete ganz unverhohlen mit dem Gastgeber, der sich königlich über die temperamentvolle Dame aus seiner alten Heimat amüsierte. Zum Abschied speisten wir bei seinem Italiener und wurden verabschiedet mit den Worten: „Bleiben Sie so, Sie und Ihr Lehrling."

Der UKW-Hörfunk hielt Einzug in unseren Räumen. Vorher führte der Hörfunk ein Schattendasein im Erdgeschoß mit drei Kanälen im Kabel, die Sendestraßen bestückt mit gelieferten Bändern, die oft so unprofessionell produziert wurden, dass selbst die Nachbearbeitung durch einen Techniker nicht ausreiche, um das Produkt den wenigen Kabelhörern anzubieten. Wer wollte auch Kabel hören? Meistens braucht man Radio im Auto, zu Hause sieht man fern. Die Kabelkanäle wurden nicht ernst genommen.

Eine Versetzung in den „Quellenraum Hörfunk" glich einer Strafe. Ich schlug nur einmal diese Maßnahme vor, als mein Chef mich fragte, was zu tun sei. Ein Tontechniker, ausgebildet beim SFB, sollte beweisen, dass er auch fernsehtüchtig sei. Er wurde zum Fernsehen versetzt, schließlich mussten alle Betriebstechniker multifunktional eingesetzt werden können, und rebellierte. Aller Widerstand half nichts, bis er eines Tages unflätige Äußerungen über das Programm auf den Schriftgenerator schrieb und sie zum Sendeschluss „versehentlich" durch den Rechner einblenden ließ. Die Aufregung war gewaltig, als ein Zuschauer den Text las, denn er beschwerte sich, und der Tontechniker wurde abgemahnt. Die Fernsehmannschaft kannte den Delinquenten und vermutete richtig, dass die Rechnerblende nicht versehentlich geschehen war. Welche Strafe sollte der Täter erhalten, der Technische Leiter wusste sich keinen Rat und fragte bei mir an. Er konnte doch bei der Personalknappheit einen guten Mann nicht entlassen. Wir litten zu diesem Zeitpunkt an absolutem Technikermangel, wie an den Anzeigen in den Zeitungen abzulesen war. Also gab ich ihm den salomonischen Ratschlag: „Versetzen Sie den Herrn doch zur Strafe in den Hörfunk." Das wünschte sich der Techniker sowieso, ich konnte damit keinen Schaden anrichten und so wurde verfahren.

Die Aussicht auf UKW-Lizenzen für das Privatradio hatte mich aufgerüttelt. Endlich konnte ich in meinen angestammten Bereich zurückkehren. Ich musste dafür nur den Chef überzeugen, schließlich war auch ich strafversetzt worden, allerdings nicht wegen Unfähigkeit im Hörfunk, sondern wegen Aufsässigkeit im Betriebsrat. Ich wollte aber wieder in den Audiobetrieb und beantragte, bat, forderte so lange, bis der Technische Leiter ein Einsehen hatte. Eines Abends, ich wollte gerade den verdienten Feierabend genießen und warf dem Pförtner noch vergnügt ein paar Worte hinüber, hielt mich mein Vorgesetzter auf. Er wollte heute keine Überstunden von mir, wie ich befürchtete, sondern sagte kurz: „Ab Montag sind Sie im Hörfunk, wir haben eine landesweite Frequenz erhalten und Sie bauen den Sender auf. Zeit bleibt Ihnen nicht viel, in einer Woche wollen die Kunden auf Sendung gehen. Also richten Sie alles ein, suchen Sie die passenden Mitarbeiter aus und schulen Sie diese. Ich kann mich doch auf Sie verlassen?" Mir blieb fast das Herz stehen vor Freude, Eile war ich gewohnt, das würde ich schon hinkriegen, dachte ich und machte einen Luftsprung.

Hat jemand schon einmal versucht, aus Handwerksgesellen, Discofreaks und Musikern brauchbare Tontechniker zu schmieden? Ich habe es und einiges dabei gelernt. Meine Mitarbeiter, zum größten Teil fachfremd, mussten erst einmal lernen, wie sich eine ordentliche Sendung anhören muss, wie man ebenfalls unerfahrene Redakteure für eine halbwegs professionelle Arbeit gewinnt. Außer dem strafversetzten Tontechniker hatte noch nie jemand aus der zusammengewürfelten Truppe Bänder unter Zeitdruck geschnitten, eine Sendung gefahren, noch dazu ohne Trennung von Studio und technischem Abspielraum.

Die Studios waren von fachfremden Firmen als Prototypen konstruiert worden. Ich hatte bereits bei der Abnahme gezetert und erklärt, dass hier keine vernünftige Arbeit möglich sei. Aber nun hatten wir nur diese Technik, wir mussten das Beste daraus machen. So entstand notgedrungen eine ganz neue Arbeitsweise. Man durfte zum Beispiel nur Platten auflegen oder Bänder einstellen, wenn der Mikrofonregler geschlossen war. Ununterbrochen hatte man den Kopfhörer zu tragen, um die Sendung zu kontrollieren, der Moderator saß gegenüber ohne schützende Glasscheibe dazwischen, Studiogäste drängten sich am Mischpult. Es ließ sich wie immer chaotisch an, aber wir fanden einen Modus.

Im Schaltraum konnte ich die meisten Leute sofort einsetzen. Verlangte allerdings eine der vier Redaktionen, die sich die UKW-Frequenz teilten, Hilfe bei der Produktion, dann verkrochen sich die starken Männer hinter dem Steckfeld, sie hatten einfach Angst, den Anforderungen nicht gewachsen zu sein. Ich stellte ein Übungsband her, das jeder erst einmal schneiden musste, ließ Probesendungen fahren, kopierte ganze Seiten aus meinem Fachbuch für Tontechniker und wies an, die wichtigsten Grundbegriffe auswendig zu lernen.

Nach einer Woche Übungsbetrieb schlug die Stunde der Wahrheit, die Frequenz wurde heiß, so heiß wie unsere Ohren, die vor Aufregung glühten. Dankbar waren wir nur, dass unsere Kunden ebenfalls vorher nie Rundfunk gemacht hatten und jede Hilfe annahmen. Nach einigen Wochen spielte sich das Geschehen ein. Unsere Musiker machten sich zusätzlich nützlich, wenn sie auch noch die passende Musik für die Sendungen aussuchten. Sie schnitten bald so geschickt, dass ein Redakteur die Ergebnisse auf Platte pressen ließ und damit Kohle machte. Das gefiel ihnen gar nicht. Sie hatten gutmütig Produkte erarbeitet, die nun anderen zugutekamen, ohne eine angemessene Beteiligung. Unsere Freaks stellten daraufhin die außerplanmäßige Produktion ein und konzentrierten sich auf ihre eigentlichen Aufgaben. Nebenbei gehörten die meisten sowieso zu einer Band und verdienten sich noch etwas zum knappen Salär dazu. Bei uns in der Tontechnik arbeitete auch der Freund von Jule Neigel, bis er den Einstieg in der Plattenindustrie gefunden hatte. Die erste Single der Sängerin, „Schatten an der Wand", wäre ohne unsere tätige Mitarbeit nie so erfolgreich gelaufen, hätten wir sie nicht in jeder Sendestunde einmal eingespielt. Damals konnte man das Programm noch mitgestalten und das nutzten wir.

Aber die Anlaufphase dauerte nicht lange, dann spürten wir die Strukturen der Betreiber. Sie verboten die tätige Mitarbeit, und wir zogen uns auf unsere Aufgaben zurück. Darin wollten wir allerdings auch keine Einmischung, denn die Forderungen der Redakteure entsprachen nicht immer den „Richtlinien" eines seriösen Senders. Eines Tages rief mich ein Kollege über die Kommandoanlage mit der Bitte um kurze Ablösung. Ich hatte allen eingeschärft, dass bei Unstimmigkeiten ein menschliches Bedürfnis vorgeschoben werden sollte und ich als Ablösung Ordnung schaffen würde. Der junge Ingenieur, auf den immer Verlass war, hätte mich bestimmt nicht gerufen, wenn nicht wirklich Feuer unter dem Dach gewesen wäre. Das konnte ich annehmen und eilte zum Studio. Dort traf ich auf einen entnervten Techniker und drei ungebärdige Redakteure, die es sich zur Ehre zu machen schienen, den armen Wicht zur Verzweiflung zu treiben. Ich löste unschuldig dreinschauend ab und erklärte, dass der Kollege dringend anderweitig gebraucht werde. Die Herren protestierten, ich blieb hart und nahm die Schere in die Hand, der Kollege verdrückte sich. Dann fragte ich nach ihren Wünschen. Sie versuchten sofort, mich zu provozieren, ließen mich einen unüblichen Schnitt vollführen, diesen dann rückgängig machen, stritten sich zugleich über den Text, benahmen sich schlicht unmöglich. Ich blieb gelassen, arbeitete nach ihren Wünschen und trieb sie als Expertin langsam, aber sicher an ihre Grenzen. Ich spielte einfach Hase und Igel mit ihnen. Ich war der Igel. Man muss nur schneller reagieren, als sie zu denken vermögen. So hetzt man die Angeber von Schnitt zu Schnitt, sie verlieren den Überblick. Nach einer geschlagenen Stunde hatte ich das Werk vollendet, die drei Gladiatoren verließen säuerlich das Schlachtfeld. Ich wusste, sie würden versuchen, mir das heimzuzahlen, denn über meine Arbeit konnte sich keiner beschweren.

Die Gelegenheit kam prompt. Am folgenden Tag wollten sie einen umgebauten PKW als Übertragungswagen benutzen. Leider verfügte unsere Institution nicht über einen Außenanschluss. Wie sollten wir die Live-Übertragung vom Vorplatz des Senders auf das Studio schalten? Kein Planer hatte die Möglichkeit vorgesehen. Die Fenster des Studios waren aus schalltechnischen Gründen nicht zu öffnen, Ratlosigkeit machte sich breit. Und die Herren, die das angezettelt hatten, suchten Gründe, um mich und meine Firma zu ärgern. Das war sonnenklar. Sie hätten die Interviewpartner auch in das Studio einladen können, aber das wollten sie nicht. Da setzte ich mich mit dem jungen Ingenieur zusammen, den sie gequält hatten. Wir fanden eine Lösung, die wir prompt in die Tat umsetzten. Wir zogen viele Meter Kabel um das Gebäude, bis wir über ein offenes Fenster an eine Kabelverbindung zum Hörfunk gelangten. Nach einer Stunde baten wir um eine Sprechprobe, sie misslang, aber diesmal wurde es peinlich für die impertinenten Redakteure. Sie hatten keine rundfunktaugliche Einrichtung in ihrem „Ü-Wagen" und nun schauten sie verzweifelt aus. Der Interview-Gast wartete bereits und der Sendebeginn drängte. Die alte Weisheit lautete schon immer „The show must go on" und wir handelten danach. Schnell bauten wir aus Bordmitteln die Übertragungsstrecke auf. Pünktlich erhielten die Hörer den Bericht.

Ich zog mich zurück, mit diesen Berserkern würde ich nicht mehr arbeiten, das sollten meine Leute tun.

Der Chef der Redaktion meldete sich zwei Tage später bei mir, er schickte ein Präsent und bat mich in sein Büro. Da musste ich wohl oder übel erscheinen. „Ich habe ja gar nicht gewusst, dass wir Kollegen sind, entschuldigen Sie bitte die Unannehmlichkeiten", empfing er mich. „Wollen wir Frieden schließen?" Erst jetzt bemerkte ich, dass der zerknirschte Herr hinter dem Schreibtisch im weitesten Sinne Kollege war. Er als ehemaliger Wirtschaftsminister Hessens hatte erfahren, dass ich im Ehrenamt für meine Stadt Verantwortung übernommen hatte. Keine Fachkompetenz, keine Einsicht hätte ihn zu dieser Entschuldigung genötigt, aber das politische Amt, das rang ihm Ehrfurcht ab. Ich akzeptierte. Was sollte ich mich mit Politikern streiten, die Ruhe in meiner Abteilung war mir wichtiger. So schieden wir mit einem freundlichen Handschlag. Diese Redaktion bereitete uns nie mehr Probleme.

Im Gegenteil arbeitete ich besonders gern mit den Redakteuren. Einmal fuhr ich die Mittagssendung mit dem Moderator. Der war zu manchem Schabernack aufgelegt, er lachte gern und viel. So legte ich eine Platte nach der anderen auf, immer unterbrochen durch seine gelesenen Beiträge, während derer ich mich geräuschlos zu verhalten hatte. Dann passierte das Malheur, mein Kopfhörerkabel verfing sich im Rad des Bürostuhls, ich musste aber weiterarbeiten, ich hatte keine Zeit, mich zu befreien, und musste während der nächsten Ansage Platten einlegen. Zurückrollen zum Mischpult bedeutete, dass sich das Kabel weiter verhedderte, meinen Kopf immer mehr nach unten zog. Ich legte also den Kopf auf die Seite und bediente die Regler und Maschinen zusehends mehr in Liegestellung, bis ich auf dem Mischpult lag. Der Moderator sah mir mit wachsendem Kopfschütteln zu. Schwierig, konstatierte er und beeilte sich, seinen Text zu Ende zu bringen. Er glucste bereits vor Lachen und ich bemühte mich, die missliche Situation zu übersehen und wartete sehnlich, dass ich den Mikrofonregler schließen könnte. Der Text endete, ich startete die Musik, wir waren erlöst. Mein Gegenüber rang nach Luft und lachte, lachte so lange, bis er nach weiteren drei Platten wieder sprechen konnte. Noch immer prustend erklärte er den Hörern die Geschichte mit der liegenden Technikerin.

So ein Ereignis beherrschte tagelang die Flure. Die Kollegen trieben natürlich ihren Schabernack mit den Sprechern. Am Rosenmontag konnte ich sie nicht halten. Sie hatten es auf den

Nachrichtenmann, der seine Aufgabe selbst an diesem Tag ernst zu nehmen gedachte, abgesehen. Er erschien wie immer etwas früher im Studio, ging die wichtigen Neuigkeiten nochmals durch, lieferte die Einspieler, die sogenannten O-Töne, beim Techniker ab und übte schon einmal. Unsere Schlaumeier hatten sich allerdings einen genialen Scherz ausgedacht. Sie tauschten die richtigen O-Töne gegen lustigere, faschingsgerechte aus und schalteten ein Ersatzstudio mit den wahren Nachrichten auf Sendung. Ein netter Kollege der Redaktion las pünktlich um zwölf Uhr, die Zuhörer erhielten alles Wissenswerte. Derweil glaubte sich der gefoppte Redakteur auf Sendung und erschrak über die unmöglichen Zuspielungen, stotterte und entschuldigte sich abwechselnd für die seiner Meinung nach falschen Meldungen, kämpfte sich aber eisern bis zum Schluss der Nachrichten durch. Als er endlich schweißgebadet das Studio verlassen konnte, stand er kurz vor einem Herzinfarkt. Auf dem Flur traf er dann auf alle, die gesamte Hörfunkmannschaft, die Redakteure, selbst der Chefredakteur krümmte sich vor Lachen.

Aber auch die übrigen Veranstalter des Rundfunks gehörten nicht zu den Kostverächtern, wenn es um einen Spaß ging. Die Leute vom Linksrheinischen Rundfunk betrachteten den Sender erst einmal als Spielwiese für ihre revolutionären Gedanken. Junges Volk, vor allem Studenten brachten hier ihre manchmal noch unausgegorenen Ideen an die Zuhörer. Mir standen die Haare zu Berge, wenn unsere Welten zusammenprallten. Da bemühte ich mich hinter dem Mischpult, den jungen Damen und Herren ein wenig Professionalität im Umgang mit dem Medium beizubringen, und hörte dann die flapsige Aufforderung des Oberstudenten: „Nun zeigen Sie uns schnell mal die Technik, den Rest machen wir alleine." Ich kannte einen Teil der Jungspunde persönlich und nahm zu Recht an, dass die Klassenkameraden meiner Söhne noch ein paar Jahre üben müssten, bis sie zu einer ordentlichen Sendung in der Lage seien. Aber das Gesetz hatte keine Aufnahmeprüfung für den Privatfunk vorgesehen und so lebten wir wohl oder übel mit dem bunten Völkchen, das das Radio neu erfinden wollte. Dem Radio-Sandkasten entwachsen verzogen sich wenig später die Probanden, gingen zum Studium, machten zum Teil Karriere beim „richtigen" Rundfunk und überließen die Frequenz den Werbemanagern. Der Sender wurde professioneller, aber nicht interessanter.

Inzwischen rückte das Ende des dreijährigen Versuchs heran. Wie sollte es für uns alle weitergehen, wer würde bleiben und für die entstandenen Sender bei Radio und Fernsehen arbeiten können? Wir hatten große Sorgen, denn ein Arbeitsplatz im Rundfunk wog in unserer medienarmen Gegend doppelt, außer dem kleinen Studio des Süddeutschen Rundfunks in der Nachbarstadt gab es weit und breit kein Betätigungsfeld. Die Techniker, die Redakteure, alle waren zugewandert, hatten sich inzwischen eingelebt und wären gerne geblieben. Mit Spannung verfolgten wir deshalb die Gesetzgebungsdebatte in Mainz, wo ein Landesmediengesetz für die Veranstaltung privaten Rundfunks verabschiedet werden sollte. Man dachte über eine Folgefirma nach, eine GmbH, die ihre Technik für die vielen Einzelveranstalter zur Verfügung stellen könnte. Zum ersten Mal deckten sich die Interessen von Mitarbeitern und Geschäftsleitung. Wir zogen an einem Strick. Ich setzte meine politischen Mittel genauso ein wie der Geschäftsführer. Ich gab Interviews, bemühte die Staatskanzlei, die das Gesetz vorbereitete, und der Personalrat wurde sogar nach Mainz gebeten, um Bericht zu erstatten. Wir baten den damaligen Chef der Staatskanzlei dringend um Hilfe.

Dann kam die erlösende Nachricht: Unser Ludwigshafener Pilotprojekt, das immer auch ein Politprojekt gewesen war, sollte in Form zweier Firmen fortgeführt werden, einmal der Behörde und einmal der Technikfirma. Die meisten von uns fanden sich in der GmbH wieder, auch wenn wir die beamtenähnliche Laufbahn lieber gesehen hätten.

Wir nahmen Abschied von den chaotischen Zeiten der Improvisation, auch ein wenig vom Schlendrian der Produktionen, denn wie hatte doch unser großzügiger Geschäftsführer immer gesagt, wenn wir jammerten, dass die Geräte nicht professionell genug seien für ein einwandfreies Arbeiten? „Was wollen Sie denn, ich sehe doch ein Bild auf dem Schirm!" Dem konnten wir nicht widersprechen und bemühten uns deshalb, wenigstens ein (Test-)Bild zu senden. Nun aber wehte ein neuer Wind, der neue Slogan lautete: „Wenn Profis gefragt sind!"

Zum Abschied plante die Politik Erhabenes. Man musste doch den Erfolg dokumentieren. Dafür war das Beste gerade gut genug. In der Restauration des Großkonzerns unserer Stadt orderte man einen Saal samt Küche, um die feiernden Massen aus nah und fern zu verwöhnen. Das erste Mediengespräch sollte die wichtigen Erkenntnisse aus diesem ersten gelungenen Pilotversuch aller Welt kundtun und dafür reisten Presse und Politik in Scharen an. Uns Mitarbeiter störte der Einfall der Prominenz nicht weiter, das Programm würde laufen, ob mit oder ohne

Fest. Wäre da nicht plötzlich die Aufforderung des nun ebenfalls scheidenden Professor Lohmar herein geflattert, die mich in Aufregung versetzte. „Die Personalratsvorsitzende hat einen Vortrag über die aus Personalsicht gewonnenen Erkenntnisse zu halten. Außerdem soll sie an dem Mediengespräch teilnehmen als Forumsmitglied."

So sah also die Rache des Vorsitzenden aus, der von der regierenden Partei als Alibi eingesetzt war und von den Gremien tunlichst totgeschwiegen werden sollte. Der Geschäftsführer tobte, seine Sekretärin rief feixend durch und beschwor mich, nur ja bei dem Ereignis Flagge zu zeigen. Sie sagte freudestrahlend: „Ich habe mich immer gefreut, dass wenigstens ein Mensch in diesem Haus nicht gekuscht hat. Da hat er seinen Meister gefunden." So tat ich, was mir von ganz oben befohlen wurde. Der Geschäftsführer weigerte sich, ein Statement abzugeben, wenn die Personalratsvorsitzende ebenfalls Rederecht habe. Ich berichtete wahrheitsgemäß, in der ersten Reihe saß ein zufrieden dreinschauender Professor, ein Kollege filmte alles mit der Kamera und übertrug gleich live. Ich erinnere mich nur noch an meinen letzten Satz: „Das Pilotprojekt hat uns alle verändert, ob Handwerker oder Student, wir sind kritischer geworden, keiner ist mehr so, wie er war." An den Beifall erinnere ich mich nicht. Ich erinnere mich nur an meine Erleichterung nach der Rede und an ein paar betretene Gesichter. Die waren mir aber herzlich gleichgültig.

Professor Lohmar verabschiedete sich bei einer privateren Feier in der Anstalt für Kabelkommunikation und schrieb mir zum Abschied ins Stammbuch: „Ihre Aussage, dass alle durch das Pilotprojekt verändert wurden, hat mich am meisten gefreut." Der Professor für politische Wissenschaften hatte sein Ziel erreicht, er nahm seinen Hut, und ich trauerte dem verständnisvollen Chef noch lange nach, wenn die Wellen wieder einmal hochschlugen. Aber um mit ihm zu sprechen: „Alles hat ein Ende, auch dieser Versuch." Er hat ihn leider nicht lange überlebt.

Vom Sprungbrett für Private zum Spielball der Politik

Was am 1. Januar 1984 mit großem Aufwand durch den Ministerpräsidenten von Rheinland-Pfalz als historische Neuentwicklung der Mediengeschichte gestartet wurde, soll nun ein halbes Jahr nach Ablauf des AKK-Pilotprojekts sang- und klanglos eingestampft werden. Nicht bedacht wird, mit welchem menschlichen

und finanziellen Aufwand (Kabelgroschen, Steuergelder) die Politiker den privaten Medienmachern zum Einstieg in ihren neuen Industriezweig verholfen haben.
Was ist daraus geworden?
1. Professionelle technische Einrichtungen für Hörfunk- und Fernsehprogramme sowie europaweite Satellitenkommunikation.
2. Ein Team hochqualifizierter Mitarbeiter, die unter erschwerten Bedingungen „die Bilder laufen lehrten".
3. Ein Stab von freien Mitarbeitern und kleinen Studiobetrieben in und um Ludwigshafen, die von der AKK leben.
Zahlen:
76 feste und freie Mitarbeiter in der AKK
ca. 100 Beschäftigte bei den Nutzern
ca. 50 Beschäftigte in Ludwigshafener Studios
weit über 200 betroffene Familien
weit über 500 Familienmitglieder
35 Millionen DM aus dem Kabelgroschen
Der Ministerpräsident hat seit Anfang 1984 wiederholt den Erhalt der Arbeitsplätze über die Pilotphase hinaus versprochen. Was soll aus den Mitarbeitern und ihren meist jungen Familien werden, wenn große Veranstalter wie SAT.1 und RPR vergessen haben, wer ihnen den Start ins Medienzeitalter ermöglichte?
Sind unsere Arbeitsplätze Bestandteile einer historischen Neuentwicklung der Mediengeschichte oder Verschleißteile der medienpolitischen Verhältnisse und der Anbietermachenschaften?
Wir fordern von den Politikern, die Verantwortlichen an ihre Versprechen zu erinnern und wenn nötig mit Druck eine vernünftige Lösung durchzusetzen.
Wir fordern die Erhaltung aller Arbeitsplätze in Ludwigshafen bei der AKK.
Die Mitarbeiter der AKK

Dieses Flugblatt entwarf ich, als ein halbes Jahr nach dem Ende des Versuchs die Masken fielen. Plötzlich waren die Erklärungen der Politiker, die vorher die Spalten der Zeitungen gefüllt hatten, in denen vom Ministerpräsidenten angefangen alle lauthals den Standort Ludwigshafen als festgeschrieben priesen, nicht mehr die Druckerschwärze auf dem Papier wert. Sie hatten abgewartet, bis der Alltag eingezogen war und niemand sich mehr dafür interessierte. Das glaubten sie, aber sie hatten nicht mit uns, den Mitarbeitern gerechnet. Wir hatten uns auf ihre Versprechungen verlassen und wollten kämpfen. Dieses Flugblatt sollte auf unsere Misere aufmerksam machen. Ich wusste auch schon, wo wir sie treffen könnten, die Verräter. Alle wichtigen Kunden der AKK hatten plötzlich erkannt, dass Ludwigshafen nicht der Ort ihrer hochgesteckten Ziele sei. Sie hatten das Politspiel mitgespielt, bis sich der Rauch des wärmenden Medienfeuerchens verzogen hatte, die Subventionen durch den Kabelgroschen nicht mehr sprudelten.

Der Wechsel in der Führung der Landesmedienanstalt sollte unser Forum sein. Sie hatten für die Zentrale ein Haus am Rhein ausersehen und großzügig umgebaut. Der einstige Standort der Rheinschanze, der Brückenkopf gegenüber von Mannheim und Ursprung Ludwigshafens, sollte ein Zeichen setzen für den Beginn des kommerziellen Medienzeitalters. Wir baten die Drucker der „Rheinpfalz" um Unterstützung und die legten eine Nachtschicht ein für unseren Aufruf. Verteilen wollten wir ihn am Tag der Anstaltsversammlung, die vor der exklusiven, nicht öffentlichen Feier in der neuen Zentrale am Rhein stattfinden würde. Alle Kollegen, die frei hatten, sammelten sich im Vorraum des Sitzungssaales und überreichten mit beredten Worten das Papier. Ich hatte es schon vorher im Foyer des Stadtratssaales ausgelegt und schwänzte im Übrigen aus diesen wichtigen anderweitigen Gründen die Sitzung. Ein Transparent, das am Wochenende von unseren begabten Sprayern aus einem Bettlaken meiner Großmutter und viel Farbe gebastelt worden war, verstärkte unsere Ausstattung.

Der Vorsitzende, Paul Schädler, herrschte uns an, als wir die öffentliche Sitzung durch unsere Anwesenheit bereicherten. Wir stellten uns ganz hinten an der Wand auf, eine Mauer aus schweigenden, anklagenden Männern und Frauen, die Nachdenken erzeugen wollten. Er ärgere sich darüber, dass wir ohne seine Genehmigung Flyer verteilten. Wir entschuldigten uns sofort und versprachen, sie umgehend einzusammeln. Das war ihm ebenfalls nicht geheuer und so wies er uns freie Plätze an, die wir dankend ablehnten: „Es hat noch keinem geschadet, aufrecht zu stehen, und wir bleiben lieber, wo wir sind." Die Sitzung dauerte nicht lange, die Herrschaften begaben sich zur Exklusivfeier, wir formierten eine unangemeldete Demo in die gleiche Richtung.

Dort schwang man bereits die Lobreden und beachtete nicht, dass ein mitfühlender Freund, der Leiter des Offenen Kanals Ulrich Kamp, uns Demonstranten die verschlossene Tür der Landesmedienanstalt für privaten Rundfunk öffnete. Dort feierten die Matadoren des privaten Rundfunks in Rheinland-Pfalz ganz unter sich die Teilung der Anstalt für Kabelkommunikation in eine Landesmedienanstalt und einen technischen Bereich, der ab sofort AKK heißen sollte. Natürlich nicht eingeladen drängten wir uns nun an der Tür des kleinen Saales, um eine Gelegenheit zu erhaschen, das Mikrofon zu kapern. Ich sollte auf unsere Probleme hinweisen, zwei Betriebsräte würden das Transparent ausrollen, die Presse hätte ihre Sensation. Der letzte Redner verließ das Pult, ich verspürte plötzlich einen Stoß in meinen Allerwertesten und flog mehr, als ich ging, direkt bis zum Mikrofon. Die illustre Gesellschaft starrte verdattert auf das Geschehen. Mir blieb nichts anderes übrig, als eine Brandrede zu halten. Wütend wegen des Stoßes wurde sie sehr brillant, wie mir später der Attentäter bescheinigte. Er, der wohlgesonnene Türöffner, begründete: „Sie sind immer am besten, wenn sie sich ärgern. Da blieb mir nur der Angriff." Das Transparent mit der Aufschrift „Alle sehen fern, wir sehen schwarz für unsere Arbeitsplätze in der AKK" prangte hinter meinem Rücken, gehalten von zwei bärtigen Revoluzzern. Die Fotografen schossen Bilder, die Presse schrieb sich die Finger wund.

Am nächsten Tag suchten wir vergebens in unserem regionalen Blätterwald. Da hatte doch der Vorsitzende seine Beziehungen spielen lassen! Die junge Journalistin wurde von ihrem Boss angewiesen, den Bericht zu vernichten. Die bundesweiten, überregionalen Zeitungen brachten das Ereignis mit Vorrang.

Die Ära Pilotprojekt war zu Ende gegangen, die Lobeshymnen verklungen, wir erlebten neue Geschäftsführer, gleich zwei an der Zahl, die die Nachfolge des scheidenden angetreten hatten. Sie rekrutierten sich aus der Seilschaft um den verflossenen Chef, einer war Hausjurist, der wenig später die Behörde übernahm, einer hatte Verwaltungserfahrung aus der Kreisverwaltung. Ein Kaufmann, den wir bitter nötig gehabt hätten, schien nicht gebraucht zu werden. Dabei fehlten an allen Ecken und Enden Geld, Finanzmittel, um die für das Pilotprojekt angeschaffte technische Einrichtung zu ergänzen und umzugestalten. Der Kabelgroschen floss nicht mehr. Damit hätten wir erfolgreich auf dem Markt bestehen können. So aber fehlte es an technischem Equipment. Im Hörfunk betrieben wir zwei winzige Studios für den Sendebetrieb. Wenn ein Studio ausstieg, musste die Produktion im baugleichen anderen unterbrochen werden. Dem großen Studio, das für Produktion vorgesehen war, fehlten wichtige Komponenten wie Hall, Zuspielgeräte, eine Ausstattung an Geräuschen, eben alles, was unverzichtbar ist, wenn man vorwiegend von Werbeaufnahmen leben will.

Wir versuchten den Mangel durch Erfindungsgeist auszugleichen. Eines Tages fragte eine Redakteurin an, ob ich eine kriechende Raupe darstellen könne. Ich konnte eigentlich nicht. Wie soll man eine Raupe hörbar machen? Guter Rat war teuer, und ich hatte nicht einmal einen billigen. Aber die Aufgabe reizte mich und der Schalk im Nacken trieb mich an, es zu versuchen, ich akzeptierte. Während des Telefonats hatte ich mit den Körnern der Hydrokultur gespielt, deren Pflanze aus Lichtmangel ein kümmerliches Dasein fristete. Ich rieb die kleinen rötlichen Kunststoffkugeln aneinander und hörte ein kratzendes Geräusch. „Wie eine Raupe, die über die Blätter kriecht", kam es mir in den Sinn. Und damit war die Idee geboren. „Wenn man das Kratzen verstärkte und etwas verzerrte?" Ich kramte in meiner gedanklichen Mottenkiste für Geräuschemacher. Ich hatte beim Bayerischen Rundfunk einen genialen Künstler erlebt, der mittels einer Plastiktüte ganze Armeen marschieren lassen konnte. Gesagt, getan, ich nahm auf, verzerrte, verhallte, schnitt und nach einer halben Stunde präsentierte ich der verblüfften Dame aus der Werbebranche eine Raupe, die so intensiv über die Blätter des Gummibaums zu kriechen schien, dass sicher alle Hausfrauen den Dünger für ihren Heimdschungel kaufen würden.

Im Fernsehbereich herrschten ähnliche Zustände. Die parallele Abwicklung von ganz verschiedenen Sendern führte immer wieder zu Kollisionen. Das Personal wurde eher noch ausgedünnt, man hatte ja kein Geld zu verschenken, das Programm wurde jedoch erweitert. Immer im Halbdunkel, bei schlechter Luft und Temperaturstürzen aus der bockenden Klimaanlage erkannte man die Kollegen, die dort Dienst schoben, bereits an den Augenringen. Die Wechselschicht erzeugte Unwohlsein bis hin zur Krankheit, wir hatten einen hohen Krankenstand zu verkraften. So wurde auch im Keller noch ein Studio mit einem Schnittplatz eingerichtet, der nach der Pilotphase nicht mehr von den öffentlich-rechtlichen Anstalten genutzt wurde. Sie hatten ihre Schlussfolgerungen aus dem Pilotversuch gezogen und setzten sie zum Leidwesen ihrer Mitarbeiter um.

Im Haus schlich ein Gerücht durch die Flure. Angestoßen von vielen Zeitungsberichten, dementiert durch die Mainzer Politik und verdrängt von der Geschäftsleitung, wuchs das kleine Gerücht langsam zum Riesengespenst heran. Unsere Hauptkunden wollten die AKK verlassen, nach Mainz umziehen. Sie besaßen schon längst die Grundstücke in der Landeshauptstadt für den Neubau ihrer Sendezentralen. Verträge, Versprechen? Was kümmerten sie die Meldungen von gestern. Die Stadt Mainz war anscheinend freizügiger in der Zusage von Zuschüssen. Man wollte weg aus der ungeliebten Chemiestadt. Da half auch keine vorgehaltene Technik, kein eingespieltes Team. Man verlangte die Scheidung mit jedem Tag heftiger. Und wie im normalen Leben versuchten die Veranstalter auch hier Punkte für ihr Ausscheiden zu sammeln. Was war einfacher, als das Personal zu beschuldigen, es arbeite schlecht und unprofessionell. Jeder kleinste Fehler wurde dazu missbraucht, die Trennung vorzubereiten.

SAT.1, unser Zugpferd, trieb seinen Auszug voran. Sie hatten den Versuch benutzt, um auf dem Markt Fuß zu fassen, vom Kabelgroschen hatten sie profitiert. Nun hatte der Mohr seine Schuldigkeit getan, wir sollten zurückbleiben. Die Landeshauptstadt bot einen Platz für das Sendezentrum, die Nachrichten wurden weiterhin aus Hamburg eingespielt. Sie bauten die Zentrale und zogen um, die Fernsehstudios, die Abspieleinrichtung, alles lag in Ludwigshafen brach.

Nur den Rheinland-Pfälzischen Rundfunk, RPR, konnten wir vorerst halten. Die Verträge wurden nochmals verlängert. Wir ahnten, dass dies nur eine Verzögerung für den Ausstieg bedeutete. Die Landesregierung hatte mit ihrem Erlass, den Standort für privaten Rundfunk in Ludwigshafen weiterhin zu halten, einen Aufschub für die AKK erwirkt. Doch wir konnten dauerhaft nicht auf verlässliche Kunden verzichten, das wussten wir.

Wir sahen das Wetterleuchten am Horizont, da tauchte eine neue Sonne auf, ein türkischsprachiger Fernsehsender, der erste Privatsender der Türkei. Er sollte über den Ost-Beam des Satelliten ECS 1 in die Türkei gestrahlt werden. „Star 1" wurde gegründet. Sie erhielten eine Lizenz in Rheinland-Pfalz, Sendezentrum sollte Ludwigshafen sein. Die Bedingungen muteten abenteuerlich an. Das Personal für Redaktion und Sekretariat flog man ausnahmslos aus der Türkei ein, die Kommunikation zwischen den deutschen Technikern und der Redaktion sollte in englischer Sprache geführt werden. Das Programm war ausnahmslos für den türkischen Markt bestimmt und in Deutschland nicht empfangbar.

Damit änderte sich das Klima im Betrieb ganz wesentlich. Es duftete in den Kaffeeküchen exotisch, orientalische Musikfetzen schwebten durch das Haus, was vorerst keinen störte, bis eines Tages die Kolleginnen beim Betriebsrat aufkreuzten und sich beschwerten. Auch mir fiel auf, dass in der Firma neue Sitten eingeführt worden waren. So grüßte kein türkischer Redakteur, sie besetzten die Küchen, die Mikrowellen gaben den Geist auf, weil die jungen Redakteure anscheinend nicht wussten, dass Metall in der Mikrowelle schmelzen kann. Wir suchten zum Beispiel einmal einen halben Tag lang nach einem schwelenden Kabelbrand, bis wir entdeckten, dass die Ursache der Rauchentwicklung in der Mikrowelle lag. Ersatz durch die Geschäftsleitung wurde verweigert mit der Begründung, dass für Vandalismus kein Geld vorhanden sei. Aber all die Pannen wären noch zu übersehen gewesen, ein Aufstand des Personals drohte erst, als man bemerkte, dass die türkischen Paschas keinerlei mitteleuropäische Gepflogenheiten im Umgang mit Frauen pflegten, sie benahmen sich für unsere abendländischen Begriffe unmöglich.

Ich sprach mit dem Chef, der aus allen Wolken fiel. In der AKK hatte ich von Anfang an keinerlei Diskriminierung gespürt. Als weibliche Technikerin war ich in den Anfangszeiten meiner öffentlich-rechtlichen Berufserfahrung noch daran gescheitert. Man hatte mir keine Aufstiegschancen eingeräumt, nicht aus fachlichen Gründen, sondern wegen der Tatsache, dass ich Röcke trug. Jetzt wurden die Probleme ausgeräumt. Auch wenn ich sonst mit dem Boss im Clinch lag, hier zollte ich ihm uneingeschränkt Beifall. Er handelte. Die Türkencrew erhielt eine eigene Küche im Keller, die Machos wurden angewiesen, sich höflich zu verhalten. Das Zusammenleben funktionierte, auch wenn nach wie vor die meiste Unterhaltung der Fernsehcrew türkisch verlief, aber das störte bald keinen mehr. Die Kollegen im Fernsehbereich gestanden mir, dass sie längst ein wenig Türkisch verstünden. Sollten doch die Türken ihre Heimatsprache benutzen, um ungestört über sie herziehen zu können. Sie verstanden so manches, aber sie gaben es nie zu.

Dann brach der erste Golfkrieg aus. In der Türkei wurde nur berichtet, was der dortigen Regierung genehm schien, Privatfernsehen war noch nicht zugelassen, es herrschte die Zensur. Damit schlug die Stunde des Senders Star 1. Der Versuch, Kameraleute der AKK in das Krisengebiet zu schicken, scheiterte an ihrer Weigerung und zwang die Fernsehmacher von Star 1 zu einem genialen Schachzug. Sie mieteten ein weiteres Studio bei uns, übernahmen das Programm von CNN, ob legal oder illegal, kann ich nicht sagen, und beauftragten zwei Simultandolmetscherinnen mit der Übersetzung der englischsprachigen Nachrichten ins Türkische. Das Team, bestehend aus Redakteuren und den Übersetzerinnen, wurde einfach im Studio einquartiert. Sie schliefen auf Feldbetten, kochten in der winzigen Küche nebenan und kampierten so zwei lange Wochen im Keller, jederzeit bereit, die Entwicklung im Grenzgebiet zum Irak zu übertragen. Das schaffte den Durchbruch bei den Zuschauern des Staatsfernsehens in der Türkei. Man arbeitete an der Zulassung von Privatprogrammen.

Während dieser Neuorientierung im Betrieb lief meine Gewerkschaftsarbeit weiter. Die Gewerkschaften hatten endlich die Zeichen der Zeit erkannt, waren doch die öffentlich-rechtlichen Anstalten mit im Versuchsboot gesegelt und hatten Methoden ausprobiert, die sich nun in den einzelnen Sendern auszuwirken begannen. Die Forderungen der in privaten Medienbetrieben Beschäftigten zwangen zum Umdenken. So bereitete die RFFU Tarifvertragsverhandlungen vor, den ersten Tarifvertrag für Privatbeschäftigte, der in der gesamten Bundesrepublik gelten sollte. Für die Verhandlungen hatte man mich als Frau der ersten Stunde in das Verhandlungsteam berufen. Wir trafen die Medien-Moguln zum Verhandlungsmarathon, gut präpariert und entschlossen, nach der langen tariflosen Zeit endlich einen Vertrag abzuschließen, der uns ein wenig Sicherheit böte. Wir, die AKKler, hatten ja als Einzige bereits Betriebsvereinbarungen erwirkt, die sich sehen lassen konnten. Die Nachfolgefirma fühlte sich allerdings nicht mehr daran gebunden und versuchte die Regelungen aufzuweichen. Wir mussten ein Ergebnis erzwingen.

Die Gegenseite zog ins Verhandlungszimmer ein und begrüßte jeden Einzelnen mit Handschlag. Plötzlich kam Leben in die Zeremonie, der Sprecher der Arbeitgeber brach in einen Jubelschrei aus, er hatte mich erkannt. Da stand er vor mir, der ehemalige Justiziar der AKK und spätere Direktor der Landesbehörde. Der zierliche Mann reckte sich zu voller Größe empor und wäre mir vor Freude fast um den Hals gefallen. So intim waren wir früher nicht miteinander umgegangen, aber die Erinnerung an seine Lehrzeit beim Pilotprojekt ließ ihn für einen Moment vergessen, dass wir Gegner keine Gefühlsausbrüche zeigen durften. Er schwelgte trotz der betretenen Gesichter seiner Partner ein paar Minuten in Nostalgie und verklärte unsere Zusammenarbeit: „Wir haben oft und hart verhandelt, sind uns aber immer einig geworden. Das hoffe ich auch für heute."

Wir wurden handelseinig, nach langem zähem Ringen lag der Tarifvertrag unterschriftsreif auf dem Tisch. Befriedigt zogen die Kontrahenten ab, sie hatten vernünftige Kompromisse geschlossen. Nur die Kollegen meines Betriebs maulten, denn unsere Betriebsvereinbarung, die uns der Professor beschert hatte, war besser. Sie überlegten, ob es sich noch lohne, Mitglied in der Gewerkschaft zu bleiben. Den Beitrag konnten sie sich sparen, solange der Betriebsrat sich für sie zerriss.

Die RFFU hatte begriffen, dass nur Einigkeit unter den Gewerkschaften in der kommenden Ära das Überleben sichern konnte. Man dachte über einen Zusammenschluss von sieben Gewerkschaften nach. Die Gründung einer Vertretung wurde vorbereitet. Auch ich arbeitete mit am Konzept der Satzung. Dafür opferte ich eines Tages meine Freizeit und fuhr zu einem Treffen in ein Schulungszentrum nahe Plochingen. Wir führten lange, ermüdende Debatten über die Richtlinien, die den Kitt für die Bildung der IG Medien bilden sollten. Unterschiedlicher konnten die Einzelinteressen der verschiedenen Partner nicht sein, denn hier wollten Individualisten, darunter Journalisten, Zauberer, Musiklehrer, Drucker, Techniker und andere Exoten ein gemeinsames Dach bauen, unter dem die vielen Arbeitnehmer im Medienbereich Schutz finden könnten.

Am letzten Tag sprach mich ein Kollege an, der mich interessiert über die AKK ausfragte und sich dann in einem Nebensatz erkundigte, ob wir den neuen türkischen Sender, den zweiten, auch in der AKK abwickeln würden. Die Lizenz würde das Land Rheinland-Pfalz schon in den nächsten Tagen erteilen. Ich erstarrte. „Wir haben nur Star 1, von einem weiteren Sender ist mir nichts zu Ohren gekommen." Sollte der Neue eine Lizenz unseres Landes erhalten, müsste er in Ludwighafen angesiedelt sein, sagte ich mir. Der Kollege lachte und plauderte aus dem Nähkästchen. „Die Lizenz stammt aus eurem Bundesland, aber gesendet wird meines Wissens aus England." „Das ist unglaublich, wenn die Nachricht der Wahrheit entspricht", dachte ich mir. So höhlte die Politik der Landesregierung, seit Neuestem auch noch von einer SPD-FDP-Koalition getragen, den Medienstandort Ludwigshafen aus. Meine Alarmglocken schrillten noch, als ich zu Hause eintraf. Ich stürzte zum Hörer und rief eine Nummer in der Staatskanzlei an, der Staatssekretär war uns immer wohlgesonnen und behilflich gewesen. Ich erreichte ihn und flehte um Hilfe. Ich wollte sofort einen Termin beim Chef der Staatskanzlei erhalten, den ich nach dem Regierungswechsel zwar noch nicht kannte, aber als Parteifreund ansprechen würde.

Eine Stunde später hatte ich die Zusage und erschien am nächsten Morgen im Allerheiligsten, das ich aus der CDU-Zeit ja schon kannte. Hinter dem Schreibtisch kam ein drahtiger, schon leicht ergrauter Mann hervor, der mir jovial die Hand schüttelte und, da wir beide ja der gleichen Partei angehörten, sofort zum Du überging. Er nahm mir gegenüber Platz, legte die Beine leger auf den nächsten Sessel und fragte, was ich denn so Wichtiges zu berichten hätte. Ich erzählte, zornig, atemlos, und schilderte die verzweifelte Lage nach dem Auslaufen des Pilotprojekts. Er gab zu, dass dieses Projekt kein Lieblingskind einer sozialdemokratischen Regierung sei, aber nun seien Tatsachen vorhanden, mit denen man leben müsse. Er beschloss, als Medienbeauftragter der Regierung sofort einzugreifen und griff zum Telefon, wählte die Nummer des Staatssekretärs im Wirtschaftsministerium, bei dem anscheinend unser Betrieb angesiedelt war, und der FDP-Mann musste hören, dass die Staatskanzlei für den Montag Punkt neun Uhr zu einem Gespräch einlade, er solle mit dem Direktor der LPR, der Landesbehörde, und dem Geschäftsführer der AKK erscheinen. Das Thema werde vor Ort bekannt gegeben. Ich staunte und freute mich zugleich. Da hatte sich meine langatmige Freizeitbeschäftigung doch gelohnt. Wir sprachen noch über manches, er erzählte aus seiner Zeit in Nordrhein-Westfalen und ich von den wilden Tagen in Ludwigshafen. Wir schieden freundschaftlich.

Die Woche hatte noch nicht geendet, da füllte ein neues Gesprächsthema die Gänge. Ein zweites türkischsprachiges Programm aus Ludwigshafen sollte die Türkei unterhalten, Teleon. Das Unternehmen Magic Box investierte zwei Millionen in die Technik und sendete ab April über Eutelsat. 22 Techniker wurden eingestellt, der Fernsehbereich brummte wieder. Mein Geschäftsführer blieb merkwürdig einsilbig. Ich nahm an, er kannte den wahren Sachverhalt, der ihm neue Einnahmen bescherte, und freute sich insgeheim, aber der Vermittlerin ein Dankeschön zu zeigen, war ihm doch zu peinlich.

Aber in späteren verzwickten Situationen kam er auf mich zurück. Er rief einmal am frühen Freitagabend bei mir zu Hause an. Ich erkannte an seiner Stimme, dass ihm der Anruf schwergefallen war, und musste ihm vorab bestätigen, dass dieser Anruf nie stattgefunden habe. Dann kam er zur Sache. Wieder einmal hatte er finanzielle Probleme, die RPR wollte endgültig auf die Dienste der AKK verzichten. Wieder brach ein Baustein aus dem brüchigen Gemäuer. Keiner seiner ehemaligen Parteifreunde ließ sich erreichen und konnte ihm helfen. Also bat er mich, mein Netzwerk zu aktivieren. Ich hatte wenig Lust, sagte ihm das auch, aber gleichzeitig erklärte ich, dass ich den Freundschaftsdienst für die Kollegen leisten würde. Er nahm es zur Kenntnis, und ich konnte noch einmal helfen.

Der Gründungsparteitag der IG Medien fand in Hamburg, im Kongresszentrum am Dammtor statt. Delegierte aller sieben Einzelgewerkschaften reisten an, die Hotels der Stadt schufen Platz für den Ansturm. Ich war direkt im Kongresszentrum untergebracht, da ich im Präsidium meiner Gewerkschaft sitzen sollte, zusammen mit Inge Jens und dem Fernsehdirektor des Süddeutschen Rundfunks. Ich betrachtete ehrfurchtsvoll die Haudegen der Gewerkschaft, die gelassen den Ablauf steuerten. Als ich 1960 beigetreten war, hatte ich mir das nicht träumen lassen. In sieben Sälen des Zentrums tagten gleichzeitig die einzelnen Partner, um die Einzelgewerkschaften aufzulösen und dann am Ende der Woche die offizielle Gründung zu vollziehen. Die IG Medien wurden aus der Taufe gehoben, wir hofften alle, sie würde uns zum Erfolg führen.

Während eines Gewerkschaftstages treffen sich die Delegierten natürlich auch, um Absprachen zu treffen, alte Bekanntschaften zu erneuern und Erfahrungen auszutauschen. Dafür benötigt man dann gemütliche Gastwirtschaften, wo am Abend gekungelt wird. Man bildet Koalitionen für die anstehenden Wahlen. Diese Treffpunkte auszusuchen, ist Schwerarbeit. Ich konnte ein Lied davon singen, hatte ich doch im vergangenen Herbst die Lokalitäten vorbesichtigt, als der letzte Gewerkschaftstag der RFFU in Ludwigshafen anberaumt wurde, eingedenk des Starts in ein neues Medienzeitalter. So begann die neue Medienzeit in Ludwigshafen und die alte Gewerkschaftszeit endete in Hamburg.

Hamburger Kollegen des ZDF-Studios führten uns eines Abends in die Halbwelt auf St. Pauli ein. Ich hätte sonst kaum jemals Gelegenheit erhalten zu derartigen Einblicken. Der ZDF-Mann kannte wirklich alle, vom Türsteher bis zur Prostituierten, und erzählte freimütig von Erlebnissen beruflicher und privater Art. Nach dem ausgiebigen Bummel durch das Milieu fielen wir gegen Mitternacht in einem portugiesischen Lokal ein. Der Wirt begrüßte uns wie alte Freunde und öffnete seine Küche nochmals zum mitternächtlichen Schmaus. Dann rief er vier Taxen an, die uns sicher in die vier verschiedenen Unterkünfte jonglierten. Mein Taxifahrer brachte mich bis zum Hoteleingang und wartete, bis ich die Drehtür passiert hatte. „Die Nächte sind gefährlich", erklärte er mir und wünschte eine gute Nacht.

Ein Besuch des Musicals „Cats" rundete die Abende ab. Wir trafen uns zur Abschiedsveranstaltung im großen Plenum. Die Neuwahlen spülten neue Gesichter in den Vorstand. Mich hätte man gern nominiert, erklärte mir der scheidende Vorsitzende der RFFU, aber man hatte davon abgesehen. Nur freigestellte Betriebsräte konnten die Zeit aufbringen, für die Gewerkschaft zu arbeiten. Die Freistellung in der AKK wäre niemals möglich gewesen, denn nur ein Betrieb mit über dreihundert Angestellten stellt einen Mitarbeiter frei. Das Betriebsverfassungsgesetz wurde am grünen Tisch geschrieben, seine Verfasser sahen keinen Bedarf an Mehrarbeit in kleineren Firmen. Dabei sind dort die Probleme meist größer und vielfältiger. Ich habe also lange Jahre neben meiner regulären Arbeit für die Kollegen gekämpft. Der Geschäftsführer zeigte sich auch sonst kleinlich, wenn ich meine Aufgaben im Stadtrat wahrnehmen musste. Dabei hatte ich die Aktivitäten zurückgeschraubt und möglichst auf die Freizeit verlegt. Eines Tages forderte der Knauser sogar eine Aufwandsentschädigung für meine Abwesenheit vom Dienst bei Stadtratssitzungen. Das Gesetz hat es so vorgesehen, die Stadt war allerdings davon ausgegangen, dass keine Firma jemals Gebrauch davon machen würde. So beanspruchten wir auch in diesem Punkt das Erstlingsrecht. Man rümpfte die Nase und sah gleichzeitig, dass eine Firma in dieser Stadt, die sich eine ehrenamtliche Tätigkeit nicht mehr leisten kann oder will, auch keine Zukunft mehr für sich sieht.

Die Jahre vergingen, wir hatten uns an die ewigen Finanzprobleme gewöhnt. Aufträge flatterten auf den Tisch, ein Ü-Wagen für die aufkommende Satellitenübertragung stand auf dem Hof. Die Mannschaft auf dem Wagen turnte durch Europa, übertrug Autorennen, Sportereignisse und die Unruhen in Hoyerswerda. Überall tauchte das Logo der AKK auf, der Zweig der Fernsehübertragung blühte auf, da die Anstalten noch nicht über die neueste Technik verfügten. Eine Weile lang gehörten wir zu den Spitzenreitern der Satelliten-Übertragung.

Daneben arbeitete ich für das Hörfunkstudio des Südwestfunks, das sich im Obergeschoss eingerichtet hatte. Sie verfügten über eine echte, mir wohlbekannte Technik, besaßen aber keinen Techniker, der sich darin ausgekannt hätte. Sie baten die AKK um Unterstützung, ich übernahm die Zusatzaufgabe selbst. Wer von meinen Leuten hatte denn schon Erfahrung gesammelt mit öffentlich-rechtlichen Gepflogenheiten? Allmählich übernahm ich das Studio und verständigte mich mit der Messtechnik, die in Mainz saß und das Studio mitbetreute. Sie konnten es erst gar nicht glauben, dass eine Tontechnikerin genaue Angaben über Fehler machte, sogar Eingriffe in die erprobte Technik vornahm. Wenn ein Modul ausfiel, hätten sie früher einfach den Betrieb für einen Tag eingestellt, gestanden sie mir.

Aber jetzt jonglierte und reparierte eine „Private" in ihrem Heiligtum. Erst als ich meine Vergangenheit beim Bayerischen Rundfunk ins Spiel brachte, ließ man mich gewähren. Ich kam ja aus dem gleichen Stall.

Bei Großereignissen buchte man mich immer. So standen wichtige Besuche beim Bundeskanzler Kohl an. Innerhalb von zwei Wochen übertrug ich die Visiten der mächtigsten Männer der Welt. Erst reiste Präsident Bush senior an und genoss neben Speyrer Dom und Oggersheimer Gemütlichkeit den Saumagen im „Deidesheimer Hof". Der SWF übertrug das Ereignis in alle Funkhäuser der Republik. Ein Redakteur aus Mainz war erschienen, brachte zur Verstärkung eine Bandmaschine mit und rümpfte die Nase, als er mich erblickte. Eine fremde Technikerin, das konnte nicht gut gehen. Er begab sich mürrisch ins Studio, während ich die Livesendung vorbereitete. Dann rückte der Zeiger auf voll und wir waren auf Sendung. Er machte seine erste Ansage, schilderte die illustren Gäste und gab mir das Einsatzzeichen für die erste Einspielung. Ich funktionierte, sein Gesicht hellte sich auf. Wir fuhren unsere erste gemeinsame Sendung, eine von ungezählten an diesem Tag. Nebenher hörte ich die Ereignisse vor Ort mit, nahm nebenbei auf Band auf, schnitt in den Sendepausen. Es machte Spaß wie in alten Zeiten beim richtigen Rundfunk. Das Prozedere hatte sich nicht verändert, der Umgangston, die Zeichensprache, das Engagement. Man wusste, was zu tun war, und handelte ohne lange Diskussion. Ich stand unter Strom, und ich genoss es. Am Ende buchte er mich gleich für den zweiten Besuch, Präsident Gorbatschow. Er schien mich in Mainz in höchsten Tönen gelobt zu haben. Die eigene Technikerin, die er beim zweiten Besuch mitbrachte, überließ mir die Regie mit den Worten: „Das ist dein Studio, ich bin nur zur Assistenz mitgekommen."

Der Redakteur versuchte, mich für seinen Sender nach Mainz zu locken, aber das Angebot reizte mich nicht. Sie wollten mich mit dem Anfangsgehalt einer Redaktionssekretärin abspeisen. Ich verzichtete, auch wenn mir bewusst war, dass die eigene Firma früher oder später sterben würde.

In Ankara hatte ein Wahlkampf getobt, der bis zu uns herüberschwappte. Die Türken sind temperamentvolle Wahlkämpfer. Manchmal sendeten wir unser Programm ins Leere. Dann hatte wieder einmal ein Lastwagen den Uplink zerstört, auf Deutsch die Satellitenanlage in Ankara einfach über den Haufen gefahren, wenn eine Sendung dem Gegner nicht in den Kram passte. Doch nun waren die Kampfgesänge verklungen, die neue

Regierung ließ Privatfernsehen im eigenen Land zu. Darauf hatten unsere Veranstalter nur gewartet. Wir erlebten einen Rückzug auf Türkisch. Zuerst entließ man die türkischen Mitarbeiter fristlos, sie erhielten kein Gehalt mehr, man drückte ihnen einen Flugschein in die Hand und schickte sie nach Hause. Von Arbeitsgesetzen hatte man noch nie Kenntnis genommen. Dabei galt auch für die türkische Belegschaft das deutsche Arbeitsrecht. Die Mitarbeiter drängten sich verzweifelt bei mir im Hörfunk und baten um Rat und Hilfe. Sie standen ohne Geld in einem fremden Land. Der Arbeitgeber hatte bereits das Weite gesucht und für die nächsten Tage den Möbelwagen bestellt. Ich beriet mich mit dem Bereichsleiter des Fernsehens und besorgte dann umgehend einen international erfahrenen Anwalt in Mannheim. Der kümmerte sich um etwas Ordnung, riet den Mitarbeitern, die Geräte der türkischen Veranstalter zu bewachen und erst freizugeben, wenn die ausstehenden Gehälter bezahlt worden seien. Wir schoben mit ihnen wochenlang Wache. Dann verließen uns die Programmveranstalter und hinterließen Berge von leeren Ordnern sowie unbezahlte Rechnungen in Millionenhöhe bei Telekom und AKK.

Außerdem standen plötzlich viele Techniker der AKK ohne Arbeit da. Der Chef dachte sofort an Kündigung, am liebsten ähnlich, wie das die Kunden gehandhabt hatten. Dagegen stand das Recht. Der Betriebsrat formulierte eine Betriebsvereinbarung mit Abfindungen für die teils langjährigen Mitarbeiter. Der Geschäftsführer wollte nicht so recht zustimmen, wir sollten doch erst den nötigen Interessenausgleich unterschreiben, den er für das Arbeitsamt benötigte. Wir blieben hart, verhandelten einen langen Tag die Abfindungsregelungen und unterschrieben erst, als der Zeiger der Uhr noch fünf Minuten bis zur Abgabe des wichtigen Papiers signalisierte und der Chef mürbe allem zugestimmt hatte.

In den kommenden Wochen saßen die arbeitslosen Kollegen im dunklen Studio und langweilten sich. Zur Strafe für den Erfolg des Betriebsrats hatte der Geschäftsführer angeordnet, dass auch bei Mangel an Arbeit keiner vorzeitig freigestellt werden dürfe. Sie verzweifelten, bis uns eine Idee kam. Wir würden die wartenden Kollegen einfach ausbilden in den noch vorhandenen Abteilungen, wenn sie es wünschten. Ein Zeugnis würde ihnen bei der Arbeitssuche nützlich sein. Manche dachten auch darüber nach, das abgebrochene Studium wieder aufzunehmen. Gesagt, getan. Der Technische Leiter kam mit ins Boot. Wir veranstalteten Seminare, schufen Praktikumsplätze und gaben die Devise aus: „Jeder soll mitnehmen, was er kann, kein Inventar, aber Wissen. Daran trägt man nicht schwer." Ich gab die Parole aus: „Klaut, Leute, klaut mit den Augen und Ohren!" Sie nahmen die Chance gerne wahr. Sie gestalteten Sendungen mit eigenen Platten, mit Reportagen, die sie selbst aufgenommen und bearbeitet hatten. An jedem Nachmittag sendeten sie ein Programm für die Kollegen. Am Ende winkte das Zeugnis, vom Technischen Leiter unterschrieben und gestempelt. Wir freuten uns noch später über abgeschlossene Studien und erfolgreiche Anstellungen in ganz Deutschland.

Das Haus leerte sich zusehends. Einzig der verbliebene Hörfunk schrieb schwarze Zahlen. Aber der Druck der RPR-Betriebsgesellschaft, die inzwischen alle Mitveranstalter ausgezahlt hatte und die Frequenz nun allein besaß, verstärkte sich mit jedem Tag. Die Studioleiter hatten gewechselt, geblieben war der Wunsch der Radiomacher nach Trennung. Sie bauten die verwaisten Fernsehstudios für ihre Zwecke um und der Tag kam, der mich ohne Mannschaft vor leeren Steckfeldern fand. Zuletzt hatte ich, der Kapitän, die Brücke zu verlassen.

Die Finanznot hatte längst Formen angenommen, die den Betrieb zwangen, auch unseriöse Angebote anzunehmen. Beinahe hätten wir die Abwicklung eines Pornokanals übernehmen müssen. Nur das noch günstigere Angebot eines Konkurrenten bewahrte uns vor diesem Abstieg. Die Geier kreisten schon lange über unseren Köpfen. Nachdem die Subventionen versiegt waren und bei der AKK nichts mehr zu erben war, bereiteten verschiedene Firmen sich darauf vor, die Leiche zu fleddern. Sie mussten schnell sein, das Mainzer Wirtschaftsministerium leitete 30 Millionen DM aus dem Etat des öffentlichen Nahverkehrs zur Rettung, wie man vorgab, nach Ludwigshafen. Ich bestreite bis heute den hehren Vorsatz. Man könnte genauso gut annehmen, dass damit die Übernahme des Hörfunks und die Umfunktionierung in einen Ladenfunk versüßt werden sollte. Hätten sich sonst so viele Interessenten darum gerauft? Arbeitsplätze wurden damit nicht gerettet, wie man es großmäulig verkündete. Eine Anschubfinanzierung aus Steuermitteln ist heute selbstverständlich geworden, auch wenn jeder weiß, dass Steuergelder dafür herhalten müssen, dass sich die Privatindustrie noch in Deutschland engagiert. Sind die Mittel verbraucht, sucht sie neue Geldquellen. Die Landesbanken wurden in gleicher Weise gerettet, die Ursachen der Bankenkrise vertuscht. Man verfrühstückt ja nicht das eigene Geld.

Noch einmal versuchte ich, die SPD-Vertreter in der Landesregierung über gewisse Machenschaften aufzuklären. Ich verfügte über genügend Zahlenmaterial, um die Schiebereien zu belegen. Ich übergab es unseren Abgeordneten und hoffte auf ihre saubere Einstellung. Wie ich mich täuschte! Nach einigen Wartewochen vermittelte mir ein Fraktionskollege Folgendes: „Wir haben lange darüber beraten und mussten dir recht geben. Aber wir wollten vermeiden, dass die Koalition mit der FDP platzt. Also schrieben wir den Posten ab."

Das Ende vom Lied ist schnell erzählt. Ich erfuhr die ganze Härte des Mobbings. Da man mich wegen meiner Betriebsratstätigkeit nicht einfach kündigen konnte, versuchte man es mit subtileren Methoden. Ich wurde in den Ladenfunk versetzt, der Veranstalter P.O.S., der das Ringen um die 30 Millionen gewonnen hatte, musste mich am Computer einarbeiten. Ich sollte die Werbespots mit Datenzeilen versehen, damit der jeweilige Receiver die passende Werbung für das Warenhaus erkennen konnte. Es handelte sich um die stumpfsinnigste Aufgabe, die mir jemals untergekommen ist. Ich versuchte aber trotzdem wie gewohnt, mein Bestes zu geben, und lernte dazu. Wären da nicht die beiden jungen Dämchen gewesen, die aufgehetzt von ganz oben nur das eine Ziel vor Augen hatten, mir Fehler nachzuweisen. Meine Eingaben in den PC fand ich zum Beispiel gelöscht und musste von Neuem beginnen. Als die beiden dann noch erkannten, dass mir ihr Kettenrauchen die Bronchien verätzte, fanden sie ein Mittel, das mich krank werden ließ. Aber aufzugeben war nicht mein Ding.

Der Chef drängte mich, selbst zu kündigen, er wies auf die dicke Akte hin, die er über mich gesammelt hatte. Ich konnte ihm eine ähnliche vorweisen, denn ich hatte in weiser Voraussicht Gesprächsnotizen gesammelt und ein Tagebuch geführt. Ein Anwalt riet mir, nur nachzugeben, wenn die Abfindung entsprechend ausfalle. Ich hielt aus und kämpfte. Dann eines Tages fragte mich der oberste Boss, wie lange wir das Spiel noch weitertreiben sollten. Ich war müde und antwortete: „Das kommt ganz auf Ihr Angebot an." Er witterte Morgenluft und fragte mich nach meinen Wünschen. Nun begann das Ringen um das beste Angebot. Schließlich fand ich es akzeptabel, ich wäre auch mit weniger zufrieden gewesen, wenn ich sein Gesicht nicht mehr hätte sehen müssen. Er verlangte sofortigen Rücktritt vom Betriebsrat, ich forderte eine sofortige Freistellung von der Arbeit und eine Kündigung durch den Betrieb. Schließlich wollte ich vom Arbeitsamt nicht gesperrt werden, das heißt ein Vierteljahr auf Arbeitslosengeld verzichten. Die Forderung nach sofortiger Freistellung ließ die Verhandlung fast scheitern. Schließlich gab er nach, weil ich ihm vorhielt, was er von mir zu erwarten hätte, würde er mich wie die Kollegen aus dem Fernsehbereich weitere drei Monate festhalten. Die Aussicht auf eine Betriebsratsvorsitzende, die nur noch Interesse haben könnte, ihn mit Betriebsversammlungen und Anträgen zu nerven, brachte ihn dann doch zu der Einsicht, mich umgehend von der Arbeit zu befreien. Der Vertrag wurde unterschrieben und sofort wirksam. Ich verabschiedete mich mit einem Schreiben von den Kollegen, trat in einer sofortigen Sitzung vom Betriebsrat zurück und riet den betroffenen Kollegen, den neuen Vorsitzenden umgehend zu wählen: „Die Königin ist tot, es lebe der König."

Mir blieb, meine Habseligkeiten zu packen, die Topfpflanzen zu verstauen und zu verschwinden. Die Kolleginnen fielen aus allen Wolken, als ich meinen Platz räumte. Sie verstanden die Welt nicht mehr, die zuließ, dass sie sich ihre Mobbereien sparen konnten.

Es war Mittag, als die schwere Glastür hinter mir zuschlug. Ich trat ins Freie, nahm einen tiefen Atemzug. Die Luft roch nach Sommerblumen und Freiheit. Sie hatten die Inschrift entfernt, die mir so lange vom Schlachthofturm zugerufen hatte: „Quo vadis?" Wohin würde ich gehen? Auf meine Insel im Rhein. Der Strom lockte, er würde mir die Antwort geben. Ich hatte es plötzlich eilig.

Wellenreiter

Leicht lag der Kiesel in meiner Hand und wartete auf den Wurf ins Nass, um wieder zu schwimmen, getrieben zu werden vom Strom, bis er das nächste Mal an Land gespült würde. Ich saß am Rhein, träumte, hielt Rückschau und war zufrieden, dass ich die vergangenen Stürme so glimpflich überstanden hatte. Mein Leben war wie mitgerissen von einem Hochwasser gewesen, dem ich nur durch heftiges Schwimmen entkommen konnte. Bis der Fluss Erbarmen zeigte und mich unsanft an Land setzte. Ich war gestrandet und nach einem langen Urlaub zufrieden und ruhiger zurückgekehrt. Ich hatte wieder Kraft für ein neues, hoffentlich ruhigeres Leben. So wog ich den Stein in den Händen und warf ihn mit Schwung zurück ins Wasser, sah den Wellen nach, die erst heftig spritzten, dann in auslaufenden Kreisen endeten. Man konnte bei der Betrachtung philosophieren über das Leben und – ach, ich bin selten so nachdenklich. Mein Metier ist die Tat.

Ich ging die wenigen Meter nach Hause und fand ein Kuvert mit einer Einladung zu einem Empfang. Das feine Papier zeigte mir, dass ich auf eine erlesene Gesellschaft treffen, geschliffene Reden, großartige Häppchen und Getränke genießen würde. Die Beteiligung der großen Firma, von der wir alle abhängig sind, versprach einen exquisiten Abend.

Wir, mein Mann und ich, kämpften uns durch Gruppen lachender, angeregt diskutierender Menschen zum Buffet, schnappten uns ein Glas und mischten uns unter die Leute, schüttelten ausgestreckte Hände und gehörten dazu. Der Abend konnte nicht besser werden. Da legte sich eine Hand auf meine Schulter. Ich drehte mich halb um. Vor mir stand Dr. Schneider, ein Bekannter aus langen, gemeinsam erlebten Politikerjahren. Derselben Partei angehörend pflegten wir ein freundschaftliches Du, wobei mir nie der Respekt ausging vor diesem hochgewachsenen Mann. Er bestach durch seine klaren Ansagen, seine Verlässlichkeit, seine natürliche Würde, die nie zu Unterwürfigkeit veranlasste, aber jedem Gegenüber Respekt einflößte. Er grüßte kurz und bugsierte mich mit einem „Den musst du kennen lernen!" durch die Gesprächsgruppen bis in die Ecke des Nachbarsaals. Dort stand etwas verloren ein älterer Herr, schlank, mittelgroß, weißhaarig, und beäugte misstrauisch die ihm fremde Gesellschaft. Vor ihm hielten wir an. Dr. Schneider stellte uns vor und erklärte dem Herrn: „Hier ist sie. Sie weiß mehr als wir alle von den privaten Medien. Fragen Sie, was Sie wissen wollen. Ich lasse Sie alleine", sprach's und verschwand in der Menge.

Das Gespräch kam allmählich in Gang. Mein Gegenüber erwies sich nicht gerade als Partylöwe. So musste ich den Anfang machen, wollte ich nicht den ganzen Abend mit ihm verbringen und mir den Genuss einer leichten Unterhaltung mit vielen Bekannten und Freunden, dem Austausch des neuesten Klatschs, der Verabredung weiterer solcher Treffen verderben. Bald stellte sich heraus, dass der Herr aus Bonn angereist war, um die Möglichkeit eines Unternehmens im Hörfunkbereich abzuklären. Seine Vorstellungen waren noch nebulös. Er als Vorsitzender eines katholischen Vereins hatte sich in den Kopf gesetzt, in unserer Stadt einen Sender im Kabel zu installieren, die Menschheit, oder zumindest die rechtgläubige, katholische, mit einem Programm zu beglücken, das jeden noch so geringen Zweifel an der Kirche mit dem Stumpf ausrotten sollte. Schon morgens könnte man zukünftig bei Kirchenmusik seine Brötchen bestreichen. Meine Zweifel an diesem Vorhaben, ob sich die Menschheit so ein Programm dringend wünschen könne, wischte er großzügig weg. Ich ließ ihm seinen Glauben, beantwortete geduldig seine Fragen zu Lizenz, Kabelreichweite, Ansprechpartnern und technischen Voraussetzungen. Dabei bemühte ich mich um einfache technische Formulierungen. Der Herr hatte, wie ich bald heraushören konnte, keinen blassen Schimmer. Na, sollte er halt weiter träumen. Ich versuchte einige Male den Absprung ins lachende Getümmel, aber Herr Hilf, so nannte sich der fromme Mann, hatte keinerlei gesellschaftliche Erfahrung mit den gängigen Gepflogenheiten eines gepflegten Smalltalks und so blieb mir nichts übrig, als den Herrn bis zu dem Zeitpunkt zu ertragen, als er plötzlich entsetzt auf seine Uhr starrend nach einem Taxi verlangte. So spät war keines sofort herbeizuzaubern und mein inzwischen dazugestoßener Ehemann erklärte fröhlich: „Wir können Sie ja zum Bahnhof bringen." Damit endete ein vielversprechender Abend. Ich eilte zum Kleinwagen, lud den Mann mit der schwarzen Baskenmütze samt Ehegespons ein und fuhr mit leicht überhöhter Geschwindigkeit über die Rheinbrücke in die Nachbarstadt, wo der Bonner Abgesandte gerade noch seinen Zug erreichte. Dann vergaß ich ihn fast sofort. Ein leichter Groll gegen den netten Dr. Schneider im Herzen wegen des verkorksten Abends verflog bald.

Wochen später läutete das Telefon. Nichts Besonderes bei uns, denn die Leute kannten die Nummer einer Stadträtin und benutzten sie bei allen Fragen und Beschwerden über die Obrigkeit. Schließlich wählt man, um eine Ersatzmutter zu haben, die sich schon kümmert.

Ich hob ab. Und damit begann zum wiederholten Mal der Kreislauf. Der Kiesel im Wasser wurde mitgerissen. Herr Hilf war am Apparat. Er bat um Mithilfe, Betreuung bei der Einrichtung eines Radiosenders, alles sei vorbereitet. Der Start sei noch für diesen Herbst 1995 vorgesehen. Nur so unwesentliche Details wie die Vergabe der Sendelizenz stünden noch aus, aber alles erfolge in den nächsten Wochen. Meine baldige Einstellung wurde mir in Aussicht gestellt. Ich überlegte nicht lange. In meinem Alter, mit meiner Erfahrung könnte so eine Aufgabe ... Die Gedanken überschlugen sich ... Was wäre da alles zu tun? ... Welche Mitarbeiter könnte man auftreiben? Ich schluckte meine Bedenken hinunter, überlegte nicht lange und sagte ja.

Wir vereinbarten einen Termin im Krummlachcenter, dem Zentrum für alle Radio- und Fernsehprogramme der Stadt, in den nächsten Tagen. Ich war neugierig und wollte meine ehemalige Wirkungsstätte wiedersehen, in der ich mich zwölf lange Jahre fast rund um die Uhr bemüht hatte, Rundfunk und Fernsehen zu installieren zusammen mit einem Häuflein Unbeirrter, die an die Zukunft glauben wollten und antraten, die Welt zu verändern, und das auch gegen den Widerstand vieler Besserwisser, die einer Chemiestadt weder wünschten noch zutrauten, ihr nun einmal weltbekanntes Image zu verändern.

Die „Sendezentrale für privaten Rundfunk" lag wie immer fast ausgestorben da. Sie war vor einem guten Jahrzehnt als Gebäude des Pilotprojekts zwischen aufgelassene Industriehallen, einen Friedhof, einen Schlachtbetrieb und die Siedlung für Obdachlose gequetscht worden. Der Schlachthofturm überragte die Zweckbauten im Mediacarré, ein Überbleibsel vergangener Metzgerträume, auf dem lange die hingesprühte Frage geprangt hatte: „Quo vadis?" Die Frage konnte mir auch jetzt keiner beantworten. Wohin sollte die Gründung eines Medienunternehmens in unserer Chemiestadt wohl führen? Würde zukünftig von hier aus die Welt mit Nachrichten und unterhaltsamen Filmen beglückt, wie es die Verantwortlichen des Pilotversuchs erhofft hatten und wie das kleine Häuflein enthusiastischer junger Freaks es sich gewünscht hatte? Der Versuch war gescheitert. Hoffnungen hatten sich in Luft aufgelöst. Nur noch wenige Unentwegte mühten sich ab, das Ende warf bereits seine Schatten. Ich hatte das Feld geräumt und sollte nun in anderer Form wieder erscheinen. Zögernd stieg ich aus meinem alten Polo und lief auf die Gestalt am Eingang zu, den Mann mit der schwarzen Baskenmütze, der dort auf mich wartete.

Herr Hilf kam mir aufgeregt entgegen. Er zog mich sogleich ins Hauptgebäude, holte den Aufzug, schob mich hinein und redete, erklärte, fuhr mit mir in die erste Etage, führte mich den langen Flur entlang bis zu einer Tür, die er geschwind öffnete. Wir betraten einen Raum, ausgestattet mit etlichen Sitzmöbeln, ungeordnet dort abgestellt. Er öffnete eine zweite Tür und zeigte mir freudestrahlend sein neues Reich. In der Mitte prangten ein Tisch, ein Stuhl, der wohl zu dem Möbellager im Vorzimmer zu gehören schien. Rechts neben dem Fenster, von dem aus man die Abfahrt der Autobahn einsehen konnte, stand ein kleinerer Tisch mit einem Gerät, das ich erst nach einigem Überlegen als neumodisches Faxgerät ausmachte. Ich fand erst einmal keine Worte für seine Überzeugung, dies sei ein Büro und das vorläufige Zentrum des katholischen Hörfunks in Deutschland.

Nachdem „der Mann aus Bonn" seinen Mantel abgelegt hatte, öffnete er die schwarze Aktentasche, holte zwei Telefonungetüme heraus, schnurlos und schwer, und mühte sich eine halbe Stunde lang, sie mittels einer Bedienungsanleitung zu installieren, was schließlich gelang und nach einem Probeanruf ein zufriedenes Lächeln auf sein Gesicht zauberte. Dann fädelte er in das Fax noch eine Rolle Papier ein und warf mir die Bedienungsanleitung hin. Weder ein Stück Papier noch ein Bleistift waren zu finden, als er mir einige wichtige Telefonnummern notieren wollte. So fischte ich etwas Schreibmaterial aus meiner Handtasche. Nun hatte der Abgesandte der Kirche plötzlich große Eile, übergab mir den Schlüssel und bat mich, ab und zu im Büro nach dem Rechten zu sehen, eventuell Briefe entgegenzunehmen oder das Faxgerät zu überprüfen. Dann entschwebte er, tunlichst vermeidend, meine Vergütung zu besprechen. Das alles würde von Bonn aus geschehen.

Ich fühlte mich restlos überfahren. Was ich gerade erlebt hatte, war so surreal, dass ich vor Staunen über diese Unverfrorenheit vollständig vergessen hatte, meine Mitarbeit unter solchen Bedingungen abzulehnen. Ich ärgerte mich, beschloss dann aber schon aus Neugierde, das Spiel eine Weile mitzuspielen. Meine Zeit würde sicher noch kommen. So schloss ich ab und ging nach Hause mit dem festen Vorsatz, abzuwarten und bei nächster Gelegenheit den feinen Herrn sich selbst zu überlassen.

Monate vergingen ohne Rückmeldung aus Bonn. Ich sah einmal in der Woche nach dem Rechten und plante, da ich, immer noch ohne Vertrag, keinerlei Verpflichtung fühlte, meinen Jahresurlaub. Da begegnete ich eines Tages Herrn Dr. Schneider, dem netten Herrn, der mir dies alles eingebrockt hatte. Er als Geschäftsführer dieser Immobilie zeigte sich erstaunt, dass Herr Hilf, dem er so hilfreich über die ersten Wochen mit einem Büro hinweggeholfen hatte, so gar nichts von sich hören ließ. Ob ich etwas von dem Herrn erfahren hätte, fragte er. Er sei mitten im Bau eines neuen Studios für den örtlichen Privatsender und das dem frommen Mann überlassene Büro werde nächste Woche abgerissen. Außerdem sei bisher keine Miete eingegangen. „Ja gibt es denn überhaupt noch den geplanten Radiosender?" Ich lachte lauthals, erzählte ihm von meinen Erlebnissen und gemeinsam beschlossen wir, dem windigen Herrn Beine zu machen.

Am Abend vor meiner Urlaubsreise rief ich in Bonn an. Herr Hilf war nicht zu Hause, aber seine Frau nahm den Anruf etwas mürrisch entgegen und versprach, nachdem ich ihr umständlich klar machen musste, dass ich für ihren Eheherrn die Verbindung zwischen unserer Stadt und Bonn wahrnähme, Folgendes auszurichten: Das hiesige Büro sei mit sofortiger Wirkung von Herrn Dr. Schneider gekündigt, da es nur für etliche Wochen überlassen worden sei. Baumaßnahmen erforderten eine Räumung in den nächsten Tagen, die Handwerker hätten bereits das erste Loch in die Wand gebohrt. Im Übrigen sei ich für die nächsten zwei Wochen nicht erreichbar, ich sei im Urlaub.

Tags darauf reiste ich ab.

Der Sommer im Frankenwald hatte sich von der besten Seite gezeigt, es hatte kaum geregnet in Bayrisch-Sibirien und ich kam erholt und leicht beschwingt zu Hause an. Die üblichen Zeitungsberge, die gelagerte Post, der verwilderte Garten, nichts konnte mich aus meiner Ferienstimmung reißen. Das Haus stand noch und in zwei Tagen würde alles wieder wie am Schnürchen laufen. So glaubte ich, aber weit gefehlt! Ich hatte gerade gemütlich im Sessel Platz genommen, daheim war es auch schön. Da riss mich das Läutwerk meines Telefons wüst aus meinen Träumen. Wer konnte eigentlich wissen, dass ich schon zurück war? Ich hob widerwillig den Hörer ab. Eine hysterische Stimme ächzte in der Muschel. Der Herr mit der schwarzen Baskenmütze rief um Hilfe. „Nomen est omen", was konnte dem frommen Herrn Hilf widerfahren sein, dass er ein solches Stoßgebet aussandte? Die Bauandrohung hatte gewirkt. Herr Hilf war mürbe. Er gelobte sofortige Besserung, wenn ich dafür sorgen würde, dass der zukünftige Sender starten könne. Ein Büro und damit ein Sitz am Ort des Senders war nämlich Voraussetzung für die Genehmigung. Die stehe nun aber wirklich unmittelbar bevor und dann würde mir eine Anstellung besonderer Güte winken. Nun gut, überlegte ich und schlug für die paar Wochen, bis wir für den neuen Radiokanal eine angemessene Bleibe gefunden hätten, kurzerhand mein Arbeitszimmer als Adresse vor.

Am folgenden Tag löste ich das spärliche Büro im Sendezentrum auf, meldete dem freundlichen Herrn Dr. Schneider Vollzug und hängte mir kurzerhand ein Schild mit der Aufschrift „Radio Benedicio" vor den Briefkasten. Nun musste ich nicht einmal mehr das Haus verlassen, wenn ich ein Fax verschicken sollte. Der Briefträger staunte nicht wenig über die neue Firma, und ich wartete auf meinen neuen, wichtigen Aufgabenbereich und den baldigen Sendestart.

Im Lauf des nächsten Monats lud man mich ein, bei Gelegenheit doch einmal in Bonn vorbeizuschauen, um einen Herrn zu kontaktieren, der mit der Vorbereitung befasst sei und einige Ratschläge brauche, da er keine Ortskenntnisse besitze. Die Gelegenheit ergab sich, ich hatte einen Gewerkschaftstermin in Köln und konnte es einrichten.

Hauptbahnhof Bonn: Ich stieg neugierig aus dem Zug und blickte suchend nach einer Abholung um, die mir versprochen worden war. Der Bahnsteig leerte sich langsam, der Zug rollte aus dem Bahnhof, nichts rührte sich. „Na, dann war es das wohl", sagte ich mir halb verärgert. „Damit kann ich das Kapitel Radiostation endlich ad acta legen und mich vergnüglicheren Dingen widmen, schade nur, dass ich jetzt auf die nächste Fahrgelegenheit warten muss", ging es mir durch den Kopf. Wie gesagt, Gutmütigkeit zahlt sich selten aus. Das sollte ich eigentlich in meinem Alter gelernt haben. Ich strebte dem Ausgang zu, als mich ein junger Mann ganz abgehetzt einholte und fragte, ob ich die Dame sei, die er abholen solle und die er leider versäumt habe. Ich musste dies zugeben, worauf er sich entschuldigte und mich umgehend in seinem Auto verstaute. Dann starteten wir zu einer kurvenreichen Fahrt, die uns schnell aus der Stadt führte, durch kleine Dörfchen, über Bäche und Felder, dann schließlich nach einer guten halben Stunde einen Hang hinauf. Ich hatte längst die Orientierung verloren. Wo wir uns aufhielten, konnte ich mir nicht erklären. Der junge Mann erzählte auch nur Belanglosigkeiten. Mit dem geplanten Projekt hatte er anscheinend nichts zu tun. Er sei Student und würde nur gelegentlich Aufträge für seinen Chef ausführen. Aber nun bog er in einen Hof ein und hielt abrupt vor einer Villa. „Wir sind da", sagte er fröhlich und führte mich über den Hintereingang in eine anheimelnde Vorhalle, bat mich zu warten, da er mich anmelden wolle, und verschwand.

Ich befand mich in einer alten großbürgerlichen Villa, mit Wandvertäfelung, schönem Parkett, hohen Räumen, stuckverzierten Decken. Mir gefiel, was ich sah, ich konnte mir allerdings nicht vorstellen, was hier das Kirchenprojekt zu suchen habe. Es dauerte einige Zeit, dann kam eine Dame, stellte sich als Sekretärin des Herrn vor, den ich treffen sollte, und führte mich in einen weiteren großen Raum, ausgestattet mit wandhohen Regalen, übervollen Schreibtischen und am Boden gestapelten Ordnerbergen. Sie räumte eine Sitzgelegenheit frei und bot mir Platz an. Der Herr Jäger habe sich etwas verspätet, komme aber gleich und ich möge einen Augenblick warten. Ich hatte Zeit zum Betrachten der Umgebung. Durch die riesigen Fenster konnte ich in einen verwilderten Garten schauen, was mich allerdings weniger erfreute. Ich war seit meiner Ankunft in Bonn bereits zwei geschlagene Stunden unterwegs und nun sollte ich auch noch auf den Gesprächspartner warten. Dabei stellten sich mir Fragen über Fragen. Der Nachmittag würde dafür kaum ausreichen. Wie sollte ich da noch meinen letzten Zug nehmen können. Schließlich wollte ich hier in der Pampa keine Nacht verbringen, vor allem hatte ich auf der Fahrt kein Hotel ausgemacht.

Dann ging die Tür auf, ein smarter Typ stürmte herein, gab mir die Hand, erklärte, seine Firma sei für die Vorarbeiten wie Beantragung der Lizenz, Einrichtung der Räumlichkeiten und vor allem Marketing verantwortlich. Er habe aber noch nie einen Radiosender eingerichtet, also brauche er etwas Hilfe im Sortieren der aufgelaufenen Anträge und Schriftstücke. Er zeigte auf die am Boden liegenden Ordner. Fragen könne ich später, erklärte er mir, erst solle ich Ordnung in das Chaos bringen, damit er und ich wüssten, wovon wir redeten, er habe noch einen weiteren Termin und sei in Eile. Er machte kehrt und bevor ich antworten konnte, war er verschwunden.

Mir schwoll der Kamm! In was war ich da hineingeraten! Ja glaubte der feine Pinkel, ich sei seine Hilfskraft! Mir reichte es.

So griff ich nach meiner Tasche, fand im Nachbarraum die Sekretärin und erklärte, ich hätte es ebenfalls sehr eilig. Sie solle nach dem jungen Mann rufen, der mich gefahren habe. Ich würde umgehend abreisen, da der Herr Jäger keine Zeit für mich habe. Im Übrigen sei ich unter diesen Umständen keinesfalls bereit, auch nur einen Blick in das am Boden liegende Chaos zu werfen. Meine Stimme muss sehr verärgert und bestimmt geklungen haben. Plötzlich tauchte mein Fahrer auf, führte mich zum Wagen und fuhr mich umgehend zurück zum Zug, den ich gerade noch erreichte. Die Entschuldigungen der Sekretärin klangen mir noch lang im Ohr.

Der Sommer verging, der Herbst hatte die Blätter gefärbt, nun lagen sie alle auf dem Gehweg vor dem Haus und wurden tagtäglich weggefegt, bis keines mehr zu finden war, weder auf den Bäumen noch unter ihnen. Ich hatte das Schild an der Haustür schon vergessen. „Man könnte es auch abschrauben", dachte ich und suchte nach einem Schraubenzieher. Da läutete wieder einmal das Telefon: „Nun ist es aber so weit", jubelte es aus dem Hörer. „Die Sendelizenz liegt vor. Wir benötigen dringend einen Chefredakteur."

„Wann soll denn Sendestart sein?", fragte ich ungläubig. Es war Mitte Oktober 1996 und seit meinem Besuch in der ehemaligen Bundeshauptstadt nichts mehr geschehen. „Nun", sprach der fromme Herr Hilf, „es ist ja noch Zeit bis zum 8. Dezember. Da ist Mariä Empfängnis und da wollen wir beginnen, mit Gottes Hilfe." Mir verschlug es die Stimme. In eineinhalb Monaten wollte der gute Herr Hilf die profanen Nebensächlichkeiten wie Räume, Technik, Personal, Sendekonzept, Musikbegleitung, GEMA und so weiter aus dem harten Boden der Wirklichkeit stampfen. Hier kann höchstens noch der Heilige Geist eingreifen, selbst der Heilige Stuhl wäre damit überfordert, dachte ich mir. „Na, dann zeigen wir dem frommen Eiferer, wo die Wirklichkeit liegt." Ich versprach ihm einen Chefredakteur, der so einen Husarenritt eventuell veranstalten könnte. Wir vereinbarten ein erneutes Treffen, diesmal direkt in den Räumen des katholischen Vereins in Bonn, dessen Vorsitz Herr Hilf hatte. Den Chefredakteur würde ich gleich mitbringen.

Ein Berg von Zeitungen lag vor ihm und er freute sich auf das alltägliche Ritual, sie alle zu lesen, bis auch die letzte analysiert und eingeordnet war. Die gute, alte Übung hatte er von Jugend auf betrieben, schon als er sie noch heimlich betreiben musste, denn sein Vater hatte für derlei unnütze Spiele kein Verständnis.

Er war ein einfacher Mann, verdiente sein tägliches Brot für sich und seine Familie ehrlich und der Bub, dem er den Vater ersetzte, sollte auch einen anständigen Beruf erlernen. Solche unnötigen Betätigungen, das ewige Stubenhocken über den Büchern wollte er ihm schon austreiben. Doch der Kleine hatte sich nicht beirren lassen. Die ungeliebte Lehre hatte er beendet, dann aber das Weite gesucht und sich seinem eigentlichen Metier zugewandt, dem Journalismus. Seit der Zeit betrieb er das Sichten und Verarbeiten von Nachrichten professionell. Ihm konnte so leicht nichts entgehen. Dann gab es da noch die Partei. Auch wenn sie ihn nicht gerade mit offenen Armen aufgenommen hatte, er verfocht die christlichen Ziele mit Vehemenz, ja er glaubte daran, an eine bessere Welt. Die Kirche war ihm ein Halt, ihr wollte er dienen auf seine Weise.

Leider war er in seinen Bemühungen wieder einmal unterbrochen worden, der letzte Job gekündigt, obwohl er alles gegeben hatte, Zeit, Einsatz, Privatleben. Nichts hatte es gebracht. Mit vierzig sei er zu alt für die jungen Hörer, bedeutete man ihm. So saß er auf dem Trockenen, in einer winzigen Einraumwohnung, hatte Muße für seine Bücher, für Phoenix, den Lieblingssender, und natürlich für seine Zeitungen. Die erste Tasse Kaffee wurde jäh gestört, es läutete und im nächsten Augenblick zog ihn das Schicksal mitten in den Strudel. Er sollte wieder arbeiten, teilnehmen am prallen Leben und das sofort. Hatte der da oben, der ihm bisher immer den Weg gewiesen hatte, ein Einsehen gehabt, seine Gebete erhört? Er wollte sich ganz einsetzen, ohne Wenn und Aber.

Es hatte mich keinerlei Überredungskunst gekostet, Herrn Pflaum dazu zu bewegen, mit mir einen Ausflug in die frühere Bundeshauptstadt zu machen, nachdem ich ihm von einem neuen Radiosender mit christlichem Auftrag erzählt hatte. Herr Pflaum war jahrelang das Aushängeschild eines Privatsenders gewesen. Er hatte mit seinen fundierten Nachrichten den Sender überhaupt erst gesellschaftsfähig gemacht, die Redaktion aufgebaut, den Nachwuchs geschult und dem Heimatprogramm eine starke Konkurrenz beschert. Die alljährlich erhobenen Daten über die Einschaltquoten hatten den öffentlich-rechtlichen Sender in schwere Bedrängnis gebracht, schließlich hing davon der Werbeetat ab und damit die Finanzierung des Programms.

Wir fuhren vergnügt und in angeregtem Gespräch über die Autobahn nach Norden. Herr Pflaum führte mir seinen neuen Mercedes vor, ein Luxusgefährt mit weichen Polstern, anthrazitfarbenem Lack. Ich hatte noch nie in einem solchen Straßenfeger gesessen. Er schnurrte ruhig dahin, während ich meinem Begleiter die Sachlage ausführlich erläuterte. Herr Pflaum war begeistert. Der Privatsender, bei dem er lange Jahre die Nachrichtenredaktion leitete, hatte ihm vor einiger Zeit gekündigt, weil er mit den Vorstellungen des neuen Sendeleiters nicht einverstanden war und ihm unmissverständlich den Schwachsinn auszureden versucht hatte. Ich konnte mir die Unterhaltung lebhaft ausmalen, als Herr Pflaum mit seinem Chef in den Ring ging. Recht hatte der Redakteur schon, aber recht behielt der Chef, der ihn kurzerhand an die Luft setzte und ein preiswertes, vorgefertigtes Nachrichtenprogramm einkaufte. Das bedeutete dann aber auch den Abstieg in ein billiges Werberadio ohne Substanz und den Sieg des öffentlich-rechtlichen Prinzips einer umfassenden Information.

Wir waren so ins Gespräch vertieft, dass wir erst kurz vor Köln bemerkten, dass wir zu weit gefahren waren. Wir drehten um und kamen gerade noch rechtzeitig zur großen Sitzung der katholischen Medienmacher.

Wir wurden schon ungeduldig erwartet und sofort in einen kleinen Konferenzraum geführt. Herr Hilf stellte mich vor. Mein Begleiter erzeugte erst einmal betretene Gesichter. Hatte ich doch verschwiegen, dass Herr Pflaum mit seiner Hautfarbe nicht ganz zu den konservativen Katholiken passen würde. Die waren zwar innerlich sicher schwarz, sprich CDU-Anhänger, äußerlich jedoch Bleichgesichter. Mein mitgebrachter Chefredakteur war allerdings auch außen schwarz. Farbige kamen in ihren Gedanken meist nur als arme „Negerlein" im Busch vor, die zu missionieren waren. Ich schmunzelte in mich hinein, während ich Herrn Pflaum vorstellte. Übrigens habe ich noch nie einen derartig konservativen Deutschen kennenlernen dürfen wie Herrn Pflaum. Er roch mit seiner Wohlanständigkeit, seinem Erscheinen, seiner Lebensauffassung so sehr nach Konservativismus, dass ich mir als gestandene Sozialdemokratin in seiner Gegenwart wie Rosa Luxemburg vorkam. Dann nahmen wir am Tisch Platz, Herr Hilf, Herr Jäger, der chaotische Consultant, ein Redakteur der Deutschen Welle, den die Herren gern als Chefredakteur gesehen hätten, ein Herr Holmann, zukünftiger Vorstand, Herr Pflaum und ich.

Sofort begann man, die vorbereiteten Hochglanzprospekte des neuen Senders auszubreiten. Daneben lagen bereits die aufwendig gestalteten Hinweistafeln aus Plexiglas, die ich in die Industriestadt mitnehmen und umgehend anbringen sollte.

Mein Einwand, dass ich dazu erst einmal Räumlichkeiten brauchte, wurde euphorisch vom Tisch gewischt. Das könne sich ja nun nur noch um Tage handeln. Wichtig sei die Ankündigung. Nun fragte mein schwarzer Joker, wie denn das Programm gestaltet werden solle. Das Verhältnis Wort zu Musik, die Musikfarbe, die Inhalte, die Sendezeiten und so weiter. Die Herren wurden unsanft aus ihren Träumen gerissen. Über solche Kleinigkeiten hatte man noch nicht nachgedacht. Als ich dann noch Fragen zum Etat, zum Personal und zur eingesetzten Technik stellte, war man vollends konsterniert.

Da erhielten wir unerwartet Hilfe, nämlich vom Konkurrenzbewerber aus der Deutschen Welle. Er gab uns beiden auf der ganzen Linie recht. Zudem stellte er weitere Fragen, erläuterte die Aufgaben einer funktionierenden Redaktion. Der erfolgreiche Journalist stand uns mit seiner Erfahrung bei. Als dann die Frage auftauchte, ob er bereit sei, Aufbauarbeit zu leisten, kam der gute Herr allerdings sehr schnell auf den Punkt. Er als Vater von sechs Kindern könne sich eine unsichere Zukunft nicht leisten. Der Job erfordere den ganzen Mann. Ein Himmelfahrtskommando wie dieses würde seine Familie ins Unglück stürzen. Er stehe für den Posten nicht zur Verfügung, aber er sei gern bereit, die Herren zu beraten. Nun wandten sich alle Augen zu meinem Mitbringsel. Man fragte nach seinem Hausstand. Wie viele Kinder habe er so, wie wohne er, könne er denn umgehend bereitstehen? Herr Pflaum bestätigte, er sei gerade frei. Mit Kindern könne er allerdings nicht dienen. „Aber was nicht ist, kann ja noch werden", fügte er lachend hinzu, „ich kann ja gleich damit anfangen." Die fromme Runde schwieg betreten und löste sich sehr schnell auf. Wir wurden verabschiedet, ein Mitarbeiter, der sich als Herr Müller zu erkennen gab, begleitete uns zum Ausgang, wir waren entlassen.

Wieder waren ein paar Tage verstrichen. Am 24. Oktober 1996 klingelte das Telefon. Herr Hilf bat mich, noch am selben Tag für den nächsten ein Konferenzzimmer zu besorgen. Morgen wolle er mit Geschäftsführern kommen und das Personal, soweit schon vorhanden, einstellen. Dafür brauche man den „unbequemen" Chefredakteur, einen Chef der Technik, Redaktion, halt alles, was bis morgen greifbar sei. Ich war ja schon einiges gewohnt, aber diese Zirkusnummer reizte mich nur noch zum Lachen. Gut, der Chefredakteur stand zur Verfügung, aber was dann tun?

Ich führte einige Telefonate mit ehemaligen Kollegen, die sowieso auf die Kündigung bei meinem verflossenen Arbeitgeber warteten. Es handelte sich um erfahrene Leute, die besten, die dort noch ausharrten. Sie erklärten sich bereit, am nächsten Tag während der Arbeitszeit einmal zu verschwinden und kurz in die Sitzung hineinzuschauen. Ich würde sie ad hoc anrufen. Dann orderte ich über meine Beziehungen einen Raum für die Sitzung bei der Landesmedienanstalt im selben Gebäude und gab die Nachricht nach Bonn weiter, dass alles bereitstehe.

Wir saßen uns im Konferenzraum der Landesmedienanstalt gegenüber. Herr Holmann, Herr Dr. Schwab, ein neues interessantes Gesicht, der designierte Chefredakteur Herr Pflaum und ich. Herr Holmann ergriff das Wort und machte uns bekannt, wobei er sich und Herrn Dr. Schwab als die zukünftigen Geschäftsführer von Radio Benedicio vorstellte. Mir fiel das Abzeichen an seinem Tweed-Jackett sofort auf, ein Stern, den ich noch nie gesehen hatte. Später sollte ich noch oft auf diese Schmuckstücke treffen. Fast jeder meiner zukünftigen Vorgesetzten besaß ein solches und trug es mit Stolz zu jeder Gelegenheit. Es handelte sich um das Abzeichen des „Ritterordens vom Heiligen Grab". Herr Holmann gab sich militärisch korrekt, sein Nachbar Herr Dr. Schwab entpuppte sich auch als Schwabe. Mittelgroß, dunkelhaarig, smart, mit Bart und flinken Äuglein lächelte er jovial in die Runde und konnte seine Heimatsprache nicht verbergen. Er wollte es wohl auch gar nicht. Außerdem stellte sich im Laufe unserer Zusammenarbeit heraus, dass er zwar nicht Hochdeutsch, aber dafür noch weitere sechs Sprachen beherrschte, darunter auch fließend Latein. Damit brachte er manchen geistlichen Würdenträger ins Schleudern. Er erzählte auch sogleich, dass diese neue Aufgabe, einen Radiosender zu führen, eigentlich für ihn nur ein spaßiger Nebenjob sei. Er habe schon ganz andere Aufgaben bewältigt. Er sei immerhin Büroleiter des Bundeskanzlers gewesen, bis er sich mit diesem gestritten habe und dann auf die Hardthöhe versetzt worden sei. Sein neuer Chef habe ihn, den Staatssekretär im Verteidigungsministerium, für besonders knifflige Aufgaben eingesetzt. Im Augenblick war der agile Herr abkömmlich und zu jeder Schandtat bereit, wie mir schien. Er hatte wohl wieder seinen Chef, diesmal den Minister, verärgert und war kurzerhand in den einstweiligen Ruhestand versetzt worden, bei vollen Bezügen natürlich. Mir war der schwäbische Ritter sofort sympathisch, war ich doch mit einem Schwaben verheiratet und wusste die Eigenheiten von Leuten aus dem Ländle zu nehmen.

Die beiden Herren kamen sofort zum Wesentlichen. Sie wollten den Sendestart also auf den 8. Dezember 1996 legen. Jawohl, genau in sechs Wochen sollte man beginnen. Dafür wollten sie an diesem schönen Vormittag das wichtigste Personal einstellen. Zuerst einmal wurde Herr Pflaum gefragt, ob er bereit sei. Auf dessen Ja handelte man mit ihm das Honorar aus, vor uns allen, wobei Herr Pflaum auf einer Bezahlung als echter Chefredakteur mit einem Honorarvertrag in angemessener Höhe bestand. Mir wurden die Knie weich bei den Forderungen, die Herr Pflaum stellte. Aber dafür würde er auch ohne Netz und doppelten Boden notfalls vierundzwanzig Stunden täglich zur Verfügung stehen, sagte er. Das überzeugte die Herren und sie schlugen ein. Man hatte Zeitnot und keine Alternative.

Dann fragten sie mich nach einem Technischen Leiter. Ich schlug vor, kurz einmal zu telefonieren und zog meinen Joker, den ehemaligen Kollegen aus der Technik, aus dem Hut. Herr Lötkolb war vorgewarnt, verdrückte sich von seinem Arbeitsplatz und erschien nach zehn Minuten in der Tür. Die beiden Kirchenfunk-Betreiber machten kurzen Prozess und stellten den Mann sofort ein, nachdem dieser zusagte, dass ein noch vorhandener Urlaub ihn in wenigen Tagen einsatzbereit machen könne. Mir fiel ein Stein vom Herzen. Mit Pflaum und Lötkolb sah die Zukunft schon viel rosiger aus. Auf beide konnte man sich hundertprozentig verlassen. Wenn das Projekt eine Chance haben sollte, brauchte es die beiden Zauberer. Nun wurde das Spiel mit einer weiteren Kollegin, einer Redakteurin, wiederholt. Es klappte. Die beiden kehrten umgehend an ihren Arbeitsplatz zurück und kündigten in der gleichen Stunde. Der Skandal soll die ganze marode Firma erschüttert haben. Mein ehemaliger Chef, der mich vor Kurzem so unverschämt aus dem Geschäft gedrängt hatte, lernte an diesem Tag das Fürchten.

Herr Dr. Schwab zeigte sich tief befriedigt, er lehnte sich lässig im Sessel zurück und spähte nach Kaffee oder sonstigem Getränk. Auch wir anderen hätten eine Pause vertragen, aber die Zeit drängte, waren doch noch viele Einzelheiten zu klären, zum Beispiel auch meine Rolle im Spiel. Ich wartete immer noch auf eine Anerkennung meiner Bemühungen und auf die angedeuteten Zusagen. Die beiden Herren dachten allerdings erst einmal nur an einen aufmunternden Trunk und fragten, wo denn die Kaffeemaschine sei. Ich hatte zwar einen Raum mieten können, die Bedienung war aber nicht inbegriffen, denn dann hätte ich auch über einen wenn auch kleinen Etat verfügen müssen. Daran hatten die erfolgsgewohnten Herren am wenigsten gedacht. In ihren Kreisen gehörte das Catering immer dazu, von Bezahlung war nie die Rede. So fragte mich der schwäbische Vertreter der Katholiken ganz unverblümt, ob ich denn einen Kaffee besorgen könne. Er würde für mich beten und einen Ablass für mich erwirken. Das sollte wohl lustig sein! Ich hatte kapiert. Wenn´s ans Zahlen geht, verlässt sich dieses Volk auf Spenden und mildtätige Opfer. Mir reichte allmählich das Theater und ich gab flapsig zurück: „Einen Kaffee kann ich Ihnen natürlich in der Kantine besorgen. Auf den Ablass verzichte ich aber gerne, der würde bei mir auch nichts nützen. Ich bin evangelisch und Sozialdemokratin. Den Kaffee hole ich Ihnen aber trotzdem." Damit stand ich auf und verließ den Raum. Mir war sowieso inzwischen alles egal, auch die avisierte Einstellung. Mein Garten ist auch schön, sagte ich mir und versorgte die „Führungskräfte" mit Kaffee.

Als ich das Zimmer wieder betrat, hatte sich die Stimmung verändert. Man hatte Zeit gehabt, über meine Worte nachzudenken, und plötzlich wollte man mich als Verwaltungsleiterin mit sofortiger Wirkung haben. Wir verhandelten noch über ein angemessenes Gehalt und dann waren wir Hasardeure uns selbst überlassen. Die freundlichen Herren aus Bonn entschwebten fröhlich nach Bonn. Wir sollten und würden die Chose schon richten.

Eine unruhige Nacht lag hinter mir. Ich hatte geträumt, von einem riesigen Kirchturm. Ich saß ganz oben im Glockenturm und hatte eine Kindertrompete in der Hand. Doch soviel ich auch blies, die Backen taten schon weh, es kam kein einziger Ton aus dem kleinen goldenen Ding. Schweißgebadet wachte ich auf, mein Blick fiel auf den Kalender an der unschuldigen weißen Wand. Es war der 26. November 1996. Daran ließ sich nichts ändern. Gerne hätte ich mir die Decke über den Kopf gezogen, aber seit gestern hatte ich wieder einen Job und der trieb mich nun unter die Dusche und zum Telefon.

Er kannte die Dunkelheit, das einsame Warten auf den Morgen, bis sich der Himmel langsam grau färbt. Er hatte es oft erlebt, die bleierne Müdigkeit und das geduldige Horchen auf das Mofa des Zeitungsausträgers, den Lichtblick, er lechzte nach Nachrichten, wartete mit einer dampfenden Tasse und wurde erlöst, wenn ihm der Geruch der Druckerschwärze in die Nase stieg. An diesem Morgen freute er sich ganz besonders, hatte er doch die Nacht zuvor Pläne zum neuen Programm entwickelt. Das Konzept war bereits zu Papier gebracht. Es wäre in wenigen Tagen auszuführen. Er brannte vor Tatendurst. Diese Chance bedeutete ihm alles. Er würde sie sich nicht nehmen lassen. Die Herren, die ihm das Vertrauen geschenkt und ihn ausgewählt hatten, sollten sich nicht in ihm getäuscht haben. Neugierig schaltete er den Computer ein und gab die Namen der beiden Geschäftsführer ein. Wer wohl hinter den glatten Gesichtern steckte? Aber da kam der erwartete Anruf. Das hier konnte warten.

Zuerst wollte ich meinen engsten Mitstreiter, den schwarzen Allrounder, bei mir haben. Er nahm sofort ab, musste wohl schon auf das Klingelzeichen gewartet haben, ganz aufgeregt legte er los. Er hatte die ganze Nacht gearbeitet und bereits ein erstes Sendekonzept auf dem Papier. Zwei Stunden später erklärte er mir haarklein, wie er die fromme Menschheit zukünftig zur Einkehr bewegen wolle.

Jetzt aber brauchten wir Dringenderes. Wo sollte denn die fromme Botschaft ausgestrahlt werden? Mir blieb wieder nichts anderes übrig, als den freundlichen Herrn Dr. Schneider um Hilfe zu bitten. Noch vor dem Mittagsessen, das an diesem Tag ausfallen musste, trafen wir, unser Chefredakteur und ich, uns mit ihm im Krummlachcenter. Wir wanderten durch den Neubau, vom Keller bis zum Dachboden, begutachteten die Räumlichkeiten, die noch zu haben waren, und kamen schnell überein, im Seitenflügel fünf Büroräume und ein größeres Zimmer für die Redaktion zu ordern. Die Räumlichkeiten gefielen uns sehr, wir hatten überdies die Option, bei Bedarf noch weitere Büros anmieten zu können. Der Mietpreis schien günstig. Den Mietvertrag wollte Herr Dr. Schneider baldigst nach Bonn liefern. Er übergab uns die Schlüssel einstweilen auf Treu und Glauben und wir hatten einen Raum in der Herberge.

Der restliche Tag verging mit Telefonaten, ein Termin beim Arbeitsamt sollte am nächsten Tag folgen, ich kannte den Direktor und der war viel zu neugierig bei dem, was ihm da am Hörer erzählt wurde, um nicht sofort für uns Zeit zu finden. So erschienen wir auf der Behörde. Die Dame am Empfang, das letzte Mal noch sehr zugeknöpft und ganz Beamtin, als ich zu dem Heer der Freigestellten gehörte, winkte uns fröhlich durch, zeigte uns den Weg ins obere Stockwerk, und schon saßen wir im Vorzimmer des gestrengen Herrn. Der bat uns auch umgehend zu sich. Wir legten unser Ansinnen dar. Wir brauchten Personal. Personal für einen nagelneuen Privatsender im Hörfunk. Redakteure sollten es sein. Wie viele? So um fünf Vollzeitkräfte, hörfunkerfahren und natürlich ab dem 1. Dezember einsatzbereit, also sofort bitte schön. Dann wären da noch ungefähr ebenso viele Techniker gefragt, rundfunkerfahren, frei und er wisse schon: sofort. Und eine Chefsekretärin natürlich auch, denn wer sollte denn die ganze Post erledigen! Der Arbeitsamtsdirektor schluckte, überlegte eine Minute und griff zum Hörer. Wieder zwei Minuten später erschien in der Tür eine Dame, freundlich lächelnd, etwas abgehetzt, mit fragendem Blick die Runde musternd. Sie wurde umgehend mit der Lage vertraut gemacht und dann erhielten wir eine persönliche Ansprechpartnerin, die für uns die großen Personalsteine aus dem Weg rollen sollte. Wir verabschiedeten uns dankbar und folgten der Referentin und persönlichen Beraterin in ihr Büro.

Sie hatte sich auf dem Weg durch die langen Flure des Hauses, vorbei an vielen vor sich hin hoffenden Wartenden ein Bild zu machen versucht. Sie hatte beileibe noch nie mit sendungsbewussten Leuten zu tun gehabt und dazu noch mit derartig überzeugten Träumern, wie sie sicher annahm, sodass ihr der aufgedrückte Job nicht leichtfallen konnte. Aber sie wollte ihr Bestes versuchen. Schließlich hatte der Chef ganz dringend dazu aufgefordert. Sie stürzte deshalb, angekommen im Büro, sofort zum Computer und rief die passende Seite auf. Dann drehte sie den Bildschirm so, dass wir beide mitlesen konnten. Wir durchforschten die Listen der freien, arbeitsuchenden Redakteure, suchten nach brauchbaren Mitarbeitern, notierten uns Namen. Das gleiche Prozedere folgte bei den Technikern. Hier wurden wir fündig. Ein ehemaliger Kollege suchte immer noch etwas Passendes. Er war wie ich beim vorherigen Sender durch den Rost gefallen. In unserer Stadt ohne öffentlich-rechtliche Anstalt fand man einen neuen Arbeitsplatz so selten wie einen Lottogewinn.

Schon am kommenden Tag beschnupperten wir die ersten Mitarbeiter im leeren Sender. Die Räume enthielten noch nicht einmal einen Stuhl, den wir unseren Bewerbern hätten anbieten können. Wir mussten uns einfach im Stehen entscheiden, ob wir sie brauchen konnten, und uns blieb keine Wahl. Wer sofort abkömmlich und bereit schien, unter chaotischen Zuständen zu improvisieren, Schichtpläne, Pausen und sonstige gängige Annehmlichkeiten zu ignorieren, war willkommen. Mir als alter Gewerkschafterin standen die kurzen Haare zu Berge, aber in unserer Zeitnot blieb uns gar keine andere Wahl. Wir schlugen zu, nahmen jeden halbwegs Brauchbaren, Mann oder Frau, und hofften, den schwierigen Anfang damit zu meistern. Hilfreich konnte hier nur sein, dass all die Menschen, die wir zu solch schwierigen Bedingungen einstellten, ebenfalls gar keine andere

Wahl hatten. Der Stellenmarkt in dieser Branche war leergefegt. Wer sich nicht selbst ausbeutete, würde den Einstieg in die Arbeit nie mehr schaffen. Also schmiedeten wir eine Mannschaft zusammen, die wild entschlossen war, den kleinen Zipfel Arbeit zu packen und nicht mehr loszulassen, konnte kommen, was da wollte.

Dann musste da noch das winzige Problem der technischen Ausstattung bewältigt und eine halbwegs preiswerte Büroausstattung besorgt werden. Die Technik leasten wir einfach von einer uns bekannten pfälzischen Firma, die schon einige Jahre vorher das Pilotprojekt mit den ersten Prototypen von Selbstfahrerstudios ausgestattet hatte. Der Firmeninhaber erklärte, er habe gerade ein paar Geräte, Mischpulte und so weiter von einer Messepräsentation auf Lager. Die könnten wir am nächsten Tag haben, gegen eine saftige Miete natürlich, aber sofort lieferbar. Wir akzeptierten und am kommenden Tag, inzwischen fünf knappe Tage vor dem Countdown, lieferten ein paar kräftige Männer Kisten an, die vom soeben an Bord erschienenen Technischen Leiter in einem 24-Stunden-Einsatz zusammengeschraubt und -gelötet wurden. Seitdem der Allrounder zu uns gestoßen war, schlug mein Herz wieder normal, er würde unter Einsatz all seines Könnens am Ende ein Signal senden. Das wusste ich und überfiel mit dem Redakteur ein bekanntes schwedisches Möbelhaus. Wir schockierten dort sogleich einen Abteilungsleiter, als wir ihm den Auftrag über circa 10 Schreibtische, viele Büroschränke, Regale, eine kleine Küche, jede Menge Stühle und etliches Zubehör erteilten. Natürlich sollten die Sächelchen in vier Tagen, jawohl Tagen, aufgebaut stehen und funktionieren. Ob er das leisten könne? Wir gingen davon selbstverständlich aus, bemerkten geflissentlich nicht die Blässe um seine Nase und warteten innerlich zum Zerreißen gespannt auf seine Zusage. Er hatte sich eine Viertelstunde Bedenkzeit erbeten, kam dann strahlend zu uns und erklärte sich und sein Team bereit und in der Lage, den Auftrag pünktlich zu erfüllen. Wir taten so, als ob wir nichts anderes erwartet hätten. Erst draußen auf dem Parkplatz tanzten wir in einer Art Euphorie um das Auto und hofften nur, der clevere Geschäftsmann würde sein Versprechen auch halten. Weitere zwei Tage später verstellten Kisten über Kisten mit Brettern und Schrauben gefüllt die Flure, wir suchten mühsam unseren Weg durch fluchende Monteure, bereuten schon, das preiswerte Möbelhaus mit diesem Riesenauftrag betraut zu haben. Vielleicht wären doch fertige Möbelteile besser gewesen. Aber nun war es zu spät, wir brauchten die Ware, billiger hätten wir nirgends einkaufen können. Also musste das Werk gelingen, und wenn es mit dem Teufel zugehen sollte.

Herr Lötkolb hatte so ganz nebenbei die Übertragung der frommen Botschaft, die ja ins Kabel eingespeist werden sollte, organisiert. Das sollte gar nicht so einfach sein, wie wir erfuhren. Das abgehende Signal sollte nach dem Willen unserer sparsamen Veranstalter nicht über eine teure Leitung der Telekom direkt in die Kabelnetze eingespeist, sondern via Satellit nach München übertragen und dann dort auf einen weiteren Satelliten geschossen werden, der deutschlandweit die Kabelnetze versorgen konnte. Mir schwirrte bei der Erklärung unseres Technikers der Kopf. Der war schließlich voll mit allen möglichen anderen Problemen. Die Mannschaft musste geschult, Papier, Bänder, Bandscheren , Klebebänder, Mikrofone, Lautsprecher, Bleistifte, Kaffeetassen, Kopierer, Telefonanschlüsse, Faxgerät und und und ... besorgt und natürlich mussten die Bonner Veranstalter auf eine Flut von Rechnungen aufmerksam gemacht werden. Denn eines wurde mir mit jeder Minute klarer: Die frommen Brüder am Sitz des Bundestages und der Regierung glaubten immer noch an die Eingebung des Heiligen Geistes. Sie waren gar nicht in der Lage zu überblicken, was sie mit der Einstellung von ein paar Leuten im November veranlasst hatten. Sie glaubten nur unerschütterlich an den 8. Dezember, Mariä Empfängnis. Da sollte die Menschheit, oder doch zumindest ein Teil davon, endlich in den Genuss der frohen Botschaft gelangen, dass allein der Glaube Berge versetzen und die Zukunft auch im Jenseits glücklich gestalten könne.

Wir drängten uns vor der Tür des neuen Studios und starrten auf die Studiouhr. Kaum einer der Anwesenden hatte in der vergangenen Nacht geschlafen. Um Punkt 10 Uhr morgens sollte die frohe Botschaft über die Satelliten an eine sicher bald wachsende Hörergemeinde ausgestrahlt werden. Radio Benedicio sollte auf Sendung gehen. Die Endlosschleife, zu Testzwecken seit zwei Tagen provisorisch über eine Bandmaschine und einen Mikrofonständer laufend, wurde ausgeblendet. Herr Pflaum verkündete die Aufnahme des Sendebetriebs mit gesetzten Worten. Andächtig lauschten wir, legten den ersten Choral ein, dem Ereignis angemessen. Dann wurde überprüft, ob das Signal im Kabel auch angekommen war, trotz des langen Weges über zwei Satelliten. Es klappte, wir tanzten vor Freude über den gelungenen Einstand, an den keiner so recht hatte glauben können. Nun aber hatte der Heilige Geist doch mitgewirkt. Wir waren trunken vor Begeisterung und eilig herbeigezauberte Sektgläser füllten sich, wir stießen an. Der Jubel steckte jeden an, wir tanzten durch das Studio.

Dann plötzlich – Totenstille! Was war geschehen? Hatte ein euphorischer Techniker den Stecker gezogen? Hatte ein Journalist vor Freude das Mikrofon verschluckt? Nein, alles schien in Ordnung. Ratlos rief unser Cheftechniker die Telekom an. Kurze Fragen, Erklärungen. Dann stand fest: Die Techniker der Telekom waren der Meinung, es handele sich um einen Test. Da dies bei solchen Ereignissen regelmäßig so gehandhabt werde, habe man das Signal getestet, erklärten sie, und, weil alles so weit in Ordnung gewesen sei, auch wieder abgeschaltet. Wann, fragten sie, sei denn nun der Sendestart? Wir schrien fast gleichzeitig: „Der Start war heute um 10 Uhr und wir brauchen die Schaltung sofort!"

Erstaunlich schnell hatten sich die Nachfolger der ehrwürdigen Mutter Post, bei der es ja nicht so schnell ging, gefasst. Sie stellten die Verbindung in Kürze wieder her, immer noch versichernd, dass dies allein auf Kulanz beruhe. Man habe noch keine schriftliche Genehmigung. Wir beteuerten, wir würden uns sofort darum kümmern, und der Sendestart wiederholte sich. Diesmal blieben wir ruhig und ein wenig misstrauisch. Der Alltag hatte begonnen.

Die anschließende Pressekonferenz, bei der die gesamte katholische Presse angereist war, zeigte mir dann, worauf es den Bonner Veranstaltern ankam. Bei Pfälzer Weißwein und frischen Brezeln ließ es sich prächtig träumen von einer Welt mit vollen Kirchen, frommen Menschen und braven Spendern. Denn selbst der naivste Frager der Journalistenrunde konnte sich nicht vorstellen, wie denn so ein Experiment zu finanzieren sei. Hier mussten heimliche Konten anzuzapfen sein, oder die frommen Männer hatten das Einmaleins nie verinnerlicht.

Fröhlich reisten die Herren ab nach Bonn und hinterließen mir leere Gläser, halbvolle Flaschen und eine Menge Arbeit, die ich, gerne und ohne an mein eigenes Wohl zu denken, übernahm. Ein Weihnachtsbaum wurde für die stillen Tage angeschafft, denn Radiohören soll das Fest verschönen und kaum einer denkt dabei an die armen Würmer, die an solchen Tagen für die Unterhaltung und Erbauung der Menschheit auf eigene Bedürfnisse verzichten. Aber wie gesagt: Ein Arbeitsplatz, und wenn er noch so beschwerlich ist, ist immer noch besser als keiner. Niemand murrte bei der Schichtplanung. Wir waren einfach froh, gebraucht zu werden.

Endlich fand er Zeit, um zu recherchieren. Die Frage nach den Hintermännern des neuen Radioprogramms beschäftigte ihn, seit er sie zu Gesicht bekommen hatte. Er gab die Namen ein und blickte erstaunt auf das Display. Sein Bildschirm bot ihm eine unerhört vielfältige Auswahl an. Da erfuhr er, dass er für ein ganz hohes Tier arbeiten sollte. Der Mann war einst Intimus des Bundeskanzlers gewesen und da, er hatte auch im Verteidigungsministerium gearbeitet. Halt, bei den Spürpanzern, die nach Saudi-Arabien geliefert wurden, hatte er die Hand im Spiel. Freunde und Mitarbeiter des neuen Chefs? Im Internet fand er einen ganzen Schwarm von internationalen Verbindungsleuten für dubiose Geschäfte, die sich anscheinend glänzend mit ihm verstanden. Es wurde ihm schwindlig, sodass er einen Schluck aus dem bereitgestellten Glas nehmen musste. Die Schmiergeldaffäre kam ihm in den Sinn. Warum sollte aber eine solche Koryphäe einen christlichen Sender leiten wollen? Darüber musste er nachdenken.

Für mich gab es an den Weihnachtstagen nichts in der Firma zu tun, ich hatte deshalb erstmals wieder Zeit, auszuschlafen und mich um meine gebeutelte Familie zu kümmern. Na, die Kinder lebten ja schon eine Weile nicht mehr zu Hause, aber an Weihnachten erwartet man halt ein bisschen Wärme und den guten Braten mit Spätzle, erzählt mehr oder weniger vom Leben ohne elterliche Aufsicht und verschwindet spätestens am ersten Feiertag wieder zu den Freunden, die gerade die gleiche Betreuung erfahren haben.

Dann aber kam der übliche Blues, der immer wieder zu kleinen Reibereien führte, wenn sich mein Mann vernachlässigt fühlte. Schließlich war er zwar einverstanden mit meiner Berufstätigkeit und den politischen Interessen, aber er konnte sich auch nicht ganz von seinen konservativen, bürgerlichen Vorstellungen lösen, dass eine Frau in erster Linie für Mann und Kinder da zu sein hat. Mit dem Geplänkel über Kleinigkeiten, seinen versteckten Anspielungen auf Vernachlässigung – hier gab ich ihm stillschweigend recht – konnte ich ja fertigwerden. So zeigte ich tagsüber ein fröhliches Gesicht, wälzte mich nachts aber doch schlaflos im Bett. So rasch, wie ich angenommen hatte, konnte ich nicht auf Erholung umschalten. Die Sorge um die Firma, aber noch mehr die Sorge um meine private Welt, die Beziehung, die Familie raubten mir die kurzen Stunden, die ich für den Schlaf so dringend brauchte. Morgens im Spiegel blickte mir ein aufgedunsenes Gesicht mit tiefen Schatten unter den

Augen entgegen. Die Kleider hatten ihre Passform eingebüßt, schnell heruntergewürgte Mahlzeiten, Kaffee im Übermaß hatten ihre Spuren hinterlassen. Ich war verzweifelt. Ich habe schon manche Probleme im Leben gelöst, aber vor der Macht des unbarmherzigen Spiegels kapitulierte ich. Hier stand eine Frau ohne Ausstrahlung, müde, ausgebrannt, nicht mehr begehrenswert. Ich gebe zu, dass mir Karriere im Leben immer wichtig war, aber nicht auf Kosten meiner Familie. Und deshalb musste auch mein Aussehen stimmen. Ich bin eitel, auch heute noch, und ich werde es immer sein. Das habe ich von meiner Mutter übernommen, die uns Kinder auf dem Sterbebett schwören ließ, sie nach dem Tod mit ihren dritten Zähnen zu begraben. Sie wollte ansehnlich vor den Schöpfer treten.

So fasste ich zum Jahreswechsel den Vorsatz, erst einmal abzunehmen. Gedacht, getan. Schnell musste es sein und unproblematisch dazu. Ich hatte doch neulich von einem Kollegen, der plötzlich nur noch halb so gewichtig durchs Dasein wanderte, von einer Wunderkur im Klinikum gehört. Das würde ich mir ansehen. Kurzerhand meldete ich mich bei den Doktoren an und schluckte unter fachkundiger Anleitung ein Vierteljahr lang nur noch Eiweißdrinks. Der damit verbundene wöchentliche Therapeutentreff, bei dem wir über die Ursache unserer Fettsucht aufgeklärt wurden, musste halt sein. Ich nahm ihn hin und bekam eigentlich nur am Rande mit, ich sei ein „Workaholic", ausgebrannt, mir müsse man helfen. Darüber konnte ich hinweghören. Ich hatte ganz andere Felsbrocken zu stemmen. Was störte mich das Geschwätz eines Psychologen. Mich interessierte nur der Erfolg, und den konnte man sehen. Binnen weniger Monate nahm ich ab, so viel, dass ich früher aus dem Programm entlassen wurde. Nach den ersten hungrigen Tagen hatte ich überdies Gefallen an der praktischen Diät gefunden. Ich wechselte ab zwischen Tomaten-, Schokoladen- und Vanillegeschmack, bereitete die Mahlzeit in Minutenschnelle zu, konnte beim Trinken noch telefonieren und die lästige Pause fiel auch weg. Zeit war knapp. Ich hatte sowieso zu wenig davon.

Mir passte es keinesfalls, als die Ärzte auf die Notbremse traten und mir wieder feste Nahrung verordneten. Nun sollte ich mich gesund und abwechslungsreich ernähren. Welch ein Aufwand! Die einzige Freude an der neuen Ernährungsweise waren Radieschen. Denn komischerweise hatte ich während der gesamten Crash-Kur immer wieder von Radieschen geträumt, großen, saftigen Radieschen. Die knabberte ich jetzt wieder mit Genuss und glaubte, mit der neu gewonnenen Schlankheit nun auch alle sonstigen Ungereimtheiten in meinem Leben bewältigen zu können.

Im Sender fiel mir seit einigen Wochen etwas auf. Die Redakteure, fleißig über ihre Bildschirme gebeugt, tranken naturgemäß wie in allen Redaktionen der Welt sehr viel Kaffee. Der Beruf bringt es mit sich, dass immerwährende Aufmerksamkeit oft nur durch die Droge Kaffee erkauft werden kann. Gut, sagte ich mir, ich lebe auch von dem Getränk. Hat mir doch in den Anfangstagen unseres Senders ein Aufsichtsratsmitglied aufgetragen, dass Kaffee und Mineralwasser immer auf Kosten der Firma bereitzustellen seien. Der alte Herr, Aufsichtsrat und weit über siebzig, hatte sich nach der Pressekonferenz nicht an den allgemeinen erbaulichen Gesprächen der Programmveranstalter beteiligt, sondern war zu mir ins Büro gekommen, hatte sich still auf einem Stuhl niedergelassen und mir eine Weile zugesehen. Dann stellte er Fragen, sachkundige Fragen, und gab mir Ratschläge, die mir in der Folgezeit sehr nützlich waren. So wollte er mein Kassenbuch sehen und schärfte mir ein, dass ich es überpünktlich führen sollte. Dann fragte er nach aufgetretenen Problemen, ordnete die Getränkefreiheit an und verschwand so still, wie er gekommen war.

Der Kaffee der Redakteure konnte nicht das einzige Aufputschmittel sein. Mir wurde bald klar, dass der schwarze Trank mit Hochprozentigem versetzt noch besser wirkte. Zumindest nahmen es einige der fleißigen Kämpfer zu sich und dämpften damit die Hektik der Arbeit, unangenehme Gefühle in den langen, einsamen Nachtdiensten und die aufkommende Angst vor erneuter Arbeitslosigkeit. Mich wunderte es auch bald nicht mehr, wenn ein Redakteur beim morgendlichen Appell vom Chefredakteur wieder nach Hause geschickt wurde mit dem Auftrag, am nächsten Tag ausgeschlafen und vor allem nüchtern am Regiepult zu erscheinen. Dieser Aufforderung wurde immer Folge geleistet. Die Übriggebliebenen übernahmen stillschweigend noch eine weitere Schicht, bis der Kollege sich gefangen hatte. Nächstens konnten sie ja heimgeschickt werden.

Es gab auch andere Symptome der totalen Überforderung der Mitarbeiter. Wir hatten schlicht zu wenig Personal, das ausgebeutet wurde und sich aus Angst vor einer Entlassung freiwillig ausbeuten ließ. Bald wusste jeder, dass es mit der Finanzierung des Projekts nicht gerade zum Besten stand. Immer mehr kleine Handwerker, Zulieferbertriebe, ja Aushilfen mahnten ausstehende Rechnungen an. Mir sträubten sich die Nackenhaare, wenn ich an die nächste Gehaltszahlung dachte. Ab März des

Jahres 1997, also schon drei Monate nach Sendebeginn, gab es finanzielle Probleme, und ich kämpfte vor jeder Anweisung einen stillen, aber harten Kampf mit den Bonner Fantasten. Gut war wenigstens, dass ich ihnen eine Betreuung durch das Technologiezentrum abgerungen hatte. So konnte ich mich manchmal hinter den Anforderungen dieser Behörde verstecken. Mir hätten sie nie abgenommen, dass Gehälter, Mieten und Rechnungen, Vorlagen beim Finanzamt, Sozialleistungen, GEMA und die Zwangsabgabe bei IHK und Künstlersozialkasse keine Erfindungen von mir, sondern gesetzlich geregelte Verpflichtungen waren, die man erfüllen musste.

Dann war da noch die Telefonrechnung, die eines Tages zur Bezahlung anstand und selbst für eine Redaktion weit überhöht schien. Auch wenn es zu dieser Zeit noch keine Flatrates gab, wir wussten, was wir fürs Telefon ausgeben konnten, aber diese Rechnung! Ein angeforderter Ausdruck der Einzelnachweise brachte aber dann Licht ins Dunkel. Die Telefongesellschaft hatte sauber abgerechnet, weniger sauber waren die Gebühren aufgelaufen. Ein einsamer Techniker, nachts allein mit Kirchenmusik und frommen Sprüchen, jung und wild, brauchte Unterhaltung bei seiner langen Schicht. So half er sich und probierte die feinen Angebote der Telekom aus. Gab es doch die 0190-Nummern mit jeder Menge Spaß für den kleinen Mann. Nach einer gehörigen Standpauke und einer Abmahnung normalisierten sich die Rechnungen. Chefredakteur und Cheftechniker kamen mit dem Ergebnis auch erst zu mir, als sie wieder Ordnung in den Laden gebracht hatten. Verschämt erklärten sie, das sei Männersache gewesen. Ich fragte nicht weiter, auf dem Gebiet war ich nicht kompetent. Mir dämmerte, dass auch dies ein Teil der Sucht sein musste, der Sucht nach Entspannung, die uns allen von einer skrupellosen Gruppe, die auch noch im Namen einer höheren Macht zu agieren schien, verweigert wurde.

Allmählich traute ich den Äußerungen unseres schwarzen Chef-Allrounders auch nicht mehr ganz. Zu oft wies er stolz auf seinen Cognac-Vorrat im Schreibtisch hin, den er für hohen Besuch angeschafft hatte. Sicher traktierte er damit die geistlichen Herren, um sie wohlgesinnter zu machen. Aber warum rauchte unser geliebter und geachteter Herr Pflaum einen solch duftenden Tabak, dass die Duftwolke bereits bei uns angekommen war, wenn er noch seinen geliebten Mercedes hinter dem Haus abschloss? Die Frage konnte ich mir erst Jahre später beantworten.

Alkohol, Sex, Fresssucht, Arbeitssucht – Auswege, um die natürlichen Bedürfnisse eines Individuums zu betäuben – führen langfristig in eine Situation, die schwer beherrschbar ist. Das wurde mir ziemlich schmerzhaft klar. Jeder von uns wurde dadurch mehr oder weniger gebeutelt. Für manche blieb am Ende nur die Droge und damit der Untergang. Aber noch waren wir nicht so weit. Wir kämpften ums Überleben, während andere sich unsere Ohnmacht zunutze machten.

Er ertappte sich dabei, dass ihm die Augen zufielen, wenn für einen Augenblick Stille eintrat, und überlegte, ob es nicht besser sei, gleich im Sender zu bleiben. Dann fuhr er doch nach Hause, schon um die Hemden zu wechseln und wenigstens äußerlich noch passabel auszusehen. Er hatte immer auf einwandfreie Kleidung geachtet, wollte sich wohl selbst darüber beruhigen, dass er etwas anders aussah, und schämte sich wieder einmal für seine Farbigkeit, ein Erbe seines Vaters. Die Nachrichten, die er immer selbst zusammenstellte, verhießen heute auch nichts Gutes. Wie sollte er da den „Sender des guten Wortes" propagieren, wenn aus der Welt und Bonn nur Erschreckendes kam? Gute Nachrichten könnte er vom Vatikan erhalten, sagte er sich und deshalb stand auch ein Besuch des Leiters von Radio Vatikan an. Und die Bischöfe müssten überzeugt werden! Was half alle Mühe, wenn die Sachwalter des Himmels auf Erden mit einem christlichen Sender nichts zu schaffen haben wollten. Sie lehnten Radio Benedicio ab, er fragte sich immer wieder, warum.

Es gab noch eine Art von Droge. Und hier wurde mit weit härteren Bandagen und weitaus skrupelloser gearbeitet als bei den Angestellten vor Ort, die nur um ihren Job und um das Überleben kämpften. Wirtschaft, Politik und auch die Kirchen machen sich die begründeten Existenzängste der Menschen zunutze. Das ist ein Teil des Plans, der zu immer größerer Macht führt. Ob in der Wirtschaft, wo mit Arbeitslosigkeit gedroht wird, um Menschen gefügig zu machen, sie zu Arbeitsrobotern mutieren zu lassen, ob in der Politik, wo mit Schlagwörtern wie Globalisierung, Alterspyramide, sozialer Gerechtigkeit versucht wird, Mehrheiten zu schaffen, ob bei Kirchen, die mit dem Leben im Jenseits Macht über Menschen zu erlangen versuchen – überall kann man die gleichen Muster erkennen. Es geht vor allem um Macht. Macht über Menschen und Geld.

So konnte ich mir allmählich die Gründe zusammenreimen, was der eigentliche Zweck eines kirchlichen Senders sein sollte, eines Senders ohne Werbeeinnahmen. Er konnte nur gegründet worden sein, um Spenden von Hörern einzusammeln, indem ihnen suggeriert wurde, ein Opfer für diesen Zweck bedeute die Aussicht auf einen angemessenen Platz im nächsten Leben. Die Idee war nicht neu. Tetzel hatte Jahrhunderte zuvor damit geworben und mit dem Ablass Finanzen für den Papst eingetrieben. Das Geschäft mit der Angst vor dem Tod treibt auch in unserer Zeit seine Sumpfblüten.

Täglich riefen fromme Hörer bei mir an, die sich Trost und Hilfe oder auch nur ein Gespräch wünschten. Die Redaktion, unterbesetzt und mit dem Programm beschäftigt, hatte darum gebeten, keine Gespräche durchzustellen, sie brauchten ihre Zeit für Sendung und Beiträge. Viel zu oft mussten sie Wiederholungen zulassen, da es an neuem Material fehlte und wegen der Sparanweisung der Geschäftsführung auch keines bestellt werden konnte. So blieb mir die Telefonseelsorge neben meinem alltäglichen Krieg mit den Kosten und den Bonner Anweisungen.

Eine Frau ist mir im Gedächtnis geblieben. Sie sitze im Lehnstuhl, sagte sie, blind und nur durch unseren Sender mit der Welt und vor allem Gott verbunden. Sie erzählte langatmig von ihren einsamen Tagen, die nur durch unsere Botschaft unterbrochen würden. Ich hörte der armen Frau, nebenbei Papiere ordnend, geduldig zu, bis sie mich nach meinem Vornamen fragte. Da musste ich ihr gestehen, dass ich nicht einmal ihrer Konfession angehörte. Doch sie wischte meine Einwände weg und freute sich, dass ich einen Heiligennamen hätte. Das sei Zeichen genug, ich sei ihr vom Himmel geschickt. Von der Zeit an spendete ich fast an jedem Tag, so chaotisch er sein mochte, dieser alten Frau Trost. Ja sie fehlte mir, wenn sie einmal nicht anrief.

Jetzt, da die anfängliche Euphorie verflogen war, richtete man sich ein. Mein Büro lag gleich neben der Technikzentrale, also dem Büro von Herrn Lötkolb. Das hatten wir beabsichtigt, da bei mir das einzige Faxgerät installiert war und ich als ehemalige Technikerin auch ein Auge auf diesen Bereich werfen konnte, wenn einmal der zuständige Mann ausfallen sollte. Umgekehrt hielten wir das auch so, denn als langjährige Kollegen kannten wir die Trampelpfade des anderen. Der Dritte im Bunde war unser Herr Pflaum, Chef über das Programm und durch seine wechselvolle Berufstätigkeit nicht ganz unwissend, was wir beiden Mitstreiter zu stemmen hatten. Das Triumvirat traf sich morgens auf eine erste Tasse Kaffee bei mir, besprach die Tagesgeschäfte und auch sehr bald die drückenden Probleme des Senders. Wir kamen schon nach den ersten Wochen zu dem Ergebnis, dass am geplanten Konzept etwas geändert werden müsse, wollten wir nicht gleich wieder untergehen. Vor uns lagen die Hochglanzbroschüren der christlichen Radiomacher. Man hielt uns noch nicht einmal für würdig, die Verträge und Lizenzvereinbarungen zu lesen. Wir sollten einfach auf Zuruf arbeiten, Anweisungen erteilte man uns telefonisch und jeden Mittwoch zwischen 10 und 14 Uhr persönlich. Da schwebten die Geschäftsführer mit dem Intercity ein, hielten Hof, wurden bei belegten Brötchen und dem obligatorischen braunen Getränk informiert, nahmen die Informationen mehr oder weniger willig zur Kenntnis und enteilten mittags per Taxi, der Zug fuhr ja pünktlich in der Nachbarstadt ab und das Abendessen in Bonn konnte nicht warten.

An Informationen über die Veranstalter zu gelangen, gestaltete sich äußerst schwierig. Damals lernte ich, auch kleinste Hinweise, wie zufällig benutzte Telefonnummern, Halbsätze, kleine Angebereien beim Smalltalk, also alles, was ich aufschnappte, zu dokumentieren. Man konnte ja nicht wissen, wann man die Information noch brauchen würde.

Wir orientierten uns also erst einmal an den Broschüren. Was wurde da nicht alles versprochen! Wir sollten über den Satelliten Astra 1B im Deutschen Sportfernsehen zu hören sein, außerdem ab März bundesweit in allen Kabelnetzen, ab dann auch 24 Stunden am Tag, und natürlich würden wir eine terrestrische Frequenz erhalten, bald, wie wir erstaunt lasen. Dazu käme noch das digitale Autoradio, DAB hieß das, und überhaupt: 15 Redakteure würden die zahlreiche Hörerschaft mit nur guten Nachrichten und erbaulichen Beiträgen unterbrochen von wenig Musik bedienen. Zweimal am Tag sollte direkt nach Rom geschaltet werden zu Radio Vatikan. Unser Sender, so machte uns die Verlautbarung glauben, wäre nach spätestens einem Halbjahr überall zu hören! Eben: „urbi et orbi". Werbung kam zwar im Prospekt vor, wir fragten uns aber, woher diese kommen sollte, hatten wir doch keine Werbeabteilung. So warteten wir wieder einmal auf die göttliche Eingebung und hofften, dass die schönen Träume wahr werden könnten. An uns sollte es nicht liegen.

Eines Tages wurden unsere Stoßgebete erhört, wir bekamen den Auftrag, rund um die Uhr für „Minol", ein Benzin aus den neuen Ländern, zu werben. Wir produzierten wunderschöne Werbespots, setzten sie jede Stunde wie gewünscht ein und warteten auf weitere Aufträge. Als Verwaltungsleiterin kümmerte ich mich um das Rechnungswesen und die Überprüfung der Konten. Schon ganz gierig auf den zukünftigen Gewinn wollte ich nun meine erste Rechnung schreiben und den Geldsegen eintreiben. Nichts da! Bonn bedeutete mir, das sei Aufgabe der Geschäftsleitung. Ich kontrollierte trotzdem weiter neugierig die Konten bei der Pax-Bank, fand aber nie einen Eingang. Vielleicht hatte da einer unserer Darlehensgeber die Hand im Spiel? Die Einlagen der Kommanditisten, die man mit Höchstgewinnchancen gelockt hatte, reichten bei Weitem nicht aus, um den Betrieb in Gang zu bringen und aufrechtzuerhalten. Deshalb waren Kredite höchst willkommen. Eines Tages im Frühsommer 1997, ich hatte bereits eine eigene Ablage für unbezahlte Rechnungen und Mahnungen eingeführt, erschien ein Licht am Ende des Tunnels in Gestalt einer halben Million aus Monte Carlo. Hier lebte und wirkte ein Finanzier, der gerade etwas freies Kapital hatte. So wurden wir gerettet und überlegten nicht lange. Der Himmel hielt seine Hand über uns.

Sehet die Vögel unter dem Himmel an: Sie säen nicht, sie ernten nicht, sie sammeln nicht in die Scheunen; und euer himmlischer Vater nährt sie doch. Seid ihr denn nicht viel mehr als sie? So steht es in Matthäus 6, Vers 26, sagte er sich. Für heute war die Firma aus dem Schneider. Aber wie lange? Und überhaupt, woher kam denn der Geldsegen? Aus Monte Carlo, von einem Gönner? Den würde er gerne privat kennenlernen. Dann wären seine Sorgen, mit denen er seit Jahren zu kämpfen hatte, endgültig weggeblasen. Als junger Mann hatte er unüberlegt einem Freund aus der Patsche geholfen, hatte ihm gebürgt für einen hohen Betrag. Alles schien in Ordnung, bis der Freund durch einen Unfall ums Leben kam und damit nicht nur seine Familie, sondern auch ihn ins Unglück stürzte. Die Frau blieb mit zwei Kindern allein zurück, hatte kaum die Mittel fürs tägliche Brot, die Schulden auf der Bank fielen an ihn, den hochherzigen Freund. So stotterte er die hinterlassenen Schulden ab. An ein eigenes Leben war unter diesen Umständen nicht zu denken.

Der Spender gehörte zu den Freunden des Chefs aus alten Zeiten. So viel stand für ihn fest. Wie, wenn hier schnell einmal schwarze Gelder versteckt werden müssten? Ein Kirchensender ist da sicher ein unverfängliches Zwischenlager. Geldwäsche, das könnte es sein! Aber diese Erkenntnis würde er für sich behalten, beschloss er.

Dr. Schwab war ein rühriger Mann. Er versuchte alle nur möglichen Geldquellen anzuzapfen. Spannend und unnachahmlich erzählte er in Halbsätzen von seiner bewegten Vergangenheit als Büroleiter des Bundeskanzlers, der ihn weitergereicht hatte an die Hardthöhe. Dort hatte er der Republik und der Rüstungsindustrie hervorragende Dienste geleistet als Vermittler einer Panzertransaktion nach Saudi-Arabien. Manchmal, wenn er eine Sitzungspause in unserer Firma einlegte, schwelgte er lachend in der Vergangenheit, als er anscheinend sehr gut betreut und mit viel Erfolg der arabischen Welt zu etwas Militärpräsenz verholfen hatte. Er trug stolz seine Auszeichnungen am Revers und wischte unsere Sorgen mit einer Handbewegung vom Tisch. Sein Freund, der Staatssekretär, würde eine avisierte Million herüberreichen, wir müssten nur noch durchhalten. Nach der Wahl 1998 würde alles besser.

Inzwischen warb er für uns bei den Bischöfen, die von der Idee des neuen christlichen Radioprogramms wohl nicht so überzeugt zu sein schienen wie unsere Veranstalter samt dem Förderverein, und besuchte mit dem Chefredakteur den Speyrer Bischof. Den anschließenden Bericht von Herrn Pflaum vergesse ich nie. Herr Dr. Schwab, redegewandt und vielsprachig, begrüßte den Bischof angemessen in tadellosem Latein. Der Pfälzer Gottesmann schaute verdutzt sein Gegenüber an und sagte dann lächelnd: „Latein habe ich auch einmal gelernt, aber das kann ich längst nicht mehr. Unterhalten wir uns doch auf Deutsch. Im Übrigen sehe ich, dass wir dem gleichen Orden angehören. Da ist das Du richtig." Die beiden Herren sollen sich glänzend vertragen haben.

Unser halber Geschäftsführer, wir hatten damals gerade zwei, später sogar mitunter drei davon, war ein echter Schwabe, sparsam und immer auf seinen Vorteil bedacht. Aber da er alles mit Charme würzte, konnte man ihm nicht böse sein. Er war halt ein Cleverle. Mir gratulierte er einmal, ich hatte eine hohe Auszeichnung für mein kommunales Engagement bekommen, per Fax mit einem Wort, und zwar lateinisch: „Gratulor!"

Nun, ich habe immer gerne mit ihm zusammengearbeitet. Auch als er eines Tages verschwörerisch zu mir kam, die immer offene Bürotür schloss und sich auf meinem Schreibtischstuhl platzierte. Da musste ich halt stehen, denn bei mir gab es nur den einen Sitzplatz, als er mir verschwörerisch zublinkerte und mir die Anweisungen für die nächsten Stunden gab. Hoher Besuch wurde erwartet. Ich hatte deshalb extra einen leeren Raum im Nachbargang ausgeliehen, schalldicht und nahe bei mir, der

Einsatzzentrale. Ich sollte die erwarteten Herren mit allen nötigen Getränken und Häppchen versorgen, aber nicht alles auf einmal liefern. Herr Dr. Schwab entwarf mit mir einen Schlachtplan, den ich minutiös einhalten sollte. Die erwarteten Herren kämen sozusagen inkognito. Informationen, die sie wünschten, sollte ich immer persönlich bei ihm abliefern. Wenn er kurz bei mir durchklingeln würde, einmal nur, und das heimlich, sollte ich mit einer Kanne Kaffee und etwas Gebäck erscheinen und nach eventuellen Wünschen fragen. Bei zweimaligem Läuten sollte ich kommen und einen Zettel mit einer fiktiven Telefonnummer oder einer Botschaft für ihn hereinreichen, ihn dringend ans Telefon im Sekretariat rufen. Ich kapierte. Der Herr wollte die Verhandlung steuern und ich sollte seine Gehilfin sein. Niemand sonst habe Zutritt zu dem geheimen Verhandlungsraum, schärfte er mir ein. Wenig später erschien die Delegation. Ein kleiner, schwarzgekleideter Herr, ein Priester aus Italien, nahm ich an, und ein hochgewachsener, schlanker Herr mittleren Alters, wie ich erfuhr, ein in der Medienbranche tätiger bayerischer Edelmann, der sich überzuvorkommend um den zwergenhaften Mann kümmerte. Ich nahm die Mäntel der beiden in Empfang und verwahrte sie. Dann versorgte ich alle mit Kaffee und dem Nötigsten und zog mich zurück.

Stunden vergingen, nur unterbrochen vom Läuten des Telefons. Ich brachte wie angewiesen Gewünschtes, wobei mir der verschwörerische Blick meines Dienstherrn auffiel und die immer mürrischer werdende Miene des schwarzen Zwergs. Aber was kümmerte mich das schon, ich hatte zu reagieren, rief den Doktor auch einmal ans Telefon, worauf dieser zehn Minuten lang bei mir abwartete. Dann, nahm er an, hatte sich der Verhandlungspartner abgekühlt. Fröhlich schritt er wieder in die Höhle des Löwen. Er hatte sich anscheinend getäuscht, denn kurz darauf wurde es laut im Flur. Türen klappten, Herr Dr. Schwab begab sich ins Büro des Chefredakteurs und vor mir standen die beiden Besucher, nach ihren Mänteln verlangend. Ich brachte sie schnell und wollte einen dem schwarzen Boss reichen. Der bekreuzigte sich, ging einen Schritt rückwärts und schrie: „No, no!" Der Hüne neben ihm nahm mir den Mantel ab, ich drehte mich auf dem Absatz um und verschwand verärgert in meinem Büro. Mit der Kinderstube hatte es bei dem wichtigen Gast wohl gehapert. Ich musste mir so eine Behandlung nicht bieten lassen. Später erfuhr ich, ich hatte soeben die graue Eminenz von Opus Dei kennen gelernt, die uns noch viel Kopfzerbrechen bereiten sollte. Frauen, und dazu noch weltliche, kamen in seiner Welt nicht vor.

Die Visite des mysteriösen Herrn aus Oberitalien kam nicht von ungefähr. Unsere Finanzsorgen waren schon bis nach Rom gedrungen und der Priester kam in geheimer Mission mit 100 000 DM im Gepäck, in bar. Herr Dr. Schwab erklärte nur lakonisch, der Geldsegen wäre schon recht gewesen, aber er habe den Spender um eine legale Überweisung auf die Landesbank gebeten. Das geschah dann wohl auch, denn ich konnte wenig später feststellen, dass Radio Benedicio einen neuen Kommanditisten erhalten hatte, Herrn Mariano.

Er hatte die Konferenz als stiller Zuhörer beobachten dürfen. Man hatte ihm nur manchmal eine Frage gestellt. So wollte man wissen, wie er zum Programm stehe, und äußerte sich abfällig über den Stil der Sendungen. Allmählich glaubte er, der Besucher wollte am liebsten alles umkrempeln, was er erarbeitet hatte. Er mochte den schwarzgewandeten Mann nicht. Der roch nach Gefahr. Gleich heute Nacht wollte er sich Zeit nehmen, um herauszufinden, was ihn in dessen Gegenwart so nervös machte.

Merkwürdige Besucher kamen vorbei. Ohne sich angemeldet zu haben, saß eines Tages ein schwarzgekleideter Herr in meinem Zimmer, als ich etwas später als gewöhnlich in die Firma kam. Da ich auch noch alle Besorgungen erledigen musste, Einkäufe, Post und Steuerberater, war dies nichts Ungewöhnliches. Ich wunderte mich schon über die offene Tür und war vollends perplex, als ich sah, dass sich dort ein Besucher breitmachte, der hier also mit Verlaub gar nichts zu suchen hatte. Erstaunt blieb ich vor ihm stehen. Der Herr entpuppte sich auch noch als gar nicht wohlerzogen, verlangte herrisch nach einer Flasche Wasser und trollte sich erst, als ich schon beschlossen hatte, ihn hinauszuwerfen. Herr Pflaum kam hereingeschneit und stellte uns einander vor. Das sei der Chef von Radio Carmel! Das sagte mir nicht viel, und ich war doch erleichtert, als er sich trollte.

Er hatte eine schlimme Nacht am Computer verbracht. Der kleine Tyrann der gestrigen Sitzung gehörte einer geheimen, christlich orientierten Organisation an, so viel konnte er sehen. Aber es gehörten noch mehr Personen dazu, die anscheinend in unserer Republik Fuß fassen wollten. Er sah entsetzt, wie weit sie es schon gebracht hatten. So gab es einen Sender im Allgäu, der in Bayern eine Lizenz ergattert hatte. In Berlin versuchte man es, und zu

Luxemburg, Österreich und Polen hatte man Verbindung aufgenommen. Die Organisation, es könnte Opus Dei sein, dachte er sich, hatte schon die Wirtschaft, ja Regierungen unterwandert. Vor seinen übermüdeten Augen entstand ein grauenvolles Bild der absoluten Herrschaft dieser strengen Kaste orthodoxer Eiferer. So nahm er sich vor, diesem Treiben zumindest in Deutschland Einhalt zu gebieten.

Mit der Zeit lernte ich alle möglichen kirchlichen Würdenträger und solche, die sich dafür hielten, kennen. Wenn sie mich nicht weiter bei der Arbeit störten, konnten sie ruhig zur Visite kommen. Der Chefredakteur betreute sie, ich sorgte für den Betrieb.

Leider wurden unsere Probleme mit der letzten Geldspritze nicht gelöst. Täglich überprüfte ich Soll und Haben, erstellte lange Tabellen für Herrn Holmann, meinen Finanzchef, und besprach fernmündlich mit ihm, wie wir die nächsten Löcher stopfen könnten. Der Kampf erschien schon jetzt Mitte des Jahres 1997 so aussichtslos, dass ich mir Gedanken über meinen Ruhestand machte. Es wäre an der Zeit, sagte ich mir, sechzig Jahre würde ich im kommenden Jahr werden. Ein guter Zeitpunkt. Dies eröffnete ich auch dem Bonner Geschäftsführer und bat ihn um die Suche nach einer Nachfolge. Gerne wollte ich sie oder ihn noch einarbeiten, aber dann würde ich mich auf das Altenteil begeben. Mir reichte der Kampf, aber Herr Holmann bedeutete mir zu warten, bis die Wahl 1998 gewonnen sei. Dann werde er über meinen Vorschlag nachdenken.

Eines Tages beorderte man uns mit allem, was in unserer Firma an Information aufzutreiben war, nach Bonn. Herr Pflaum und ich erschienen dicke Aktentaschen schleppend im dortigen Büro, wurden vor ein ernstes Gremium zitiert. Die heilige Inquisition, kam mir sofort in den Sinn, als ich die Herren sitzen sah. Wie sie vor Würde trieften, die Ahnungslosen! Wir mussten Rede und Antwort stehen. Nach der hochnotpeinlichen Befragung entließ man uns in ein Nebenzimmer, wo wir zu warten hatten. Gut, dass die Zeiten der brennenden Scheiterhaufen der Vergangenheit angehören, tröstete ich mich, sonst würden heute wie damals wieder einmal ein paar Unschuldige geröstet, damit man seine Hände in Unschuld waschen kann. Herr Müller, der stille Geist des Büros, betreute uns, und wir kamen ins Gespräch. Dabei dachte ich mir, der unscheinbare Dienstmann musste mehr wissen, als man vermutete. Jedenfalls hatten wir ein gutes und informatives Gespräch. Als wir uns verabschiedeten, versprachen wir uns gegenseitige Hilfe beim schwierigen Umgang mit den wechselnden Ansprechpartnern. Das sollte uns in mancher schweren Entscheidung noch helfen.

Die Zeiten hatten sich unmerklich geändert. Beim Mittwochsbesuch unserer Geschäftsleitung brachte Herr Holmann plötzlich einen Herrn mit stark wienerischem Akzent mit, einen Herrn Mariawetz, der uns als neuer Geschäftsführer vorgestellt wurde. Unsere Fragen nach dem cleveren Schwaben beantwortete man uns nicht direkt. Es hieß nur, er habe das Handtuch geworfen. Etwas betreten hörten wir dem Neuen zu, der uns erklärte, dass er alle Mitarbeiter einzeln sehen wolle. Das geschah dann auch. Mit mir fand ein informelles Gespräch über die leidigen Finanzen statt, er ordnete nur einen sofortigen Stopp aller Ausgaben an. Wie ich zukünftig notwendige Büroartikel oder Briefmarken herbeizaubern sollte, sagte er mir nicht. Ich beschloss erst einmal abzuwarten und ging zurück an die Arbeit. Der neue eiserne Besen kehrte inzwischen kräftig durch die Redaktion. Im Lauf des Tages rumorte es in allen Zimmern. Die Leute kamen mit bedrückten Gesichtern bei mir vorbei und berichteten, dass der feine Herr allen bis auf einen Techniker und zwei Redakteure gekündigt habe. Die Verträge der Mitarbeiter seien auf ein Jahr befristet gewesen. „Der Betrieb soll aber wie üblich laufen", sagte er.

So würde auch mein Dream-Team bis spätestens Ende November 1997 verschwinden. Wie dieser Sender ohne unseren schwarzen Joker Pflaum und den Cheftechniker Lötkolb laufen sollte, konnte ich mir beim besten Willen nicht vorstellen. Wir trafen uns deshalb nach dem Auszug der Gladiatoren sofort zum Krisengespräch. Nächstens sollte ja eine Gesellschafterversammlung in Bonn stattfinden und dazu wollten wir etwas beitragen, ob die illustre Gesellschaft dies wünschte oder nicht. Außerdem gab es da doch den Herrn der Lizenz, Chef der Landesmedienanstalt und Herrn der Dinge im privaten Rundfunk, Herrn Dr. Spitzfels. Wir beschlossen in unserer Verzweiflung, erst einmal den Unnahbaren um eine Audienz zu bitten. Sein Büro schwebte ja im gleichen Haus hoch oben in der letzten Etage. Wir konnten ihn jeden Tag bewundern, wenn er von seinem Chauffeur im Dienstwagen an genau den Hintereingang des Gebäudes gebracht wurde, den wir auch benutzten. Er verfügte über einen eigenen Parkplatz, den sein Fahrer wie einen Augapfel hütete. Niemand durfte sein popliges Gefährt auf der eigens mit edlen Pflastersteinen ausgestatteten Fläche abstellen, auch in Abwesenheit des Unnahbaren nicht. Gesagt, getan. Mir blieb wie immer die Terminvereinbarung. Seine Sekretärin bestätigte mir nach angemessener Frist, wie sich versteht, den Termin. So schöpften wir wieder Mut und begaben uns ein paar Tage später in die heiligen Hallen.

Im Vorzimmer ließ uns eine gepflegte, wasserstoffblonde Dame eine Weile warten. Wir standen, Sitzgelegenheiten sah ich keine, stumm vor der Tür zum Allerheiligsten und betraten dann gemessenen Schritts den Saal. Ganz am Ende der Halle zog ein riesiger Schreibtisch unsere Blicke an. Man hätte unsere halbe Firma in dem Refugium unterbringen können, rechnete ich. Hinter dem Ungetüm thronte Herr Dr. Spritzfels. Erst noch einige Unterschriften, dann erhob er sich, kam uns entgegen und bot uns jovial eine Sitzgelegenheit an. Wir versanken beinahe im ausladenden Möbel, obwohl das bei der Leibesfülle Herrn Pflaums schwierig war. Nach den üblichen Vorgeplänkeln mit Kaffee und Keksen kamen wir endlich zur Sache. Es sei doch schrecklich, dass ein Sender des guten Wortes, der so großartig begonnen und schon eine erhebliche Resonanz habe, wegen einer geplanten Änderung des Programms, Finanzproblemen und eines dauernden Wechsels in der Geschäftsführung nun vor dem Aus stehe. Es sei unverantwortlich, fremden, sprich neuen Herren und Ideen Raum zu geben und damit den Sender und eine Menge Arbeitsplätze, ja vielleicht den ganzen Standort in Frage zu stellen, klagte Herr Pflaum an: „Wir sind heute zu Ihnen gekommen, um Sie um Hilfe und Fürsprache zu bitten, denn wer sonst kann den christlichen Radiomachern ins Gewissen reden, wenn nicht Sie." Herr Dr. Spitzfels zeigte sich sehr interessiert, stellte weitere Fragen zum Programm und überlegte die Prüfung der Lizenzvereinbarung. Dann aber erhob er sich unvermittelt und sagte kühl: „Ich kann Ihnen da sicher auch nicht weiterhelfen." Er verabschiedete uns eilig. Im Hinausgehen fiel mir sein Revers auf. An dem prangte das gleiche Abzeichen, das ich auch an den Blazern meiner diversen Arbeitgeber ausgemacht hatte. Ich begriff sofort: „Wir haben uns an den Teufel gewandt und glaubten, den Beelzebub auszutreiben!" Die Wette, was Herr Dr. Spitzfels in den nächsten Minuten tun würde, konnten wir uns sparen. In Kürze würde das Telefon in Bonn anschlagen.

Das war ein Schlag ins Wasser, der Bittbesuch beim Direktor der Landesmedienanstalt. Wie dumm hatte er sein können, dass ihm bis jetzt nicht aufgefallen war, dass schon die Lizenzvergabe, die an eine gewisse Grundfinanzierung gebunden ist – man muss schon über ein gehöriges Anfangskapital verfügen, um überhaupt die Lizenz ergattern zu können –, nicht ganz mit rechten Dingen zugegangen sein konnte. Der ganze Sender verfügte über circa zehn Prozent der benötigten Geldmittel, die gefordert waren. Wer hatte hier seine Finger im Spiel? Wem sollte die Scharade nützen? Fragen über Fragen stürmten auf ihn ein.

Trotzdem wollte er die Geschichte noch nicht aufgeben. Zu viel hing für ihn davon ab, es musste gelingen, den Sender und damit seine Stelle zu erhalten. Ja, sein Leben hing gewissermaßen davon ab. Er wollte kämpfen bis zum Letzten. So beschloss er zusammen mit einem Redaktionskollegen, einem jungen Schwaben, der bei ihm seine erste Rundfunkerfahrung sammelte, ohne Einladung zur anberaumten Sitzung der Kommanditisten nach Norden zu reisen. Der Jungredakteur besaß wenigstens die Mitgliedschaft im katholischen Förderverein. So müsste es doch möglich sein, sich Zutritt zu verschaffen. Für genügend Aufruhr wollte er schon sorgen. Hier musste einmal Klartext geredet werden!

Es hatte geknallt in Bonn. Das riefen zwei Tage später die Spatzen von den Dächern. Als ich morgens mein Büro aufgeschlossen hatte und noch müde und etwas zittrig die erste Tasse Kaffee einschenkte, schrillte bereits das Telefon und weckte mich aus meinen abgebrochenen Träumen. Wer um alles in der Welt habe den Auftrag gegeben, die beiden Herren Pflaum und Häupt ins Allerheiligste zu schicken und dazu noch mit unaussprechlichem Material, mit internen Zahlen und Mutmaßungen? Die beiden hätten beinahe die Sitzung gesprengt und neue Investoren verprellt, schallte es aus der Muschel. Ich tat ahnungslos. Mir war schon bewusst, dass unsere beiden Musketiere für Aufregung gesorgt hatten, recht so, wie ich feststellte. Aber natürlich leugnete ich erst einmal, überhaupt von dem Ausflug gewusst zu haben. Schließlich war ich nicht die Vorgesetzte der beiden und damit aus dem Schneider. "'s ist fatal, bemerkte Schlich, aber diesmal nicht für mich", freute ich mich und wartete neugierig auf Pflaums Bericht. Der klopfte auch umgehend an meine Tür. Seine Pfeife dampfte, der Kaffee in den gelben Tassen wurde kalt, während ich mir genüsslich berichten ließ, wie die Abordnung Unordnung in das geplante Prozedere gebracht hatte.

Eine Auswirkung der Bonner Ereignisse schwappte schon bald zu uns herüber. Die Kommanditisten des Senders hatten erstmalig Wind von der drohenden Insolvenz bekommen. All ihre Hoffnungen auf schnelles Geld und hohe Zinsen schienen den Rhein hinabzufließen. Und plötzlich wurde ihnen auch noch klar, dass die zögerliche Eintragung ins Handelsregister jeden von ihnen bei einem Konkurs in den Orkus spülen würde. Solange sie nicht im Handelsregister standen, hafteten sie nicht nur mit ihrer Einlage, sondern mit ihrem gesamten Vermögen. Ein gespenstisches Treiben begann. Mir klingelten die Ohren vor Anfragen, Forderungen auf umgehende Eintragung, Anweisungen, sofort neues Zahlenmaterial zu liefern und alles Weitere zu veranlassen. Ich dankte allen Schutzengeln, die verhindert hatten, dass ich Prokura erhalten hatte. Ich verwies die beklommenen Geldgeber ins Bonner Büro, wo jetzt der freundliche Herr Müller die Terminwünsche kanalisierte.

Beim Durchforsten unserer Konten, dem Überprüfen von Soll und Haben, dämmerte mir, warum die Firma schon wieder in Geldnöten steckte. Dabei hatten wir doch vor Kurzem einen hochherzigen Kreditgeber gefunden, den geheimnisvollen Geschäftsmann Dieter Holzer mit Sitz in Monte Carlo. Mit dieser halben Million im Rücken konnten wir es abwarten, bis der nächste Zuschuss, den Herr Dr. Schwab angekündigt hatte, von seinem Staatssekretär, wie er immer lächelnd einwarf, um uns zu beruhigen, endgültig alle Engpässe beseitigen würde. Nun plötzlich musste der Kredit schleunigst zurückgezahlt werden. Herr Dr. Schwab bestand darauf, weil er sein Häuschen verpfändet hatte, wie er jammerte. Punktum, das schöne Geld war weg und deshalb auch das Wohlwollen der übrigen Finanziers, die den Pleitegeier schon kreisen sahen. Da musste ganz schnell ein Bauernopfer gefunden werden, und das war der clevere Dr. Schwab. Ich bedauerte es sehr. Mit ihm hatte man Pferde stehlen können. Nun aber herrschte ein neuer Geist. Personal musste gehen, die Zitrone wurde noch einmal ausgepresst. Ein neues Studio musste gekauft werden. Die Miete des jetzigen war Herrn Mariawetz zu teuer. Er ließ keinerlei Widerspruch gelten, und wenn die Argumente noch so stichhaltig schienen.

Unsere beiden gekündigten Säulen der Firma, Lötkolb und Pflaum, reisten nach München, um dort einer zweifelhaften Gruppe Auskunft über die Anforderungen der technischen und redaktionellen Seiten Radio Benedicios zu geben. Sie kamen völlig verstört zurück und berichteten: „Die neue Gruppe, die anscheinend das Regime bei uns übernommen hat, geht von ganz anderen Voraussetzungen für ein Radioprogramm aus. Sie wollen Radio Benedicio ähnlich betreiben wie den Allgäuer Sender Carmel. Dort, so haben wir gehört, betreiben Laien, orthodoxe Eiferer ohne Professionalität einen Verkündigungsrundfunk. Wir haben ihn in München selbst abgehört. Es ist ein

Graus, wie hier die Technik bedient, wie Journalismus mit Füßen getreten wird! Außerdem verdient dort keiner der Mitarbeiter sein täglich Brot, sie arbeiten unentgeltlich und leben in einer klösterlichen Einrichtung", erzählten die beiden Rückkehrer aufgebracht. „Wie sollen wir hier leben, wenn wir für unsere Familie kein Gehalt nach Hause bringen können?", fragte Herr Lötkolb, Vater von zwei munteren Töchtern. „Na, ich bin sowieso in zwei Monaten beim großen Arbeitgeber Vater Staat."

Er zerbrach sich den Kopf, obwohl er doch bereits seine Zukunft verspielt hatte, und das ohne eigenes Verschulden. Was sollte es noch nützen, die neuen Machthaber zu schulen und dabei behilflich sein, sein Lebenswerk zu demontieren. Denn so schien die Sachlage, und er konnte nichts daran ändern. Der smarte Wiener Geschäftsführer hatte versucht, ihn mit sofortiger Wirkung zu entlassen. Aber erstens fand sich nicht so schnell ein neuer Chefredakteur und zweitens hatte sich die unheimliche Wandlung des Senders schon herumgesprochen. Niemand schien bereit, sich auf die Abschussrampe von verbohrten Eiferern zu stellen. Er würde anbieten, auf seinen Urlaub zu verzichten. Da konnte er wenigstens bis zum letzten Augenblick an Bord bleiben und noch einiges verhindern. Anschließend würde er mehr Zeit haben, als ihm lieb war.

Trotzdem konnte er es nicht lassen, erneut zu forschen, wer denn die Hintermänner dieser Attacke waren. Erst lebte der Sender von zwielichtigen Machenschaften einer machtbewussten Clique, die nach dem Zusammenbruch der DDR die Chance sah, sich zu bereichern. Schmiergelder, Waffenschieberei, Politpoker, die ganze Palette hatte er im Zeitraffer verfolgen können. Dieses Radio Benedicio funktionierte als Geldwaschanlage für Schwarzgeld, wie er es ja bei der Finanzspritze des Monegassen erlebt hatte. Als alter Journalistenprofi hatte ihn natürlich die Tatsache sehr interessiert, wie weit man es in diesem Staat treiben konnte, ohne erwischt zu werden. Inzwischen allerdings würde er ungern in mancher Haut stecken, sagte er sich, seine ehrliche genügte ihm vollkommen.

Vom Regierungssitz drangen böse Gerüchte zu mir herüber. Ein gutes Verhältnis zum Bodenpersonal hilft allemal, stellte ich fest. Herr Müller hielt Wort und mich auf dem Laufenden. Bis auch ihn das große Karussell herausschleuderte. Keiner wollte mir so recht Auskunft geben, wohin es den guten Geist der Zentrale verschlagen hatte, bis mir eines Tages zu Ohren kam, dass Herr Müller in Leipzig aufgetaucht sei und sehr zurückhaltend berichtet habe, er sei jetzt im Dienst der Bundesrepublik bei der Abwicklung der DDR tätig. Für welche Dienste er wohl die untergeordnete Stellung im Büro Bonn übernommen hatte, blieb der Spekulation überlassen.

Dort saßen nur noch wenige Matadoren, selbst Herr Holmann, mit dem ich immer zusammengearbeitet hatte, stand auf der Kippe. Man besann sich dann aber, wie ich hörte, eines Besseren. Ohne einen Kenner der Materie war die Firma nicht zu regieren. So hatte ich wenigstens einen in der Zentrale, der mir half, das sinkende Schiff noch eine Weile über Wasser zu halten.

Um Herrn Hilf war es merkwürdig ruhig geblieben. Der große Verfechter des Senders des guten Worts bot anscheinend keine Angriffsfläche. Er brachte seinen Sohn in der neuen Mannschaft des Verwaltungsrats unter und reiste derweil fröhlich durch die Welt, auf Geschäftskosten freilich, reichte seine Spesenrechnungen herüber, die ich sofort zu begleichen hätte, wie er es ausdrückte. Dabei bestanden die Abrechnungen nur aus Zetteln, wenig aussagekräftig und für die Steuer nicht verwertbar. Schon lange hatte ich ihn im Verdacht, ein doppeltes Spiel zu treiben. Er erschien in regelmäßigen Abständen bei uns, wehte durch die Gänge, hielt Ausschau nach Brauchbarem, ließ sich bewirten und verschwand meist mit dem mysteriösen Ausruf: „Mit Ihnen muss ich auch noch reden!" Das geschah aber nie. Die Zeit nahm sich der Vielbeschäftigte nicht. So blieb mir nur, seine Rechnungen aufzubereiten. Manchmal stellte ich mich aber stur, wenn er mir zu sehr auf die Nerven ging. Dann faxte ich nach Bonn und bat um belegbare Rechnungen. So soll er eines Tages wild gestikulierend durch das Bonner Domizil der Firma gerast sein und umgehend meine Personalakte verlangt haben, er hoffte dabei wohl auf eine Unregelmäßigkeit und verlangte, mich umgehend zu feuern. Ich hatte doch nur zweihundert Mark nicht anerkennen wollen. Er hatte bei Freunden übernachtet und ein Hotel abgerechnet. Die Rechnung wollte ich sehen und die konnte er nicht vorzeigen. So ein Kleinkrieg konnte einen doch wenigstens aus dem großen Alltagsblues reißen. Zusehen zu müssen, wie so langsam alle liebgewordenen Mitstreiter das virtuelle Kirchenschiff verließen, stimmte traurig.

Eines Tages musste ich dann noch das Sendestudio kündigen, in den USA war ein anderes bestellt worden, ohne auf unsere Bedürfnisse, auf rundfunktechnische Richtlinien einzugehen.

Der Einbau sollte ebenfalls durch einen Amerikaner vollzogen werden. Wie das gehen sollte, konnte ich mir nicht vorstellen. Ich kannte meine Pappenheimer von der Telekom, hatte ich doch viele Jahre mit ihnen zusammengearbeitet, mit manchen sogar sehr freundschaftlich. Wir hätten den Sendestart sonst niemals so nahezu reibungslos im letzten Jahr vollzogen. War das erst im letzten Jahr? Mir schien der Aufbau im Geschwindschritt Jahre her zu sein. „Und nun ist alles vorbei", stellte ich fest. Allein gelassen von meiner Traumtruppe, ohne mein morgendliches Aufwärmen beim Kaffee, dem Austausch der Neuigkeiten, der Absprache fürs Notwendige. In der Technikzentrale nebenan saß niemand mehr über Plänen, umgeben von Server, Monitoren, Werkzeug und Taschenrechner. Im Chefbüro goss keiner mehr einem mutlosen Redakteur einen Cognac ein und schickte ihn getröstet zur Arbeit, der Bote brachte nicht mehr alle Morgen die Briefe herein, ich musste sie selbst in der Hauptpost abholen, es gab keine Sekretärin mehr, die einen Brief hätte tippen können, die Journalisten mieden den Spiegel, um ihre Ringe unter den Augen nicht zählen zu müssen. Ich war so mutlos und sorgenvoll, dass ich beschloss, meinen Resturlaub zu nehmen. Immerhin hatte ich noch einen Monat Freizeit zu beanspruchen und den nahm ich mir jetzt. Ich rief Herrn Holmann an und erklärte ihm: „Ich gehe in Urlaub!"

Ich plante, mich im Frankenwald in mein ererbtes Haus zurückzuziehen, in eine andere Welt. Dort gehen die Uhren langsamer, die Leute leben gemütlich und mit wenig Abwechslung ihr einfaches Leben. Wäre nicht ab und zu ein Auto den Marktplatz heraufgekrochen, wäre niemand auf den Gedanken gekommen, im späten zwanzigsten Jahrhundert zu leben. Es ging schon immer so, man möchte gar nichts ändern, die Welt kann ruhig draußen bleiben. Hier wollte ich einen Monat lang vergessen, was im letzten Jahr auf mir gelastet hatte.

Doch vor der Reise absolvierte ich die längst fälligen und immer wieder aufgeschobenen Gesundheits-Checks. Dass nicht alles bei mir in Ordnung sein könnte, kam mir mit keinem Gedanken. Was nicht sein kann, das nicht sein darf, sagte ich mir, rasch überprüft und dann die Koffer gepackt! Der Befund traf mich wie ein Blitz. Ich musste sofort ins Krankenhaus, der Krebs hatte mich erwischt. Dabei spürte ich doch gar keine Veränderung. Das konnte bestimmt nur eine Fehldiagnose sein. Erst das Röntgenbild überzeugte mich. Ich informierte Herrn Holmann, dass der Urlaub etwas länger dauern würde, und musste ihn trösten, ich wollte bestimmt gleich nach der Operation anrufen.

Er hatte nämlich keinen Schimmer, wie er die Gehälter auszahlen, den Betrieb am Laufen halten sollte. Wir vereinbarten eine Fernbetreuung vom Krankenbett aus.

Dann packte ich einen kleineren Koffer und begab mich drei Tage später auf die Schlachtbank. So kam es mir wenigstens vor. In der Hetze hatte ich mir nämlich noch gar nicht vorgestellt, was mir geschehen würde. Nun aber, als ich das weiße Krankenbett bezog, die Schwestern geschäftig um mich herumliefen, kroch die Angst in mir hoch. Wie würde der Eingriff verlaufen, müsste ich die ganze Brust opfern, mit Schmerzen kämpfen? Wie sollte ich jemals wieder die Alte sein können? Am meisten entsetzten mich die Abbildungen schöner Models in wunderbaren Abendkleidern. So entstellt, dass ich nur noch härene Gewänder tragen könnte, wollte ich nie und nimmer sein, lieber wollte ich sterben! Aber da standen doch viele Gesichter im Raum. An erster Linie natürlich die Familie, Mann, Söhne. Sie brauchten mich noch eine ganze Weile. Der Professor tröstete mich wie sicher viele Frauen vor mir und versprach, sein Möglichstes zu tun. Mit diesem Versprechen ließ ich es geschehen und hoffte auf ein unverstümmeltes Erwachen.

Wieder zogen sich die Tage wie Gummi, der Himmel, der in seine kleine Kellerwohnung schaute, war bleiern, erste Schneeflocken mischten sich unter den Regen, und er zerbrach sich den Kopf über seine Zukunft. Noch immer drückten ihn die Schulden. Wie sollte er sie je begleichen? Dann war da heute Morgen noch ein Brief des Vermieters hereingeflattert. Er solle ausziehen und das möglichst bald, denn der Wohnblock würde saniert. Er hatte bereits mehrere Bewerbungsschreiben verfasst und zur Post gebracht. Jetzt wartete er jeden Morgen auf den Briefträger, sehnlicher als früher auf die Zeitung. Die schon einmal vorsorglich gepackten Bücherkisten stapelten sich im Raum, er überlegte, wie er liebgewordenen Ballast verkaufen könnte, denn umziehen müsste er auf jeden Fall. Seine Lage wurde mit der Zeit immer schwieriger. Nun wünschte er nicht nur Ballast abzuwerfen, nein, er musste. Seine geliebten Sammlungen wurden nach und nach verkauft. Er litt unsäglich und wurde mit jedem Tag hoffnungsloser, denn es kamen nur Absagen oder überhaupt keine Reaktion auf seine Bewerbungen.

Ablenken konnte ihn immer noch das Fernsehen, Nachrichtensendungen in Phoenix, die er liebte und brauchte, um den Kontakt zur Realität nicht ganz zu verlieren.

Der Raum hallte, jeder Schritt, der meine Ohren quälte, brachte mich weiter in die Wirklichkeit zurück. Man rief meinen Namen und beruhigte mich, ich hatte es überstanden. Benommen noch tastete ich mich ab, stellte fest, dass da ein paar Schläuche herausragten, aber alles noch an seinem Platz zu sein schien. Damit dämmerte ich wieder ein und erwachte erst, als ich im Krankenzimmer von meinem Mann begrüßt wurde. Mein Lebenswille kam zurück. Man erzählte mir später, ich hätte im Schlaf mein Abendbrot verzehrt, alles, wie mein Mann anklagend berichtete, denn er hatte vor Sorge den ganzen Tage keinen Bissen herunterwürgen können und auf einen Anteil gehofft.

Tags darauf installierte man ein Telefon und die Firma hatte mich wieder. Ich erholte mich im Zeitraffer, schließlich wurde ich gebraucht. Herr Holmann besuchte unsere Stadt nun öfter und die Standleitung zwischen Sender und Krankenbett funktionierte.

Eine Woche später betrat der Professor, der mich behandelt hatte, das Krankenzimmer und fragte, ob ich die Zeitung bereits gelesen hätte. Er berichtete, dass in einem Stadtteil unserer Industriestadt eine Fünfzentnerbombe gefunden worden sei. Das dortige Krankenhaus wie auch der gesamte Stadtteil müssten geräumt werden. Und hier im Klinikum müssten alle Patienten, die gehfähig seien, nach Hause entlassen werden, damit für den Katastrophenfall Platz sei. Ob ich wohl schon nach Hause wolle? Ich wollte, und versehen mit guten Ratschlägen, Medikamenten und der Aussicht auf sechs Wochen Bestrahlung verließ ich die sterilen Hallen eine Stunde später.

Die Bestrahlung konnte natürlich erst in angemessener Frist beginnen. Vorerst platzierte ich mich zu Hause vor dem Fernseher, nahe am Telefon und vertrieb die Langeweile mit Lesen. Das Dezemberwetter lud auch nicht gerade zum Spazierengehen ein, obwohl ich gerne versucht hätte, die aufkommende Schwäche durch Laufen zu überwinden. So musste ich halt still auf die Genesung warten. Dabei rannte mir die Zeit förmlich davon, hatte ich mich doch seit Langem auf die Reise nach Pasadena gefreut, die für Ende Februar wegen der Feierlichkeiten zum Partnerschaftsjubiläum geplant war und keinesfalls verschoben werden konnte.

Ein stilles Weihnachtsfest folgte, die Parteifreunde besuchten mich sogar daheim, wie ich aber vermutet hatte, nicht ganz ohne Hintergedanken. Eine Besucherin stand eines Tages vor der Tür, ließ sich mit Plätzchen verwöhnen und rückte dann nach einigem Herumdrucksen mit der Sprache heraus. Sie fragte, ob ich denn wieder für das nächste Stadtparlament kandidieren würde. Sie meinte: „Es sind ja noch eineinhalb Jahre hin bis zu nächsten Wahl, aber wir machen uns schon Gedanken, wen wir auf die Liste setzen sollen. Und du bist doch nun sehr krank ...?" Ich roch den Braten. Da hatte ich mich bald fünfundzwanzig Jahre für die anderen verwendet, hatte Freizeit und Nerven geopfert, mir vielleicht durch die Belastung die Gesundheit ruiniert. Und diese Geier konnten nicht einmal abwarten, ob ich die letzte Attacke überstehen würde. Für das baldige Ableben wurde anscheinend schon die Grabrede vorbereitet, wie sie in den Schreibtischen der Presse für besonders verdiente Persönlichkeiten liegt. Schockiert und auch amüsiert beobachtete ich die gute Frau, die man vorgeschickt hatte. Da standen doch schon einige Bewerber um die Nachfolge in den Startlöchern. Ich war mir seit einiger Zeit darüber im Klaren, dass es nicht schlecht wäre, etwas langsamer zu treten. Wie lange so ein Leben dauert, liegt ja nicht in den eigenen Händen. Da mischt noch eine andere Macht mit, das war mir bewusst. Da wollte ich wenigstens mit der verbliebenen Lebensspanne noch etwas Vernünftiges anfangen. So ließ ich die Parlamentärin noch ein wenig zappeln, schenkte noch einen Kaffee nach und erklärte ihr dann, dass ich nicht erneut auf das Kandidatenkarussell steigen würde. Ich gab ihr einen Brief für den Vorstand des Ortsvereins mit und bat, ihn zu verlesen. Ich bin mir aber heute sicher, er wanderte ungelesen in die Rundablage.

Beim Krankenhaus drängte ich auf den Beginn der Bestrahlung, immerhin sechs Wochen lang, und ich wollte, ja musste fertig sein, wenn die Reise nicht ins Wasser fallen sollte. Der Chef der Radiologie hatte ein Einsehen, bestellte mich gleich im neuen Jahr mit den Worten: „Wir werden die Zeit einhalten, wenn Sie und die Maschine das aushalten." Die Bestrahlungseinrichtung hatte einmal einen Ausfall, ich nicht. So war ich Ende Februar erlöst und konnte Anfang März mit meinem Mann und der Delegation den Flieger besteigen, der uns in vierzehn Stunden die neue Welt brachte.

Die alten Kollegen hatten ihn angerufen. Die wenigen kamen sich ganz verloren vor, als sie über die Feiertage im leeren, totenstillen Haus die Menschen mit der Weihnachtsbotschaft des Papstes versorgen mussten. „Friede auf Erden" verkündigte man. Wer dachte schon an die vergessenen Arbeiter im Garten des Herrn. Nicht einmal ein Tannenzweig oder wie im letzten Jahr noch ein paar

Kekse und eine Kerze trösteten über die Tage hinweg, beruhigten die Gemüter, die den endgültigen Exodus ihres Senders und damit auch ihrer Arbeitsplätze vorhersahen. Inzwischen herrschte allgemeines Chaos. Ein paar Bandmaschinen und ein winziges Mischpult dienten als Sendestudio, denn das neue, aus Amerika bestellte schien im Bermudadreieck verschollen. So tröstete er die Kollegen, obwohl er selbst Trost gebraucht hätte. Sein Geburtstag am 28. Dezember erinnerte ihn schmerzlich daran, dass er mit Anfang vierzig schon zum alten Eisen gehörte. Wie ihm sein ehemaliger Studioleiter bei der letzten Kündigung als Nachrichtenmann zum Abschied gesagt hatte, war er mit vierzig für das Privatradio zu alt. Die Menschen werden immer älter, sagte er sich, die Arbeitnehmer immer jünger.

Beunruhigende Nachrichten fachten seinen Wissensdurst wieder an. Er musste nun endlich hinter die Dinge sehen. Wer zog hier die Drähte? Erst einmal ging er die letzte Konferenz in Bonn durch, in die er sich hineingeschmuggelt hatte. Neue Gesichter waren aufgetaucht, die die Versammlung zu majorisieren versuchten. Dafür brauchten sie natürlich keine Zuschauer, und deshalb der Hinauswurf. Er konnte zwar vom Foyer aus durch die Türen lugen, aber die wurden schnell geschlossen. Man bereitete die Übernahme des Kirchensenders vor, selbstredend unter Ausschluss der Öffentlichkeit. So kandidierten für die Aufsichtsratsposten plötzlich ganz neue, sehr junge Gestalten. Ihm fiel es auf, und er hatte die Söhne und Töchter des halben süddeutschen Hochadels ausgemacht. Die Väter hatten anscheinend ihren Nachwuchs ins Rennen geschickt. Radio Benedicio sollte wohl zur Spielwiese des Adels mutieren. Jedenfalls las sich die Liste der Verantwortlichen in der Folgezeit wie das „Who's who" des Hochadels. Die jungen Wilden konnten sich auf Kosten der Mitarbeiter austoben und ferngesteuert natürlich den Willen der alten Herren, der Drahtzieher, ausführen und man blieb selbst schön im Dunkel.

Wer aber steckte hinter der Organisation, die so großes Interesse am Sendeplatz zeigte? Der italienische Priester schien die Schlüsselfigur zu sein. So holte er sich die Daten des Herrn Mariano aus dem Netz und plötzlich fiel es ihm wie Schuppen von den Augen. Der kleine Mann in Schwarz war eine ganz große Nummer im Kirchenspiel, ein Joker, der gesandt war, um in der Welt Radio Maria zu etablieren. Dafür benötigte man erst einmal Sendelizenzen. Die gab es in Deutschland nicht so ohne Weiteres. Das Rundfunkgesetz ließ diese Form des Verkündigungsradios nicht zu. Deshalb bediente man sich schon vorhande-

ner Einrichtungen. Mit ein wenig Geschick, dem Austausch des Personals durch Mitarbeiter wie bei Radio Carmel, dem Allgäuer Projekt, mit der allmählichen Unterwanderung der Aufsichtsgremien und natürlich mit der selbstlosen Rettung des Senders konnte man Radio Benedicio zum Zentrum Radio Marias in Europa machen. Er schauderte. Radio Maria war der Sender einer Gruppe orthodoxer Eiferer, die die Welt verändern wollten und, vergleichbar mit den Islamisten, keine Mühe zu scheuen schienen, um ihr Machtgebiet auszudehnen über ganz Europa. Offen wurde in den Medien berichtet, dass sie die Hand im Spiel hatten beim Umsturz in Polen. Radio Maria hatte die Gewerkschaftsbewegung Solidarność unterstützt. Jetzt fehlte ihm nur noch ein Puzzlestein. Wer hatte diese Entwicklung geplant und gefördert? Sein gemarterter Geist lief langsam Amok, er musste sich beruhigen! Er fuhr den Computer herunter, holte sich seine letzte Flasche Cognac und setzte sich in den einzigen freien Sessel zwischen abgebauten Regalen und Bücherkisten, um zu überlegen. Am nächsten Morgen erwachte er vor einer geleerten Flasche mit dickem Schädel, aber ohne Ergebnis.

Wie hatte ich nur vergessen können, dass die Welt so schön ist. Pazifik, Golden-Gate-Bridge, Mohave-Wüste, Grand Canyon, die großartige Landschaft des amerikanischen Südwestens standen noch immer vor mir, als ich schon längst wieder auf dem Boden Europas gelandet war. Ich fühlte mich wie neu geboren. Jetzt konnte ich den Kampf um unseren Sender auch wieder aufnehmen. Ich betrat die Räume wie immer durch den Hintereingang und fühlte sofort die Spannung in der Luft. Es war still, wie nie zuvor. Aus dem Chefbüro drangen Stimmen, weibliche und männliche. Niemand trieb sich auf dem Flur herum, kein Kaffeeduft wehte herüber. Ich wollte meine Tür aufschließen, sie war aber schon geöffnet. „Das geht doch nicht, da sind doch die Akten gelagert", sagte ich mir ärgerlich. „Wo kämen wir denn hin, wenn jeder Spaziergänger in den Unterlagen stöbern könnte." Ich wollte das gleich rügen. Also machte ich mich sofort auf zum ehemaligen Chefbüro, aus dem die Stimmen drangen, und klopfte. Ein zögerndes Herein drang mir entgegen. Unbekannte Gesichter schauten mir entgegen, sichtlich gestört in ihrer Diskussion. Aber das störte mich wenig. Ich schaute mich fragend um, erkannte den Herrn aus Wien, Herrn Mariawetz, eine junge Dame und einen weiteren devot dreinblickenden Herrn. Vorsorglich stellte ich mich selbst vor, die Verwaltungsleiterin, frisch aus dem Urlaub, und schaute fragend in die Runde. Herr Mariawetz ergriff das Wort. „Na, das ist schön, dass Sie wieder hier sind", sagte er und stellte die beiden anderen vor. „Hier ist Ihre neue Geschäftsführerin, Frau von Irrwitz, die ab sofort jeden Tag hier sein und die Geschäfte vor Ort wahrnehmen wird. Außerdem haben wir einen neuen Chefredakteur, Herrn Reblaus. Ich werde Sie nachher mit der neuesten Entwicklung vertraut machen. Nun aber wollen wir in Klausur weitere Schritte besprechen." Damit war ich entlassen, man beachtete mich nicht weiter und ich verließ verwirrt den Raum.

Die bedrückten Mienen in der Redaktion schienen mir ein weiteres schlimmes Indiz. Sie erzählten vom neuen, semiprofessionellen Studio und der zermürbenden Arbeit unter schlechten Bedingungen, von einem Neuen in der Chefredaktion, der sich kaum am Programm beteiligte, eilfertig Anweisungen einer übergeordneten Stelle weitergab und sich nicht im Geringsten um den Tagesablauf zu kümmern schien. Heute Mittag sollte es eine Konferenz geben. Na, ich konnte abwarten, was das Dreierteam hinter verschlossenen Türen ausgekungelt haben würde. Vorerst wollte ich in meinem Bereich Ordnung schaffen. Ordnung ist die Mutter des Erfolgs und der hatte die Truppe anscheinend verlassen.

Mein Ressort befand sich allerdings in einem Zustand, dass mir die Haare zu Berge standen. Bei der Suche nach der ersten Vorlage fand ich nichts. Ich nahm mir einen Ordner nach dem anderen vor und stellte fest, dass mein gesamtes System der Ablage nicht mehr vorhanden war. Sieben Wochen Abwesenheit hatten meine Arbeit von mehr als einem Jahr vernichtet. Ich suchte und suchte. Doch je mehr ich die Akten wälzte, desto mehr stand ich vor einem Chaos. Natürlich war mein Büro einige Wochen lang das Ausweichquartier für das Sendestudio gewesen, während man das neue einbaute, aber dabei konnte doch niemand daran gelegen gewesen sein, die Akten in den Schränken als Konzeptpapier zu benutzen. Ich ließ mich verzweifelt in den Drehstuhl fallen. Wenigstens der kannte mich noch und stützte mich in meiner tiefen Verzweiflung. Es würde mich Wochen und sehr viele Überstunden kosten, diesen Schweinestall auszumisten. War das etwa Kalkül, die alten Strukturen bis ins Mark zu erschüttern?

Am Nachmittag bei der anberaumten Konferenz aller Mitarbeiter wartete unser kleines Häuflein auf die neuen Herren. Herr Mariawetz machte es sich einfach. Er stellte die neue Geschäftsführerin, eben die junge Dame aus dem Chefbüro, vor, erklärte, sie habe jetzt hier das Sagen, und gab ihr das Wort. Ich erfuhr, was mir schon schwante, als ich am Morgen die Dame begrüßt hatte: „Wir sind hier ein Sender in großen Schwierigkeiten", deklamierte sie, „und ich werde Ihnen jetzt zeigen, wie wir gemeinsam neue Wege gehen können. Dazu ist es erst einmal nötig, dass jeder Mitarbeiter auf sein Gehalt verzichtet, ich arbeite ebenfalls für nur ganz wenig und das sollten wir vorerst alle tun." Die Gesichtsfarbe der Mitarbeiter wechselte von grau zu aschfahl. Wie sollten sie alle die Miete bezahlen, wovon sollten die Familien satt werden? Diese unbedarfte 27-jährige Frau konnte gut reden. Hinter ihr steckte sicher ein reicher Vater, der die Kleine auf die Spielwiese zum Sandkuchenbacken geschickt hatte. Der Name von Irrwitz kam nicht von ungefähr. Argumenten der Mitarbeiter gegenüber blieb sie völlig unzugänglich, sodass das Informationsgespräch im Sande verlief. Herr Mariawetz verließ leise den Sender, um Wien anzusteuern, die Dame schmollte noch eine Weile in ihrem Büro über die Uneinsichtigkeit dieser geldgierigen Bande. Mein Arbeitszimmer wurde ab sofort zum konspirativen Zentrum.

Er hatte sich erneut beworben, bei den umliegenden Sendeanstalten, bei Kirchen für den Pressedienst, im Norden und Süden der Republik, wobei er sich wünschte, es käme eine Zusage aus dem Süden. Nördlich der Mainlinie fühlte er sich verloren. Dagegen hätte er sofort jede Stelle in München, seiner heimlichen Liebe, angenommen. Doch immer mehr Absagen flatterten ins Haus, sodass er allmählich bereit war, nicht mehr wählerisch zu sein, sondern einfach zuzugreifen, wenn er nur endlich ein Angebot erhielte. Trostlos verliefen die Tage mit Nichtstun. Der Vermieter drängte, die Arbeiter hatten bereits mit der Sanierung der umliegenden Wohnungen begonnen, er war der letzte Mieter. So beschloss er, seine wenigen Habseligkeiten in seiner Heimatstadt einzulagern und mit wenig Gepäck nach München zu ziehen. Dort vor Ort wollte er sich vorstellen. Es müsste doch mit dem Teufel zugehen, wenn er nicht ein paar alte Beziehungen nutzen könnte, sagte er sich. Der Entschluss verlieh ihm neue Hoffnung. „Das ewige Warten macht depressiv." Damit verließ er endgültig die ungastlichen Räume.

Eines Morgens drängte sich die ganze verbliebene Mannschaft in meinem Büro, kaum dass ich es aufgeschlossen hatte. „Der Kopierer ist defekt, wir können nicht mehr arbeiten", schallte es mir entgegen. Ich hatte mich langsam an solche Katastrophen gewöhnt und versprach, gleich einmal nach dem Rechten zu sehen. Gewöhnlich gelang es mir, den Fehler zu beheben und den Tag zu retten. Doch heute ging nichts mehr. Der große Kopierer hätte eigentlich schon lange eine Überholung nötig gehabt, aber wie sollte ich die Wartung bestellen, wenn die letzten Leasingraten noch offenstanden. So reparierte man halt, solange es ging, und behandelte das kränkelnde Gerät mit der gebotenen Vorsicht. Letzte Nacht musste allerdings ein Berserker gewütet haben. Weder gutes Zureden, neuer Toner, große Inspektion noch sonstige Tricks konnten der altersschwachen Maschine ein Blatt bedruckten Papiers entlocken. Der Kopierer hatte seinen Geist ausgehaucht. Nichts ging mehr. Plötzlich stand Fräulein von Irrwitz neben mir und herrschte mich an, ich solle doch für die Reparatur sorgen, wenn ich schon nichts verstünde. Ich wurde laut. „Dieses Gerät hätte längst gewartet gehört. Da wir aber die Rechnungen nicht bezahlt haben, kann ich Ihnen auch keine Reparatur versprechen. Das Gerät ist hin. Wir alle haben es gehütet, bis Sie es endgültig erledigt haben. Nachschub gibt es keinen mehr." Damit ließ ich die verdutzte Dame stehen, eigentlich ganz froh über die Ruhe, die nun in meinem Büro eintreten würde. Denn ohne Kopierer konnten meine Ordner, die sie in den Nächten auseinandergerissen hatte, auch nicht mehr unordentlich werden. Am nächsten Tag holten die Vermieter das defekte Gerät ab. Es folgte kein neues mehr.

Weitere Missgeschicke folgten. Manchmal belebten sie unsere trüben Tage, sodass wir heimlich wieder einmal schmunzeln konnten. So erschien die junge Dame einmal ganz aufgelöst bei mir und erzählte atemlos, was ihr an diesem Morgen passiert war. Sie besuchte nämlich in ihrer Heimatstadt an jedem Morgen erst die Frühmesse, bevor sie sich auf die Autobahn begab und 70 Kilometer weit fuhr, um uns armen Würstchen Beine zu machen. Sie hatte ihr Auto wohl nicht genügend gesichert, denn an diesem Morgen fand sie nach der erbaulichen Andacht den Wagen ausgeraubt, Handtasche und alle im Wagen befindlichen Wertsachen hatten einen neuen Nutzer gefunden, sie stand ohne Papiere und Geld da. Flehend fast befahl sie mir, ihr aus der Handkasse einen Betrag auszuhändigen, damit sie wenigstens diesen Tag überstehen könnte. Ich öffnete wortlos die Kasse und zeigte ihr die Barschaft. Es befanden sich gerade noch 49,87 Mark darin. So konnte ich es mir nicht verkneifen und sagte nur: „Das ist das letzte Geld der Firma. Ich kann es Ihnen gerne geben. Allerdings wird dann ab heute keine Post mehr verschickt. Wir sind pleite!"

Fräulein von Irrwitz verließ fluchtartig mein Büro. Die Kollegen hätte sie nicht anpumpen können. Die hatten das letzte Gehalt noch ausstehen. Retter in der Not soll der zweite Geschäftsführer aus Wien gewesen sein. Er schneite zufällig ins Haus und rettete das fromme Freifräulein. So fromm war die Dame nun auch nicht, als dass sie mir nicht vorgeworfen hätte, ich hätte zur Jahreswende ganze sieben Wochen gefehlt. Ich sei unzuverlässig. Ich erklärte kurz, dass ich leider krank gewesen sei, was sie mir nicht abnahm. Im Gegenteil wollte sie wissen, ob ich eine notorische Faulenzerin sei. Mir reichte es, ich fragte nur, was sie bei einer Krebsoperation tun würde. Da schwieg sie einen Moment lang betreten und erwiderte, man müsse beten. Ich knurrte nur: „Beten hilft mir wenig, hilf dir selbst, so hilft dir Gott, ist mein Motto." Das Klima in der Firma gefror zusehends.

Einmal wurde ich zu den beiden anwesenden Geschäftsführern gerufen. Man ließ mich wie immer, als ich den Raum betrat, stehen und eine Weile warten. Dann blickte der Herr aus Wien mürrisch auf und herrschte mich an, wer veranlasst habe, dass die Gehälter angewiesen worden seien. Außerdem sei an den Kreditgeber aus Monte Carlo Geld geflossen. Wie ich dazu käme. Er war wütend. Ich erklärte ihm ruhig, für die Gehälter hätte ich die Berechtigung, das sei mit Herrn Holmann abgesprochen, über die Rückzahlung des Kredits müsse er mit diesem sprechen. Er schimpfte, ich solle gefälligst in die Verträge sehen, er allein sei dafür zuständig. Nun reichte es mir aber auch. Ich antwortete pampig: „Wir haben in unserer Firma drei Geschäftsführer, fast so viele wie Personal. Bitte werden Sie sich doch endlich einmal einig, wer wofür zuständig ist, und sagen Sie mir das dann auch. Dann werde ich mich gerne daran halten. Bis das geschehen ist, arbeite ich mit Herrn Holmann zusammen, der zumindest jederzeit telefonisch erreichbar ist." Ich drehte mich um und verließ den Raum. Sollten sie mir doch wegen Ungebührlichkeit kündigen. Aber es geschah nichts.

Die Kassen waren wirklich leer im Mai, ich konnte weder Gehälter anweisen noch Material einkaufen. Und zum Überfluss sagte sich auch noch die Steuerprüfung an. Es war zum Verzweifeln. Der Finanzbeamte kam morgens um 8 Uhr ins Haus, schaute sich kritisch um, lehnte den Begrüßungskaffee ab und bat um einen Arbeitsplatz. „Nun, wenn er schon prüfen will", sagte ich mir, „dann soll er das verwaiste Zimmer neben mir haben, in dem früher unser Herr Lötkolb denselben schwang." Ich öffnete die Zwischentür zu meinem Büro und erklärte ihm, wo die Unterlagen zu finden seien. Im Übrigen sei ich bei Fragen jederzeit ansprechbar, erklärte ich und überließ ihn seinem Schicksal. Ab und zu lugte ich hinüber, wo der strenge Herr inmitten meiner Akten saß, neben sich die Aktentasche, die Dose mit dem Butterbrot und die Thermosflasche, und überlegte, wie er sich wohl durch das hinterlassene Gestrüpp von Fräulein von Irrwitz durchmogeln würde. Der erste Tag verging, der zweite Tag verging. Vielleicht gefiel es dem Herrn bei uns besser als im Amt. Inzwischen gehörte er schon dazu, keiner nahm mehr Rücksicht, er konnte alles mithören, was bei mir besprochen wurde. Warum sollte ich etwas verschweigen, die Lage war so und so verfahren. Am dritten Tag bat er mich zu sich hinüber. Er sah mich etwas irritiert, aber nicht unfreundlich an. Dann fragte er: „Ich habe die Akten geprüft, ziemlich undurchsichtig sind sie ja, aber mir ist klar geworden, dass keinerlei Mittel mehr zur Verfügung stehen. Sagen Sie mir doch bitte, wie Sie die nächsten Gehälter bezahlen wollen." Ich antwortete wahrheitsgemäß, dass ich das auch nicht wüsste, sie seien schon seit einer Woche überfällig. Da überlegte der Finanzmann kurz und sagte: „Ich habe gesehen, dass noch etwas Umsatzsteuer zurückzuzahlen ist. Ich werde mit meinem Chef sprechen, vielleicht haben Sie dann die Mittel für die ausstehenden Gehälter." Dann erhob er sich, nahm seine Aktentasche und verabschiedete sich. Er sei fertig und komme nicht mehr. Wenige Tage später trudelte auf dem Konto die Steuerrückzahlung ein, die ich in der nächsten Stunde verbriet. Das war unser letztes Gehalt.

Etwas Gutes hatte die Abwesenheit des Kopierers. Der Auftrag unserer mysteriösen neuen Geldgeber, die durch Fräulein von Irrwitz so trefflich über die vergangenen und laufenden Geschäfte informiert worden waren, konnte ohne Kopiergerät nicht ausgeführt werden. Zu konstruktiven Tätigkeiten wie echten Führungsaufgaben taugte das junge Freifräulein nicht. So verließ sie unsere Firma ohne Abschiedsgruß, sie verschwand einfach. Wir bemerkten es kaum.

Der Wiener Geschäftsführer hielt sich ein paar Wochen länger, eines Tages aber erschien er mit besorgter Miene bei mir im Büro und erklärte, dass seine Tage in unserem Sender gezählt seien, er habe andere Aufgaben übernommen und außerdem sei Wien etwas weit entfernt. Wir überlegten eine Weile, was als Nächstes zu tun sei, um die frohe Botschaft des himmlischen Herrn weiter verbreiten zu können, obwohl die irdischen Herren nur noch traurige Nachrichten verbreiteten. Ich bot ihm an, meine Hausbank, bei der die Firma ein kleines Konto führte, um einen Überbrückungskredit zu bitten. Immer noch warteten wir ja auf die angekündigte Riesensumme aus der alten Hauptstadt. Herr Mariawetz stimmte zu, jeder Strohhalm kam recht, um über Wasser zu bleiben.

So rief ich einen führenden Abteilungsleiter der Bank an, bat um einen Termin und hatte ihn noch am gleichen Tag. Wir machten uns umgehend auf in die Höhle der Finanzwelt, die Leute, die mich aus meiner politischen Tätigkeit kannten, öffneten uns bereitwillig die Tür. Wir wurden hereingebeten, freundlich mit Kaffee versorgt und Herr Mariawetz erläuterte unser Begehren. Wir stießen auch auf offene Ohren, glaubten wir, doch dann kam der Pferdefuß. Zuerst sei natürlich die Zusage über die angekündigte Riesensumme aus der besagten Quelle nötig, als kleine Sicherheit. Mir wurde mulmig, wusste ich doch, dass viel versprochen, aber nichts in schriftlicher Form vorhanden war. Wir verabschiedeten uns ziemlich rasch und versprachen, die Unterlagen baldigst einzureichen. In die Firma zurückgekehrt hoffte ich, dass das besagte Schriftstück doch noch vorhanden sein könnte, der Geschäftsführer würde sicher wissen, wo es aufzutreiben sei.

Ich freute mich fast, dass der Herr aus Wien gleich eine Stunde später nochmals in meiner Tür stand. Sein ernstes Gesicht zeigte mir dann allerdings, dass auch er aufgegeben hatte. Er verabschiedete sich freundlich mit den Worten: „Leider kann ich das besagte Schriftstück nicht weiterreichen, denn es gibt keines. Deshalb möchte ich mich hier endgültig von Ihnen verabschieden, ich komme nicht mehr. Im Übrigen rate ich Ihnen, sich nicht mehr für die Firma einzusetzen. Ihr Ruf könnte dadurch leiden. Ich kann die Stadt verlassen, Sie aber müssen hier weiterleben. Deshalb leben Sie wohl." Dann machte er auf dem Absatz kehrt, schloss die Tür hinter sich und wurde nie mehr gesehen.

Die Luft in seiner Lieblingsstadt nahm ihm einen Augenblick den Atem, als er den Hauptbahnhof verließ. Diese Mischung aus Föhn und klarer Bergluft hatte ihm gefehlt. Wie hatte er so lange darauf verzichten können. Früher hatte er eine Zeit lang in dieser Stadt gearbeitet, seiner heimlichen Heimatstadt, wie er sagte, obwohl er am Main geboren war. Nun aber war er zurückgekehrt, ohne Arbeit zwar, aber zu einem Bücherlager, das er nicht hatte mitschleppen wollen auf seinem Weg durch die Radioanstalten der Republik. Er machte sich auf die Suche nach einem billigen Quartier, fand es nahe der Isar, also mitten in der Innenstadt, brachte seine wenigen Habseligkeiten unter und begab sich auf eine ausgiebige Wanderung. Er feierte Wiedersehen mit den Straßen und Plätzen, schaute bei seinen Büchern vorbei, holte etliche Lieblinge hervor, fühlte sich wieder daheim. In dieser ersten Nacht schlief er traumlos und hoffnungsvoll. Gleich morgen wollte er sich nach Arbeit umsehen. Diese Stadt gehörte ihm, er wollte sie nie mehr verlassen.

Die Tage im Juni verliefen quälend langsam. Die Sommerhitze stand wie eine Glocke über der Rheinebene, der nahe Badesee lud zu einer Abkühlung in der Mittagspause ein, das einzige Vergnügen der verbliebenen Mannschaft, ich blieb auch in der Pause an Bord, wie der Kapitän, der das Schiff nicht verlassen will. Was sollte er auch im Rettungsboot tun, fehlten doch Ruder und Steuerrad. Der traurige Chefredakteur Reblaus befand sich schon seit elf Uhr in der nahen Gaststätte und vergrub sein Gesicht Trost suchend im Weinglas. Wenn er dann gegen zwei wieder aufschlug, zeigte seine frohe Miene, dass er in wenigen Stunden die Heimreise antreten könnte. Das tat er dann auch gegen vier Uhr, wir kümmerten uns nicht weiter um diesen Ritter der traurigen Gestalt. Keiner rechnete je mit seiner tätigen Mitarbeit, auch nicht an dem Tag, als plötzlich alle Lichter verloschen. Der Strom ist weg, schallte es mir entgegen, als ich die Ursache ergründen wollte. Zuerst inspizierte ich die Sendung. Tote Hose, stellte ich fest und beruhigte den aufgescheuchten Redakteur. Dann überlegte ich kurz. Havarie-Bewältigung hatte immer zu meinen Stärken gehört. Darin war ich geschult worden beim öffentlich-rechtlichen Rundfunk. Also hieß es eine Stromquelle finden. Ich griff nach einer Stehlampe, suchte im ganzen Bereich nach Steckdosen, die nicht vom Ausfall betroffen waren, und fand eine Putzsteckdose im Flur. Diese hatte den begehrten Saft. Ich rief nach dem einzigen verbliebenen Techniker, dem alten Kollegen aus der ehemaligen Firma, und gab Anweisungen, die er verstand und ohne zu zögern ausführte. Wir arbeiteten als eingespieltes Team wie in alten Zeiten. Schnell wurden alle Verlängerungskabel zu einer Leitung zusammengeknüpft, der Strom wieder ans Pult gelegt, die Versorgung wieder hergestellt. Inzwischen hatte ich den Herrn mit der Vorliebe für Wein und Feierabend ausfindig gemacht. Ich bat ihn, den Redakteur zu unterstützen, damit das gestörte Programm möglichst schnell wieder in Ordnung gebracht werde. Aber da hatte ich die Rechnung ohne den Wirt gemacht. Nicht nur, dass der Wein die Zunge des Herrn etwas schwer gemacht hatte, er entwickelte ungeahnte Ängste vor dem Mikrofon, schloss sich sofort in seinem Büro ein, um dann einige Minuten später herauszustürzen mit dem Ausruf, er versäume seinen Zug. Weg war er. Wir hatten inzwischen wieder Kontakt mit der Außenwelt, sendeten erst einmal einen Choral. Das konnte nicht falsch sein. Dann hatte sich der Redakteur gefangen und eine Nachricht formuliert. Als nach einer Stunde auch die Technik wieder funktionierte, wir wieder genügend Energie aus dem Netz zapfen konnten, lachten wir nur noch über Reblaus. Der Ernstfall musste den weinseligen Herrn stark mitgenommen haben. Jedenfalls begab er sich kurzfristig in den Urlaub nach Griechenland. Dort dürfte er bei Dionysos Trost gefunden haben. Wir hörten nur noch einmal von ihm.

Verwirrende Nachrichten erreichten ihn aus dem alten Sender. Die Kollegen sahen in ihm immer noch den Chef, der sie auch in schwierigen Zeiten begleitet hatte. Manches Mal musste er sie trösten aus der Ferne, auch wenn ihm selbst nach Trost zumute war. Aber was er nun zu hören bekam, überstieg seine schlimmsten Ahnungen. Der Sender wurde unterwandert von einer geheimen Organisation, die ohne Skrupel ihre Ziele durchzusetzen bereit war. Und er konnte das nicht mehr verhindern. Dieses Radio Maria hatte sich bereits im Allgäu eines Kabelkanals bemächtigt und verbreitete seine obskuren Botschaften im Münchner Netz. Bloß gut, dass der Einzugsbereich begrenzt war. Aber seit einiger Zeit beobachtete er Aktivitäten in den Nachbarländern Österreich und Polen. Gleich einer Krake überzog die neue Medien-Macht Mitteleuropa. Wohin sollte das führen, fragte er sich ratlos.

Dabei stellte sich die Arbeitssuche schwieriger heraus, als er gedacht hatte. Zuerst meldete er sich bei den Zuarbeitern für das Radio-Benedicio-Programm. Er kannte ja den Chef, mit dem er vor wenigen Monaten verhandelt hatte. Doch dieser Herr schien seinen Namen bereits vergessen zu haben, als Aushilfe für einige Tage kam er unter, dann aber servierte man ihn plötzlich kalt ab. Er werde nicht mehr gebraucht, bedeutete man ihm, das Nachrichtenprogramm laufe fast ohne Mitarbeiter. So viel hatte er in den wenigen Tagen sehen können, sagte er sich. Diese Nachrichten wurden wirklich billigst hergestellt. Man bereitete keine Meldung redaktionell auf, man verlas sie einfach vom Ticker. So suchte er halt weiter und fand auch etwas Interessantes, den Aufbau eines Studios samt Programm für die Ostkirche. „Na also", dachte er sich, „wenn ich das geschafft habe, bin ich wieder da." In alter Manier stürzte er sich in die Arbeit.

Die Mittel der Firma waren restlos erschöpft. Eines Tages sperrte die Pax-Bank, bei der wir noch einen Überziehungskredit in Anspruch nehmen konnten, unerwartet das Konto. Ich hatte gehofft, nochmals Gehälter auszahlen zu können. Die Kollegen, die nicht wie ich durch den Ehepartner abgesichert waren, lebten bereits auf Pump. Das letzte Mal hatten wir bereits gemeinsam unter den Kollegen ausgelost, wer noch ein Nettogehalt bekommen konnte, für alle reichte es nicht und manche wären aus der Wohnung geflogen. Nun aber half kein Trick mehr. Ich meldete die Ebbe nach Bonn und bat um Hilfe. Herr Holmann, der Letzte an Bord, versprach Antwort binnen Stunden. Ich verließ meinen Bürosessel nicht mehr, wartete auf den Rückruf. Am Morgen noch hatte mir der Chef Hoffnung gemacht, dass er neue Finanzen aufbringen könnte. Die letzten Streiter für das gute Wort kämpften in der Redaktion. Sie sollten nicht noch mehr beunruhigt werden. So wartete ich allein auf die erlösende Antwort.

Die Glocke schlug an. Ich schnellte aus meinem Sessel hoch, als der ersehnte Anruf kam. Herr Holmann sprach in die Muschel und ich musste meine Gedanken erst ordnen, bis ich die kurze Mitteilung verstehen konnte: „Es ist zu Ende. Ich habe soeben Insolvenz angemeldet. Die erwarteten Gelder werden nicht eintreffen, die Geldgeber sind nicht mehr bereit nachzuschießen." Der Rest heißt Abwicklung, wurde mir bewusst. In den folgenden Minuten besprachen wir, was als Nächstes zu tun sei. Herr Holmann machte es sich einfach. Für diesen Teil fühlte er sich nicht mehr zuständig. Ich musste ihn erst auf seine Pflicht als Arbeitgeber hinweisen. Er überließ mir das Vorgehen, ich sollte nach Gutdünken handeln. Er würde am nächsten Mittwoch wie üblich noch einmal anreisen. So leicht konnte er sich aber hier nicht aus der Verantwortung schleichen. Das erklärte ich ihm unmissverständlich. Zuerst müsse er eine Freistellung der Mitarbeiter unterschreiben, damit die Leute endlich vom Arbeitsamt erhalten könnten, was ihnen die Firma schuldete, forderte ich. Er widersprach nicht, und ich wollte, nachdem er am Freitag, dem 3. Juli 1998, so kurz vor dem Wochenende, die beschwerliche Reise scheute, eine schriftliche Freistellung per Fax noch heute erhalten. Die Formulierung würde ich ihm senden, er solle wenigstens warten und unterschreiben.

Was dann folgte, war Routine. Ich rief den leitenden Redakteur zu mir, eröffnete ihm die traurige Nachricht, beruhigte ihn und bat ihn, den Abschied von der Hörerschaft vorzubereiten. Ich würde derweil alles Nötige für das Personal veranlassen. Erst dann riefen wir die Leute zusammen, erklärten die traurige Nachricht und nahmen das Programm vom Sender. Nur eine Endlosschleife erinnerte noch an uns und unsere Arbeit, als wir gegen ein Uhr Mittag die Räume verließen, mit Tränen in den Augen, bewusst, dass dies das Ende vieler Hoffnungen auf einen glücklichen und sorgenfreien Arbeitsplatz war. In unserer Stadt würde es kaum noch freie Plätze für seriöse Journalisten geben. Wer nicht in Arbeitslosigkeit versinken wollte, musste die Stadt verlassen und anderswo sein Glück versuchen.

Die Klagen schwappten bis zu ihm nach München. Der Sender des guten Worts hatte seinen Geist ausgehaucht, die neuen Herren hatten schließlich keinen Sinn darin gesehen, sich gegen das gültige Landesmediengesetz durchzusetzen. Erfreulich, fand er, auch wenn dabei seine geliebten ehemaligen Kollegen auf der Strecke blieben. Trotzdem war er erleichtert, dass die Herren der Organisation dieses Mal verloren hatten. So konnte er hoffen, dass die Bundesrepublik dank der Gesetze ein Land ohne religiöse Indoktrination bleiben würde. Was da in den übrigen Staaten passierte, wünschte er sich nicht für sein Heimatland. Er sah allmählich hinter die Strukturen der Kirche. So kam ihm auch beim Aufbau des Studios hier im Münchner Lehel einiges nicht ganz geheuer vor. Das Programm für den Osten gehörte zur höchsten Geheimhaltungsstufe. Seine Vorschläge dazu wurden nur halbherzig entgegengenommen, obwohl ihm ursprünglich dafür der Auftrag erteilt worden war.

Er hatte, wie er das immer handhabe, auch zu Ostern am Studio gearbeitet. Ganz allein betrat er die Räume des Ordens am Karfreitag. Da herrschte Stille, er war allein mit seinen Gedanken und Plänen. Niemand störte ihn und das mochte er. Doch am Abend bemerkte er, als er sich zu einem kurzen Gebet ins Allerheiligste begab, dass da immer noch die Kerze brannte, die er schon am Morgen bemerkt hatte. Er würde die nächsten beiden Tage das Haus nicht betreten, die Mönche waren weit weg, und wer sollte da wohl eine brennende Kerze beaufsichtigen. Die könnte Unheil anrichten, sagte er sich und löschte sie vorsorglich.

Die folgende Woche fing gut an. Er wurde sofort nach Betreten der Klosterräume zum Abt befohlen. Stolz wollte er diesem das fast fertige Studio präsentieren. Aber was musste er hören? Er hatte im Übereifer das ewige Licht gelöscht, seine Erklärung wurde zur Seite geschoben. Nicht dass der Ordensmann sein Vorgehen nicht toleriert hätte, aber da hatte sich doch am Morgen eine wichtige Adelsfrau bei der Morgenmesse beschwert. Und die gehörte zu den honorigen Spenderinnen des Klosters. So konnte er sich ausrechnen, was mit seinen Träumen vom sicheren Arbeitsplatz nach der Fertigstellung des Projekts werden würde. Entschuldigungen wurden nicht akzeptiert. Man setzte ihn baldigst vor die Tür. Nächstenliebe kleingeschrieben, dachte er sich.

Als Einzige hatte ich den Schlüssel zur Firma behalten, zumindest noch, denn irgendeiner musste den Rest erledigen, die Stube kehren, besenrein übergeben. Eine schwere Aufgabe hatte ich vor mir. Zuerst aber wollte ich den kulanten Lieferanten, die auf meine Bitte hin mit dem Abtransport ihrer geleasten Geräte gewartet hatten, bis ich dafür grünes Licht geben würde, die Möglichkeit einräumen, ihr Eigentum zurückzuholen, bevor der Insolvenzverwalter seine Hand darauf legen konnte. Ich telefonierte mit den kleinen Firmen, deren Existenz bedroht gewesen wäre, wenn sie die gelieferten Sachen nicht rechtzeitig aus der Konkursmasse erhielten. Die nächsten Stunden gehörten den Abholern, die umgehend vorsprachen. Sie bauten ab, Kopiergerät, Server und Telefax. Es ging zu wie beim Schlussverkauf. Dann sichtete ich den kläglichen Rest. Wir hatten die Firma lange schon auf Pump betrieben. Nun konnten die Geier kommen und unser schönes Gebilde zerstören. Am übernächsten Tag erschien der Letzte der Geschäftsführer, Herr Holmann, und erklärte kraft seiner Willkür einiges, wie zum Beispiel die gesamte Software, als dem Bonner Studio zugehörig. Er verstaute Akten und sonstige Gegenstände in einer großen, gestreiften Plastiktasche, die ich ihm auslieh. Zuschauen mochte ich bei dem Geschäft nicht. Es würde besser sein, nicht allzu viel zu wissen. Dann begab ich mich auf den schweren Gang zum größten Arbeitgeber.

Die nächsten Tage hatte ich für Insolvenzverwalter und Ausschlachter zur Verfügung zu stehen. Sie forderten Inventarlisten, bedrängten mich mit Fragen nach dem Betriebsvermögen, konnten einfach nicht glauben, dass so wenig zu holen war. Meine stereotype Antwort auf alle Fragen lautete: „Sprechen Sie mit Herrn Holmann, er wird ihnen alles bestätigen." Zum Ende gaben sie Ruhe, holten alles Brauchbare ab und hinterließen ein einziges Chaos. Wer hier aufräumen sollte, sagte mir keiner. Ich war ja eigentlich auch freigestellt und deshalb nur noch aus Gutmütigkeit im Sender. Dann forderte mich der Insolvenzverwalter auch noch auf, alle Unterlagen in sein Büro in der Nachbarstadt zu bringen. Darüber hinaus hätte ich noch die Aufgabe, alle Formulare für das Arbeitsamt auszufüllen, denn sonst erhielte kein Mitarbeiter sein wohlverdientes Konkursausfallgeld. Er habe dazu weder Personal noch Zeit. Die armen Schlucker taten mir leid und ich verbrachte mehrere Tage im Anwaltsbüro mit der Abwicklung. Selbst die beauftragte Firma, die unsere Personaldaten, wie Einträge in die Steuerkarte, führte, ließ mich hängen. Sie weigerten sich, noch tätig zu werden, wollten nicht einmal die Unterlagen herausrücken. Da wurde ich aber grantig. Ich drohte mit Rechtsanwalt und allen Teufeln der Justiz, bis sie ein Einsehen hatten und mir die Papiere kommentarlos und unausgefüllt zurücksandten. Da saß ich dann, ratlos und ohne eigentliche Unterschriftsberechtigung, und überlegte, was zu tun sei. Schließlich sagte ich mir, das Arbeitsamt würde kaum nachprüfen wollen, ob ich berechtigt war. Ich füllte nach Aktenlage und bestem Wissen aus und unterschrieb alles. Der Insolvenzverwalter war zufrieden, das Arbeitsamt auch. Eine Woche später konnten alle auf ein gefülltes Konto blicken. Noch heute wundere ich mich, dass meine Unterschrift sogar auf meinem eigenen Lohnzettel anerkannt wurde.

Es blieb nur noch, die Räumlichkeiten in einem angemessenen Zustand an Herrn Dr. Schneider zu übergeben. Der hatte mir oft aus der Patsche geholfen und nun wollte ich mich ordentlich verabschieden. Ein paar ehemalige Kollegen halfen beim Füllen der Container. Wehmütig schritt ich zum Ende durch die Etage, die mir über eineinhalb Jahre fast Heimat geworden war. Dann fuhr ich zu Dr. Schneider und übergab die Schlüssel. Er klagte über den Verlust, den er zu verbuchen habe. Einem guten Kaufmann tat das weh. Doch beim Gespräch über die Pleite des Kirchensenders kamen wir dann so nebenbei noch zu einem Ausgleich seiner Verluste. Mir fiel ein, dass kurz vor der ersten Kündigungswelle, der auch unser guter Lötkolb zum Opfer fiel, auf dem Dach des Zentrums eine riesige Satellitenschüssel montiert worden war. Ich hatte nie eine Rechnung gesehen, sie gehörte aber wohl zum Bestand der Firma. Noch ganz neu, war sie in keiner Inventarliste aufgeführt, die Kabel hingen noch lose im Schaltschrank eines anderen Senders. Sie war vergessen worden und herrenlos. Herr Dr. Schneider wurde bei der Erzählung sofort aufmerksam, packte mich kurzerhand in seinen Wagen und steuerte die alte Zentrale an. Sollte ihm da entgangen sein, dass hier ohne seine Erlaubnis ein Gegenstand auf dem Dach installiert worden war? Wir kletterten durch ein Flurfenster auf das Flachdach, ich zeigte ihm das Riesending, eine Satellitenschüssel mit 2,50 Meter Durchmesser. Fein säuberlich, sehr stabil und von Profis war sie installiert worden. Nur weil ich mir als alter Technikerin das Schauspiel damals nicht entgehen ließ, konnte ich nun Auskunft geben. Ich tat es bereitwillig. Der clevere Kaufmann rechnete schnell, überschlug die Kosten für den Abbau und entschied, dass das herrenlose Ding soeben in seinen Besitz übergegangen sei. Es stehe auf seinem Dach, hieß natürlich dem der Gesellschaft, die er vertrat. Er soll das Gerät übrigens mit Gewinn an den ansässigen Sender verkauft haben. Am Ende war er mir niemals böse, dass ich ihm die Pleitegeier ins Haus gebracht hatte.

Er saß in seiner Pension unter dem Dach und schrieb sich die Finger wund mit den Bewerbungsschreiben. Über vierhundert hatte er im letzten Jahr abgeschickt und kaum Resonanz erhalten. Entweder kamen Absagen zurück oder man hielt es nicht einmal für nötig, die Papiere zurückzuschicken. Dabei kostete ihn jede Kopie eine Stange Geld, Geld, das er nicht mehr hatte. Der Computer, altersschwach und längst nicht mehr zeitgemäß, konnte nur noch mühevoll am Leben erhalten werden, der Drucker hatte Macken. Er wusste manchmal nicht, sollte er sich eine warme Mahlzeit leisten oder noch eine Bewerbung absenden. Immer noch wurde er als Journalist beim Journalistenverband geführt. Das verhalf ihm zu einer Telefon-Flatrate. Wäre diese Quelle versiegt, hätte er die letzte Verbindung zur Welt verloren.

In seiner Not nahm er inzwischen jeden Job an. Schichtarbeit am Band, Putzkolonne, Nachtdienste bei der Bewachung, Zeitungsauslieferung. Für nichts war er sich zu schade, denn nur so konnte er seine Miete bezahlen und hatte noch ein Dach über dem Kopf. Wenn nur einmal ein Arbeitgeber ein Einsehen mit seiner Lage gehabt hätte. Er war doch arbeitswillig, aber schwarz. Auf seine Hautfarbe schob er inzwischen seine Misere. In einer konservativen Umwelt rechnete er sich keine Chance mehr aus. Ihm als langjährigem CDU-Mitglied passierte es, dass ihm bei einer Versammlung der CSU, die er besuchte, bedeutet wurde, dass dies kein Ort für Ausländer sei. Zu stolz, zu erklären, dass er genau so deutsch sei wie alle im Saal, verließ er die Veranstaltung und fühlte sich nun auch hier ausgeschlossen. Dabei hatte er sich in seiner Jugend aktiv zusammen mit einem hessischen Ministerpräsidenten in der Jungen Union betätigt. Doch keiner der ehemaligen Mitstreiter erinnerte sich daran, er erwartete auch gar keine Hilfe mehr von ihnen.

Nun, wo seine Partei die Wahl verloren hatte, änderte sich die Politik. Die rot-grüne Herrschaft deckte auf, was immer verborgen und verschwiegen im Untergrund geschwelt hatte. Fast war er befriedigt und schämte sich gleichzeitig für seine Partei bei dem Gedanken, dass die Machenschaften der alten Kohl-Regierung ans Tageslicht gezerrt wurden. Korruption bei ELF, mit Holzer, Pfahls, Schreiber, Strauß, Koch und in Liechtenstein. Die Namen schwirrten durch seinen Kopf. Wie konnte nur so ein Desaster entstanden sein! Und wenn er es genau bedachte, hatten er und Radio Benedicio auch davon profitiert. Dankbar war man sogar gewesen, dass ein winziges Scherflein für einen guten Zweck abgefallen war. Es hatte aber nicht ausgereicht. Irgendjemand hatte kalte Füße bekommen und neue Geldgeber gesucht. Oder hatte man von Anfang an auf die Übernahme durch die Organisation hingearbeitet? Aber wer von den Radiomachern hatte falsch gespielt?

Die einzige Verbindung zur Welt da draußen waren lange Telefongespräche mit Kollegen aus dem Sender am Rhein, die Erinnerungen mit ihm austauschten, Geschichten aus längst vergangenen Tagen, so kam es ihm vor. Manchmal merkte er auch, dass er störte, wenn er sich in den Geschichten aus der Vergangenheit sonnte. Die waren alle mit ihren eigenen Problemen beschäftigt. Für den fernen ehemaligen Chef blieb da keine Zeit. Langsam versank er im Vergessen. Die Flasche, die er früher immer so verteufelt hatte, half ihm nun, wenn er vor Kummer und Einsamkeit nicht einschlafen konnte. Dann hörte er nicht einmal das Lärmen der Monteure nebenan, die nach einem langen Arbeitstag ihr Essen wärmten und den Abend mit deftigen Erzählungen würzten. Sie hatten zu Hause in der einstigen DDR keine Arbeit gefunden und wohnten nun unter dem Dach der Pension dicht neben einigen Dauergästen wie ihm und einem alten Herrn, der sich hier eingerichtet hatte. Der brauchte manchmal etwas Hilfe und gab einen guten Zuhörer ab.

Herr Pflaum hatte wieder einmal angerufen. An seiner Stimme konnte ich inzwischen erkennen, wie es ihm ging. Obwohl er sich bemühte, merkte ich bald, dass er sich in einer verzweifelten Lage befand. So nahm ich die überlangen Gespräche hin, auch wenn mir seine ewigen Wiederholungen der verklärten Vergangenheit allmählich reichten. Aber nach einer Stunde hellte sich die Stimmung am anderen Ende der Leitung meistens so weit auf, dass ich vorsichtig zum Ende kommen konnte. Für ein paar Wochen war er getröstet. Meine Schultern schleppten den Seelenballast allerdings noch eine Weile mit. Selbst hatte man ja auch ein Päckchen zu tragen. Dabei machte ich mir immer noch Gedanken, wie ich dem armen Teufel helfen könnte.

Vor einem Jahr hatte er mich sehr geärgert. Ich hatte alle meine Beziehungen mobilisiert, um den armen Kerl wieder in Brot und Arbeit zu bringen. Die Abgeordnete des Wahlkreises setzte sich für ihn ein, und wir hatten eine halbe Stelle im Pressedienst des Landes erobert. Sitz sollte Berlin sein. Wer die Stelle ablehnte, war Herr Pflaum mit der Begründung, in Ostberlin werde er wegen seiner Hautfarbe verfolgt. Dorthin könne er auf keinen Fall gehen. Ich stand wie ein dummer Pudel da. Meine Quelle versiegte sofort.

Nun aber diskutierte ich den Fall mit meinem Mann, dem die ewigen Klagen und Anrufe allmählich zu viel wurden. Er schlug vor, die katholische Kirche, auf die unser Sorgenkind schwor, zu mobilisieren. Schließlich konnte diese Institution seine Verdienste nicht abstreiten und musste doch einem verlorenen Schäfchen helfen, dachte er. Ich wurde richtig wütend, wusste ich doch, wie das Bodenpersonal der heiligen Kirche arbeitete. Ich wehrte mich gegen das Ansinnen meines Eheherrn, der einfach vorschlug, ich solle doch einen Brief an den Papst verfassen. Um Ruhe zu haben, formulierte ich ein Blatt, zeigte es dem Angetrauten und erklärte, dass selbst dieses Schreiben in der nächsten Rundablage landen würde. „Spenden darf in dieser Kirche jeder, um Hilfe bitten niemand." Das konstatierte ich und warf das Schreiben auf den Tisch. Dann kümmerte ich mich um Nächstliegendes wie Garten, Haus und Kinder. Ich hatte wahrhaftig andere Sorgen, als mich um ein verlorenes und dazu noch bockiges Schäflein der katholischen Kirche zu kümmern. Mein Mann war anderer Ansicht. Er nahm den Brief, versah ihn mit vielen Briefmarken und schickte ihn an den Heiligen Stuhl nach Rom, als Einschreiben mit Rückschein, versteht sich. Man musste doch wissen, wohin dieser Ausbruch von Insubordination einer evangelischen Sozialdemokratin gelangt war. Experimente dieser Art bereiteten ihm ein heilloses Vergnügen. Er wartete zuversichtlich auf Antwort. Ich hatte den Husarenritt schon lange vergessen. Da lag eines Tages ein Antwortschreiben im Briefkasten. Der Eingang war vor Wochen bestätigt worden, versehen mit Stempeln aus dem Vatikan. Nun aber lag da ein Schreiben aus Rom, geschickt über die Nuntiatur in Berlin. Wir öffneten es neugierig. Meine Vorhersagen sah ich bestätigt. Kein Arbeitsplatz bei der Kirche für meinen Schützling, aber der Heilige Vater ließ ausrichten, dass er für den verlorenen Sohn bete. Im Übrigen solle er beim Ordinariat vorsprechen. Mein Mann war fest davon überzeugt, dass der Brief ganz oben gelesen worden war, denn Deutsch versteht der heilige Herr und mein Schreiben war sehr deutsch.

Herr Pflaum, dem ich den Anfall von Großmannssucht beim nächsten Marathongespräch beichtete, war tief gerührt, bat um eine Kopie und erwirkte ein Gespräch beim Ordinariat. Die Antwort kenne ich heute noch: „Wir wissen, was Sie für uns getan haben, Herr Pflaum", sagte der fromme Mann, „aber sehen Sie, ich muss in diesem Jahr dreitausend Leute entlassen. Ich habe keinen Platz für Sie." So lebte der Bittsteller weiterhin ohne Hoffnung in der Stadt seiner Träume und kam langsam am Boden der Gesellschaft an, von wo er krank und hilflos an einer Klostertür anklopfte. Er hatte die Hoffnung noch nicht aufgegeben, dass ihm Gott, der Allmächtige und Gütige, eines Tages helfen würde. Die Klostermauern blieben ihm verschlossen. Man erklärte ihm nur, dass er erst seine irdischen Probleme lösen solle, dann stünden ihm auch die Klostermauern und damit der Himmel offen.

In unserer Stadt lebte immer noch das Häufchen der einstigen Kirchenfunker, die nach Arbeit suchten. Es hatte sich gleich von Anfang an eine Art Stammtisch gebildet, der die Verzagten aufzufangen versuchte. Einige, besonders die Frauen der Gruppe, waren schneller fündig geworden. Sie hatten erst einmal den nächstbesten Arbeitsplatz angenommen und bauten ihn nun systematisch aus. Mir fiel auf, dass Frauen in dieser Hinsicht praktischer veranlagt und wohl nicht so wählerisch sind. Sie kamen innerhalb eines halben Jahres unter. Die Männer hatten Probleme. Sie suchten zu gezielt nach einer bestimmten Aufgabe, lebten in den Tag hinein und versäumten Zeit, die schwierig aufzuholen war. Nur die familiär Gebundenen konnten sich keine Auszeit leisten. Sie griffen zu und ließen sich dann auch nicht mehr bei dem Stammtisch sehen. Nach einem Jahr schlief er ein, da kein Bedürfnis mehr bestand. Mir war es recht, denn die Familie fraß mich langsam auf.

Hier fand ich meinen Platz und genoss die gewonnene Muße. Nur im Keller erinnerten noch ein paar übrig gebliebene Akten an die turbulente Zeit bei Radio Benedicio. Manchmal blätterte ich noch darin, wunderte mich über unseren Eifer, dieses von Anfang an falsch geplante Vorhaben zum Erfolg zu führen. Wären da nicht die immer häufigeren Anrufe aus dem fernen München gewesen, hätte ich die Episode längst vergessen. Doch da rief der ehemalige Kollege an, mit dem ich den Sender Benedicio damals aus den Startlöchern gezwungen hatte. Er versuchte verzweifelt, sein Leben wieder in sichere Bahnen zu lenken. Mir tat er leid, wusste ich doch, dass er, stur wie er war, jede Hilfe ablehnte und so seine wenigen Freunde immer wieder vor den Kopf gestoßen hatte. Wie kann man einem Ertrinkenden helfen, der den Rettungsring nicht ergreifen will, weil er glaubt, ohne fremde Hilfsmittel das Ufer zu erreichen? Wir Freunde aus der Vergangenheit schmiedeten Schlachtpläne, organisierten Wohnungen, Jobs und Hilfstrupps. Aber der Delinquent versteifte sich auf eine Stadt, in der er bleiben wollte. Dabei wäre der Rücksturz an den Rhein sicher die Rettung gewesen.

Ich versuchte sogar, bei einem meiner regelmäßigen Besuche in München nach ihm zu sehen. Erstaunt musste ich feststellen, dass ich nicht erwünscht war. Er erklärte mir, er habe Nachtschicht, sei deshalb zu müde für ein Treffen. Ich nahm seine Entschuldigungen hin und dachte mir noch immer nichts dabei. Als aber die Anrufe chaotischer wurden, die Erzählungen zusammenhanglos, er von Krankheit und plötzlichen Ohnmachten erzählte, wurde ich hellhörig. Er besuchte als frommer Mensch immer noch regelmäßig die Andachten in den unzähligen Kirchen. Eines Tages erzählte er von einem Priester, der ihn besucht und ihm einen Auftrag erteilt habe. Er solle nach Amerika reisen und dort für ihn recherchieren, für die Organisation, die damals unseren Sender übernommen hatte. Ich war erstaunt. Herr Pflaum berichtete weiter nur, dass er dieses Ansinnen sofort abgelehnt habe. Dann wieder musste er dringend in seine Geburtsstadt, wo seine Mutter schwer erkrankt sei. Da er keine Mittel für die Reise hatte, schickte ich ihm die Fahrkarten. Überglücklich begab er sich anscheinend auf die Reise nach Hause, und ich hoffte, er würde bei der alten Dame bleiben. Dort war er schließlich noch immer gemeldet. Ohne Arbeit hätte er sicher bei seiner Mutter Unterschlupf gefunden. Wochen später berichtete er, dass er gerade aus dem Krankenhaus in München komme, man hatte ihn nach Tagen hilflos in seiner Dachkammer gefunden. Nun aber wolle er nach Hause fahren, er habe ja die Fahrkarte.

Die Wohnung seiner Mutter war leer, er hatte nach langem Läuten den Schlüssel herausgekramt. Verlassen fand er die Küche, das Wohnzimmer mit dem alten Sessel, den sein Stiefvater immer für sich reserviert hatte. Auch nach seinem Tod vor einigen Jahren hatte die Mutter darauf geachtet, dass der Platz frei blieb. Er wagte auch heute nicht, die Regel zu brechen. Sogar sein altes Jugendzimmer fand er unverändert vor. Er legte die Tasche ab und klingelte bei der Nachbarin. Ja, habe er das gar nicht mitbekom-

men? Seine Mutter sei vor zwei Tagen gestorben, ein schwerer Tod. Und sie habe immer nach ihm gefragt. Wo er denn so lange geblieben sei. Der Redeschwall hörte gar nicht auf, er drehte sich auf dem Absatz um und schloss erst einmal die Wohnungstür hinter sich. Das auch noch. So schlimm hatte er sich die Lage gar nicht vorgestellt, die Mutter hatte ihn immer beruhigt. Aber nun stand er ganz allein da. Wie sollte er alles bewältigen, was nun auf ihn zukam. Da musste er sich um Beerdigung, den spärlichen Nachlass, die Miete kümmern. Nach einer Weile raffte er sich auf. Zuerst wollte er seine Mutter noch einmal sehen. Er lief den langen Weg bis zum Krankenhaus, einerseits um das Fahrgeld zu sparen, andererseits um seine Gedanken zu ordnen.

Im Krankenhaus bedeutete ihm die Verwaltung, dass seine Mutter im Leichenschauhaus liege. Er solle nur nachfragen. Im Übrigen müsse er umgehend die Formalitäten erledigen, der Platz werde wieder gebraucht. „Selbst im Tod wirst du verwaltet", sagte er sich. Ein mühsamer Slalomlauf durch die Ämter ließ ihn vollends mutlos werden, denn jeder forderte nur Geld, und da er keines hatte, weigerte sich selbst der Pfarrer, die Aussegnung zu vollziehen. So kam er auf die Idee, selbst am Grab seiner Mutter zu beten. „Es gibt ja die Nottaufe", sagte er sich, „warum nicht auch die Notbeerdigung."

An den einsamen Abenden in der verwaisten Wohnung überdachte er seine Lage. Die war alles andere als rosig. In München hatte man ihm das Zimmer gekündigt, er schuldete seit Monaten die Miete. Bald würde er unter den Isarbrücken kampieren müssen. Außerdem drückten ihn hier die nächtlichen Alpträume weniger, die alte Umgebung ließ ihn wieder einigermaßen Schlaf finden. So fasste er den Entschluss, noch einmal nach München zu fahren, seine Habe, vor allem die Bücherkisten zu retten und dort endgültig die Zelte abzubrechen.

Ich hatte ihn unterstützt, als er mir erzählte, er wolle München hinter sich lassen. Die Stadt habe ihm kein Glück gebracht, er sei fertig mit ihr. Nun aber wolle er ein neues Kapitel im Leben aufschlagen und von vorne anfangen. Trotzdem erhielt ich wenig später die nächste Hiobsbotschaft. Er hatte seine Habe durch eine Münchner Speditionsfirma einpacken lassen, die sie ihm in die Heimatstadt bringen sollte. Nun aber sei er neuerdings auch in der Stadt am Main gestürzt und liege im Krankenhaus. Er sei so verwirrt, dass er leider den Namen der Spedition nicht mehr wisse. So sei sein ganzer Stolz, die vielen Bücher, für immer verloren. Mir tat er leid, wie konnte man nur so wenig organisiert handeln? War es die Krankheit, das schwache Herz? Die Freunde im Westerwald, die sich mit mir immer wieder Gedanken machten, wie ihm zu helfen sei, und ihn im Krankenhaus betreuten, wollte er plötzlich auch nicht mehr sehen. Er erklärte mir, ich solle auf keinen Fall mit ihnen reden, sie seien gefährlich. Dabei hatten sie ihm vor einiger Zeit eine Wohnung angeboten. Ich rief verwirrt bei ihnen an und berichtete. Wir vereinbarten, uns bei Bedarf zu informieren.

„Sie sind überall, jetzt verbergen sie sich in weißen Kitteln, quälen mich mit Spritzen und drangsalieren mich in der Nacht, wenn ich schlafen möchte. Ich kenne sie genau, sie beobachten mich. Ich kann ihnen nicht entrinnen. Was wollen sie nur? Soll ich ihnen schwören, dass ich ihr Vorhaben, die Welt zu beherrschen, gar nicht kenne? Am besten wird sein, ich stelle mich tot. Dann habe ich Ruhe. Aber auch mit geschlossenen Augen kann ich das unheimliche Leuchten sehen. Ich habe nach dem Priester gerufen, mich zur Beichte in die Kapelle geschleppt. Vielleicht gehört der aber auch dazu. Er sah mich ungläubig an und verordnete mir nur ein paar Ave Maria. Als ob das noch helfen könnte! Ich habe Angst!"

Die Zeit verging, manchmal unterbrochen von Telefonaten aus dem Krankenhaus, in dem er nun schon viele Wochen lag. Immer wieder brach er zusammen, wenn die Entlassung drohte. Eines Tages dann traf ein Hilferuf aus einer ganz anderen Gegend ein. Er war, wie er mir berichtete, in ein Reha-Zentrum verlegt worden. Außerdem half ihm sei einiger Zeit eine Betreuerin, da er ja vom Krankenbett aus wenig ausrichten könne. Das Sanatorium liege mitten im Wald. Leider könne er nicht ausmachen, wohin er gebracht worden sei. Die Betreuerin könne er auch nicht erreichen. Der Anstaltsleiter habe ihm erklärt, Ausgang gebe es vorerst nicht, er müsse sich an den täglichen Beschäftigungen beteiligen, wie Töpfern, Malen und ähnlichem Schwachsinn. Er sei in völlig falscher Umgebung, um ihn herum gebe es lauter Alkoholiker. „Holt mich hier heraus!" Ich erhielt nach langem Zureden eine Telefonnummer von ihm und den Namen der Betreuerin und versprach, mich einzusetzen.

Am nächsten Morgen rief ich an, der Anruf wurde umgehend durchgestellt. Nach kurzer Vorstellung bat ich um ihre Einsicht, dass Herr Pflaum nun wirklich fehl am Platz in der Einrichtung im Wald sei. Ob sie helfen könne, fragte ich vorsichtig. Die Dame antwortete sehr freundlich und öffnete mir die Augen. Entsetzt musste ich hören, dass Herr Pflaum sehr wohl in der richtigen Einrichtung sei. Er sei schwerer Alkoholiker, im Endstadium. Ob wir Freunde, die wir uns so große Sorgen um ihn machten, denn nie darauf gekommen seien, wie es um ihn stehe. Er müsse schon viele Jahre an der Flasche gehangen haben, meinte sie. „Nun hat er sich heute Morgen sogar selbst entlassen und ist in das Männerwohnheim der Caritas in seiner Heimatstadt zurückgekehrt." Sie habe sich sehr viel Mühe gegeben, sei aber nun am Ende ihrer Möglichkeiten. Die restlos verwahrloste Wohnung seiner Mutter habe sie auflösen lassen, der Vermieter habe darauf bestanden. Sie versprach mir nur, sie wolle auch in Zukunft ein Auge auf ihn werfen, aber wenn sie keine Mitarbeit erhalte, seien ihr die Hände gebunden. Ich solle doch noch einmal mit ihm sprechen und ihn zur Einsicht überreden. Es wäre gut für ihn. Damit ließ sie mich ratlos und entsetzt am Telefon zurück.

Mein letztes Gespräch mit ihm am gleichen Tag verlief traurig. Ich hatte ja immer noch seine Handy-Nummer und erreichte ihn wirklich sofort. Ohne lange um den heißen Brei zu reden, sagte ich ihm auf den Kopf zu, was ich erfahren hatte. Ich bat ihn inständig darum, sein Leben wieder der Betreuerin anzuvertrauen und zu tun, was man ihm riet, nämlich wieder in eine Reha-Maßnahme zu gehen. Er machte Ausflüchte, gab auch jetzt noch nicht zu, dass er Probleme mit dem Alkohol hatte, ja beschimpfte die Betreuerin lauthals. Er wurde richtig wütend, als ich nicht abließ. Er erzählte mir, dass er einen Virus habe, der seine Leber kaputt mache. In einem halben Jahr erhalte er eine neue und so lange lebe er in dem Männerwohnheim. Er trinke gar nichts. Im Übrigen seien alle gegen ihn. Er lege jetzt auf. Das Gespräch sei hiermit beendet.

Seit dieser Zeit habe ich lange nichts mehr von ihm gehört, auch die besorgten Freunde nicht.

Er lebte nun auf der Straße, mehr oder weniger jedenfalls, denn die Nacht konnte er auf einer schmierigen Matratze im Wohnheim zubringen. Neben ihm schnarchten die anderen, schliefen ihren Rausch aus, den sie sich am Abend mit billigem Aldi-Fusel angetrunken hatten. Der Geruch, der Lärm, es war kaum auszuhalten. So griff er manchmal doch zur Weinflasche, die ihn wenigstens zeitweise vergessen ließ, wohin es ihn verschlagen hatte.

Eines Morgens erschien dann zu allem Überfluss die Betreuerin, der er endlich entronnen zu sein glaubte. Er hörte, wie sie mit dem Heimleiter sprach, er erkannte ihre Stimme sofort. Sein ge-

schultes Ohr ließ sich nicht übertölpeln. Sie war gekommen, um ihn wieder mitzunehmen und einzusperren. Das wusste er sofort. Also packte er sein Bündel und schlich sich an der offenen Bürotür vorbei ins Freie. Seine Beine, die sonst so weh taten, liefen wie von selbst. Hinter ihm hörte er Stimmen, sie riefen nach ihm. Er lief schneller bis zu einem nahen Park, versteckte sich im Gebüsch und wartete, bis es heller wurde. Dann nahm er seine Flucht wieder auf. Zurück zum Heim konnte er auf keinen Fall. Also hieß es vorwärts zu schauen, weiterzulaufen, soweit die Füße ihn trugen. Stunden wanderte er so, mühsam hielt er sich aufrecht, ruhte manchmal aus und nahm dann seine Flucht wieder auf. Es dämmerte schon, als er zerschlagen an einer Bank Halt machte. Hier würde er bleiben, er konnte keinen Schritt mehr laufen.

Er war wohl vor Erschöpfung eingeschlafen, denn als er wach wurde, war es dunkel, hinter den Büschen flüsterten Stimmen, es kam ihm vor, als riefen sie ihn. Sie wussten also, wo er sich aufhielt, sie waren ihm gefolgt. Erschrocken raffte er sich auf. Er schleppte sich weiter. Diesmal schienen die Stimmen nicht zur Betreuerin und der Heimleitung zu gehören, sie flüsterten, drohten, krächzten seltsam unheimlich. Ihn schauderte. Vor sich im Dunst erkannte er die Brücke über den Main. Er beeilte sich, er musste sie erreichen. Die Nebelschwaden verschluckten ihn. Die Geräusche blieben allmählich hinter ihm zurück. Mit letzter Kraft überquerte er den Fluss. Ganz in der Ferne leuchtete ein Licht, auf das er nun zusteuerte. Die Beine trugen ihn plötzlich wie von selbst und er wusste, er war gerettet.

Der Morgen ist noch taufrisch. Verschlafen trotte ich hinter unserem Hund her und lasse meine Blicke über den Strom schweifen. Der Nebel hebt sich langsam. Vor mir schnüffelt der Hundeveteran nach Genossen aus früheren, jungen Jahren, er ist alt und steif geworden, bewegt sich mit leicht schrägem Gang. Ich kann mir nicht helfen, er erinnert mich an den ersten Sportredakteur des Bayerischen Rundfunks, Josef Kirmaier, der sich in der gleichen Art fortbewegte. So nenne ich den Hund auch im Stillen Kirmaier. Die alten Zeiten, die langen Jahre im Dienst der Rundfunkgeschichte gehören auch für mich der Vergangenheit an. Nur manchmal, wenn ich im Keller stöbere, fällt mir ein Stück Papier aus vergangenen Tagen in die Hände. Verweht sind die Klänge, Orchester und Nachrichten. Die Welt hat sich geändert. Heute herrscht das Internet. Weltweit können Botschaften verbreitet werden. Nicht immer zum Wohle der Menschheit. Kommerz und Unterhaltung haben überall Einzug gehalten. Unser Kampf gegen Indoktrination stellte sich am Ende als Kampf gegen Windmühlenflügel heraus. Neulich habe ich herausgefunden, dass Radio Maria seine Botschaft ohne Einschränkung über das Netz verbreitet, ebenso wie andere Fanatiker. Die Täter der schwarzen Kassen, der Korruption sind vor Gericht gestellt und werden halbherzig abgeurteilt. Denn wen kümmert heute noch die wilde Zeit nach der Wende, als Hasardeure und Profiteure Beute machten. Uns beutelt die Wirtschaftskrise, die ausgelöst durch maßlose Gewinnsucht einiger weniger den ganzen Erdball zum Erzittern brachte. Man sollte sich abwenden und wieder die kleinen Dinge des Lebens schätzen lernen, wie den ewigen Strom, der in der Morgensonne glitzert. Ich atme die frische Brise ein und freue mich auf einen schönen Tag.

Epilog

Einige Wirtschaftskrisen später hat sich die Welt wieder verändert. Ob zum Guten oder zum Bösen, mögen die Nachfahren erkennen. Heute im digitalen Zeitalter benutze ich den Computer, das Internet, das Handy so versiert wie meine Waschmaschine und den kleinen Honda vor dem Haus. Ich skype mit den Enkeln und Kindern um den ganzen Erdball. Meine Informationen hole ich mir aus den hunderten von TV-Sendern, dem Internet und manchmal aus der Zeitung. Wir sind uns näher gerückt, manchmal schon zu nahe, wenn ich in der Straßenbahn den Gesprächen der Nachbarn lausche. Da muss ich dann ungewollt mit anhören, dass unsere Errungenschaften wie ordentliche Arbeitsverhältnisse, stabile Tarife, auskömmliche Löhne heute ganz exotisch anmuten. Mehrere Jobs, unbezahlte Praktika und und und ... Vor allem die ungeschützten Arbeitsplätze der Journalisten entsetzen mich. Auch die ehemaligen Kollegen in der Technik sind zum großen Teil „Freelancer" geworden. So nennt man heute Tagelöhner.

Mein Berufsbild ist ausgestorben. Qualitätsmerkmale gelten nicht mehr, man improvisiert, Lässigkeit im Umgang mit Sprache und Musik ist Trumpf. Was wir mittels Tarifverhandlungen zu erreichen versuchten, nämlich die Erhaltung erlernbarer Berufe, gilt heute als veraltet. Jeder kann Medien machen, senden über das Internet, sich in schnell zusammengezimmerten TV-Shows produzieren. Mich langweilt diese Beliebigkeit. Wir sollten diese Entwicklung, die uns manipulierbar macht, aufmerksam verfolgen.

Übrigens haben wir vor ein paar Jahren den dunkelhäutigen Chefredakteur begraben, wir, die ehemaligen Kollegen, denn kein katholischer Priester war bereit, ihm ein kirchliches Begräbnis zu schenken. Er starb völlig mittellos in einer Obdachlosenunterkunft. Wir haben gesammelt, für ihn gebetet und seine Urne unter einer Linde im Friedwald begraben.

ZAHIDE ÖZKAN-RASHED
Hab keine Angst

Ein Buch mit leisen Tönen statt steiler Thesen.

Als Kind kommt Feride in den Sechzigerjahren aus einem kleinen türkischen Dorf nach Deutschland in die große Stadt. Ihre Eltern arbeiten hart, um den Kindern ein besseres Leben zu ermöglichen. Alles ist fremd, und oft macht diese Fremdheit auch Angst. Doch Feride hat einen Traum – und dafür ist sie bereit zu kämpfen: Sie will Ärztin werden. Mit Mut, starkem eigenem Willen und Klugheit geht sie ihren Weg zwischen zwei Welten und durch viele Konflikte. Dabei stellt sie ihr Denken und Handeln immer wieder selbstkritisch in Frage. Feride findet Menschen, die ihr zur Seite stehen – deutscher, türkischer und anderer Herkunft –, und schließlich auch die Liebe.

Durch berührende Erfahrungen und kritische Beobachtungen zeigt sich, was Menschen in der Vielfalt verbindet. Dies macht das Buch deutlich und zeigt, wie wertvoll das Miteinander der Kulturen ist.

Neuauflage 2017, 144 Seiten, 12 Euro, ISBN 978-3-931988-32-6

ÜBER DIE AUTORIN

Zahide Özkan-Rashed, 1962 in der Türkei geboren, kam mit zwei Jahren zusammen mit ihrer Mutter und ihrer Schwester im Rahmen der Familienzusammenführung nach Deutschland. Nach dem Abitur in Neu-Isenburg studierte sie in Frankfurt Medizin und arbeitet seit 1989 als Ärztin. Sie ist Mutter von zwei Töchtern.

LEONARD PRANDINI
Alles Verlorene noch einmal in den Händen halten

Mitreißend: Aus dem Leben eines Glücksspielsüchtigen.

Mit der Welt außerhalb der Spielhalle kommt Christoph nur wenig zurecht. Der Glücksspieler hat Freunde und Hobbys aufgegeben. Ihm bleibt nur das Spiel. Dieses besondere Gefühl, eine Anspannung, die ihn alles andere vergessen lässt. Doch bei den unweigerlichen Geldverlusten wird immer wieder bewusst, dass er unter dem Spielen leidet. Seine aufrichtigen Entschlüsse, damit aufzuhören, sind allerdings vergeblich. In seiner Geldnot gerät Christoph an die falschen Leute. Was Glücksspielsucht bedeutet, wird hier sehr authentisch dargestellt. Die eingängig erzählte Geschichte bringt dazu sozialpsychologische Erkenntnisse und auch philosophische Überlegungen nahe.

Die geringe Chance, Geld zu gewinnen, ist irgendwann mehr wert als das Geld selbst. Diese Chance wird umso wertvoller, je mehr man schon verloren hat.

1.Auflage 2017, 171 Seiten, ISBN 978-3-931988-33-3

ÜBER DEN AUTOR

Leonard Prandini studierte Psychologie und Philosophie an der Universität Bonn. Mit dem Thema Glücksspiel kam er früh aus eigenem Interesse in Kontakt und arbeitet sogar zeitweise in einer Spielhalle, die ihm einen Einblick in eine abgeschottete Parallelwelt gewährte.

CHRISTOF WACKERNAGEL
Selbstentführung

Erlebte Geschichten: absurd, polemisch, ironisch.

Während einer Lastwagenfahrt von Deutschland nach Afrika unterhalten sich zwei alte Freunde über das Engagement ihrer Jugend: Die Verbindung von Leben und Politik, Utopien von der gewaltfreien Großkommune bis zum Kampf der RAF, postkoloniale Verhältnisse, Geschlechterbeziehungen und Kunst. Eine Reise zweier Freunde von Deutschland nach Mali in Afrika und eine autobiographische Drogen-Road-Story zwischen Krautrock, Roter Armee Fraktion und Entwicklungspolitik.

Das Buch überzeugt neben zahlreicher irrwitziger Geschichten auch mit einer kritischen Sichtweise auf die Ausbeutung der dritten Welt.

1. Auflage 2016, 215 Seiten, ISBN 978-3-931988-31-9

ÜBER DEN AUTOR

Christof Wackernagel, 1951 in Ulm geboren, war ab 1967 Mitglied der Stuttgarter Medienkommune „Produktionsgemeinschaft Schrift, Ton, Bild" und als Schauspieler tätig. 1977 schloss er sich der Rote Armee Fraktion und wurde 1980 zu 15 Jahren Haft verurteilt. Nach seiner vorzeitigen Entlassung betätigte er sich weiter als Autor, Zeichenerfinder und Schauspieler. 2003 zog er nach Bamako in Mali, das er 2012 nach einem Militärputsch wieder Richtung Deutschland verließ.